REGULAÇÃO, CONCORRÊNCIA E A CRISE BRASILEIRA

PEDRO DUTRA

REGULAÇÃO, CONCORRÊNCIA E A CRISE BRASILEIRA

EDITORA SINGULAR

São Paulo
2017

Dados Internacionais de Catalogação na Publicação (CIP)
Lucas Carlos de Oliveira Silva CRB-8/9824

D978r Dutra, Pedro
Regulação, concorrência e a crise brasileira / Pedro Dutra. 1.ª Ed. – São Paulo : Singular, 2017.
248 p.

ISBN: 978-85-86626-96-8

1. Concorrência. 2. Regulação. 3. Parecer. 4. Matéria Jornalística. I. Título.

CDU 346.5
CDD 343.07

Revisão: Willians Calansans, Paola Morselo e Verônica Toledo Martins
Diagramação: Microart Design Editorial
Capa: José Barki

Editora Singular

Tel/Fax: (11) 3862-1242
www.editorasingular.com.br
singular@editorasingular.com.br

À Patrícia, e aos nossos três amores.

"... wherever he turns he is met with the same firm, yet gentle and persuasive guidance to the ultimate authority: that of the fact." (George Lichtheim)[1]

"A liberdade de concorrência e de iniciativa como regra, a intervenção estatal como exceção; a intervenção por obra da lei ordinária especial, e não ad libitum da Administração Pública; a intervenção por motivo de interesse público, mas limitada pela preeminência dos direitos e garantias individuais; tais são os traços característicos do regime econômico-jurídico consagrado na Constituição. Deles se inferem consequências técnicas relevantes: a primeira é que, sendo a intervenção econômica a exceção, e a liberdade a regra, as leis intervencionistas não podem ser interpretadas senão restritivamente." (San Tiago Dantas)[2]

1. LICHTHEIM, George. *Thoughts among the ruins*. New York: Viking Press, 1973. p. 151.
2. DANTAS, F. C. de San Tiago. *Parecer: Intervenção do Estado no domínio econômico – tabelamento de preços* – Lei 1522, de 26 de dezembro de 1951. 09 de março de 1954.

APRESENTAÇÃO

Neste livro são reunidos estudos, pareceres e artigos escritos entre 2008 e 2017, alguns inéditos, outros dispersos por diferentes publicações, inclusive na imprensa diária e no Blog do Autor. Os textos originais dos estudos e pareceres foram mantidos, com pequenas correções de forma e, em alguns casos, atualização bibliográfica. Os artigos de jornal e do Blog, mantidos em sua versão original.

A divisão entre Regulação e Concorrência serve antes à orientação primeira do leitor. Pois, em verdade, são meios complementares de defesa do interesse público, que a intervenção do Estado na economia, na forma da lei, tem por finalidade guardar e promover.

O Autor beneficiou-se da interlocução, permanente e valiosa, dos economistas Arthur Barrionuevo, coautor do parecer "A atualização da Lei Geral de Telecomunicações", e Eduardo Augusto Guimarães, coautor do artigo "Concorrência no transporte rodoviário de passageiros".

Igualmente, com a crítica construtiva de seus colegas Nelson Eizirik, Antônio Sérgio Moraes Pitombo, Paulo Todescan Mattos, Eduardo Muylaert Antunes e Patrícia de Campos Dutra.

Agradeço a Selma Carneirinho, que, uma vez mais, com igual competência, preparou os originais; a Francis Assis, as providências administrativas; e ao editor, José Carlos Busto, o empenho e o entusiasmo.

SUMÁRIO

ARTIGOS

I - REGULAÇÃO

II - CONCORRÊNCIA

INTRODUÇÃO

"O poder é o poder"[1]

A regulação de mercados no Brasil, especialmente os de serviços de infraestrutura, revela duas constantes em permanente confronto.

De um lado, a defesa de uma regulação técnica e independente do Poder Executivo, cumprida por agências cujos titulares sejam investidos em seus cargos a termo fixo e de suas decisões só caiba recurso ao Judiciário, assim proposta (com essa designação, inclusive) pelo engenheiro-arquiteto Anhaia Mello em 1928, e sucessivamente defendida por advogados e economistas.

De outro lado, o fato, inscrito no léxico político nativo, da intervenção arbitrária do Executivo na ordem econômica nacional, subordinando a ação dos órgãos reguladores ao seu interesse político-partidário.

Ao contrário da regulação, a defesa da concorrência no Brasil não sofre, diretamente, o assédio do poder Executivo; mas este, e o Legislativo, a ela votam um deliberado desdém institucional, que lhe reduz o alcance e vigor. Meio século depois da sua criação, o Conselho Administrativo de Defesa Econômica - CADE, a quem cabe aplicar a Lei de Defesa da Concorrência - sobrevive à míngua de recursos orçamentários.

A cultura política brasileira vê na regulação e na defesa da concorrência, exercidas na forma da lei e com meios suficientes por órgãos independentes, uma apropriação indébita de parte significativa do campo de ação do poder Executivo e do Legislativo.

1. Senador Gaspar Silveira Martins (1836–1901) referindo-se ao Executivo brasileiro. MANGABEIRA, João. In: *Ruy - O estadista da república*. São Paulo: Livraria Martins, 1960. p. 367-368.

A essa percepção retardatária, soma-se a noção, defendida ainda por alguns integrantes dos três poderes, de que a iniciativa privada deva ser tutelada pelo Estado, pois só assim o interesse público será protegido e promovido.

Ao final do século passado, já evidente o esboroamento da União Soviética, o último grande regime autoritário nascido da Primeira Guerra Mundial, afirmou-se a noção de que nas democracias modernas a intervenção estatal na ordem econômica deve-se dar para regula-la e não para comanda-la.

Por outras palavras, a intervenção reguladora do Estado nos mercados de bens e serviços, em lugar da intervenção coativa para os dirigir. E a afirmação da livre concorrência pela prevenção e repressão do abuso de poder econômico, em lugar da coordenação estatal dos mercados.

A crise brasileira dos serviços de infraestrutura em larga medida deve-se ao fato de o Executivo, reiteradamente, intervir na ordem econômica à margem dos estritos limites da lei. Os escritos aqui reunidos, ao tratar de temas regulatórios e concorrenciais específicos, delineiam os contornos dessa situação anômala, cujos efeitos perversos, visíveis na retração de investimentos e na consequente carência de oferta de serviços, recaem sobre a população do país.

ESTUDOS E PARECERES

I – REGULAÇÃO

TRAJETÓRIA DA REGULAÇÃO NO BRASIL*

> *"Claro está que em todo o poder se encerra um dever: o dever de não se exercitar o poder, senão dadas as condições, que legitimem o seu uso, mas não deixar de o exercer, dadas as condições que o exijam".*[1]

Sumário: 1. A regulação por contrato e a regulação por órgão técnico independente. 2. Regulação técnica independente e regulação por órgão ordinário da administração pública. 3. O fracasso da regulação por órgão ordinário da administração pública. 4. A regulação técnica independente no Brasil: avanço e reação. 5. O futuro da regulação técnica independente.

1. A regulação por contrato e a regulação por órgão técnico independente

Na primeira década do século XX, LAFAYETTE RODRIGUES PEREIRA observou que:

> *"A administração pública (...), nos contratos que celebra com particulares, (...) não pode, (...) ulteriormente, assumindo a sua natureza de poder público, modificar, alterar ou derrogar as cláusulas ajustadas. Se assim não fora, o contrato com o poder público não seria um contrato, mas uma pura quimera.*[2]"

Vigia a *"regulação por contrato"*, isto é, no instrumento firmado entre o poder público e o prestador do serviço concedido encerravam-se todos os

* Este estudo em sua versão original, Regulação econômica: trajetória e perspectivas, foi publicado em *Agenda contemporânea*: direito e economia, coord. por Maria Lucia L. M. de Pádua. São Paulo: Saraiva, 2012.

1. BARBOSA, Rui. *Commentários* à *Constituição Federal Brasileira*, coligidos e ordenados por Homero Pires, 1932, vol. 1, p. 153.

2. PEREIRA, Lafayette Rodrigues. Pareceres e razões: contrato entre a administração pública e o particular. *Revista Forense*, v. 5, fasc. 25, jan.jul. 1906, p. 174.

termos a disciplinar a sua execução.[3] Mas o aumento da demanda por esses serviços, cuja implantação em todo o país se dera por conta da iniciativa privada, logo revelou a insuficiência daquele regime. Em 1927, os engenheiros paulistas ANTÔNIO CARLOS CARDOSO, PLÍNIO DE QUEIROZ e FRANCISCO PAES LEME DE MONLEVADE isso perceberam, e reclamaram

> *"a regulamentação da indústria do fornecimento de energia, atendendo-se às necessidades gerais do país e conciliando-se os interesses do produtor e (note-se) do consumidor".*[4]

Pouco depois, em 1928, pela mesma linha, o engenheiro-arquiteto ANHAIA MELLO propôs a criação de um órgão especial – ao qual denominou *agência* – para regular a prestação de serviços públicos no município de São Paulo, outorgada a empresas particulares; diante da "complexidade crescente do problema de fixar preços e *standards* de serviço", observou:

> *"A regulamentação, propriamente dita, deve caber a uma agência efetiva, constituída de peritos capazes de concretizar e aplicar os standards legislativos (...) "todas as outras modalidades de fiscalização – provado está definitivamente – são precárias, meras formalidades ou expressões contratuais sem eficiência, e reduzem-se, afinal, a uma questão de 'vistos', 'conferes', e carimbos".*[5]

3. Cf. Caio Tácito: "O sistema de concessões de serviço público no Brasil revela, durante o Império e na primeira fase republicana, o sinete exclusivo do direito administrativo francês. Os direitos e deveres dos concessionários consolidavam-se em contratos a longo prazo e as normas legais sobre a estrutura econômico-financeira do serviço visavam, essencialmente, ao incentivo de inversões pioneiras de capital. A garantia de juros nas concessões ferroviárias, a princípio na taxa de 5% (Lei 641, de 26-6-1852), mais tarde elevada a 7% (Lei 2.450,de 24-9-1873), ou a taxa-ouro sobre a importação e a exportação para garantia de juros mínimos nas concessões portuárias, tinham como finalidade assegurar a estabilidade financeira dos concessionários, com a participação do Estado no risco de exploração do serviço". TÁCITO, Caio. *Direito administrativo.* São Paulo: Saraiva, 1975. p. 231.
4. CARDOSO, Antonio Carlos; QUEIROZ, Plínio de; MONLEVADE, Francisco Paes Leme de. A organização e regulamentação da produção da energia elétrica no Brasil. *Boletim do Instituto de Engenharia de São Paulo.* São Paulo, v. 11, n. 51, ago. 1929. p. 64.
5. ANHAIA MELLO, Luiz de. *O problema econômico dos serviços de utilidade pública.* 2. ed. São Paulo: Subdivisão Gráfica da Prefeitura, 1940. p. 216. Eros Grau data a obra pioneira de Anhaia Mello de 1940, quando em verdade ela é de 1928, antes, portanto, da ascensão de Getúlio Vargas ao poder com a Revolução de 30. (GRAU, Eros Roberto. Nota sobre o anteprojeto de lei atinente às agências. *Revista de Direito Público da Economia,* Belo Horizonte, v. I, n. 4, out./dez. 2003.

A descentralização da administração pública por meio de órgãos técnicos especializados, dotados de independência em relação ao governo, chamou a atenção do Governo Provisório, que em 1929 contratou o perito OTTO NIEMEYER para elaborar uma proposta de reforma do sistema financeiro do país visando

> *"assegurar a manutenção do equilíbrio orçamentário; a estabilização do câmbio e a reforma monetária; a transformação do Banco Central do Brasil em um Banco Central independente (sic) e de caráter ortodoxo".*[6]

Em 1933, ALFREDO VALLADÃO, na segunda versão de seu projeto do Código de Águas, aperfeiçoou o regime regulatório já configurado na doutrina, e previu a criação de

> *"comissões, cercando-as das maiores garantias de idoneidade moral, de competência administrativa e – note-se – de independência. Os seus comissários, em número de sete (7), serão, nomeados pelo presidente da República, com aprovação do Congresso, dentre brasileiros natos, de notável reputação, experiência e talento administrativo, que contem mais de 35 anos de idade; e terão os mesmos vencimentos e as mesmas garantias que se conferem aos juízes do Tribunal de Contas (...)".*

> E:

> *"das decisões da Comissão, nos termos do parágrafo seguinte, haver(ia) recurso (...) para o Supremo Tribunal Federal (...). Ficam, por essa forma, concluiu, organizadas as comissões em termos de bem poderem arrostar com a responsabilidade da regulamentação da indústria hidrelétrica no país, a qual recai inteira sobre os seus ombros; ficam organizadas, varridas*

p. 112; e, também. La régulation au Brésil. In: MARCOU, Gerard; MODERNE, Franck (dir.), *Droit de la régulation, service public et intégration régionale*. Paris: L'Harmattan, 2006. 1940 é a data da segunda edição, como observa Plinio Branco no prefácio dessa edição: "Com notável erudição, impregnado de sadias ideias renovadoras. soube Anhaia Mello empolgar o seu auditório quando, sobre esses assuntos, proferiu uma primeira série de palestras, em 1928, na sede do Instituto de Engenharia, de São Paulo. (...) Essas conferências, enfeixadas em volume, representam até agora, o que de mais valioso tem sido escrito no Brasil sobre tão importante matéria". BRANCO, Plínio. Prefácio. In: ANHAIA MELLO, Luiz de. *O problema econômico dos serviços de utilidade pública*. 2. ed. São Paulo: Subdivisão Gráfica da Prefeitura, 1940. p. 7.

6. Diário de notícias (P. Alegre), 25-7-1931. In: CARONE, Edgar. *A segunda República*: 1930-1937. São Paulo: Difusão Europeia do Livro, 1973. p. 103.

quaisquer influências que possam, de qualquer modo, desviá-las de seus fins (...)".[7]

Culto e experiente, VALLADÃO insistiu na independência decisória e hierárquica da comissão técnica em face do Poder Executivo, essa qualidade também reclamada por ANHAIA MELLO, pois estavam ambos advertidos de que a tradição autoritária da política brasileira havia muito contaminara a administração pública. Em termos duros, JOSÉ BONIFÁCIO, ainda ao início do Império, apontara esse fato ao dizer haver o monarca incorporado, à sua ação política, "hábitos sultânicos", sedimentados a ponto de "ser mais fácil abandonar a camisa que o sistema que temos arraigado".[8]

No começo da República, RUI BARBOSA voltara ao tema afirmando,

> *"Ao ultra-prussianismo das nossas autoridades republicanas estava reservada a fortuna de perceber que as duas coisas não são entre si compatíveis, que as condições necessárias à existência normal do Poder Executivo não toleram a limitação legal do seu mando sobre a sorte dos funcionários".*[9]

A fortuna do mandonismo, a caracterizar a ação incontrastada do presidente da República, iria perpetuar-se e consistir o padrão político nacional, projetando-se sobre a administração pública. O "prussianismo de nossa república", ao identificar o interesse público com a pessoa do presidente da República, perverteu a fórmula da democracia anglo-americana do *enquanto bem servir:* não mais se achava garantida a estabilidade do servidor *enquanto* [ele] *bem servir ao país,* na forma da lei, mas sim *enquanto bem servir ao chefe do governo.* A fórmula nativa perversa vicejou sob frondosa hermenêutica, e autorizou e celebrizou as "derrubadas", demissões *ad libitum*, do titular do

7. VALLADÃO, Alfredo. *Regime jurídico das águas e da indústria hidro-elétrica.* São Paulo: Prefeitura Municipal de São Paulo, 1941, p. 139 e 148. Valladão referia, ao equiparar os titulares da comissão aos juízes do Tribunal de Contas, o art. 89, da Constituição de 1891, então vigente: "É instituído um Tribunal de Contas para liquidar as contas da receita e despesa e verificar a sua legalidade, antes de serem prestadas ao Congresso. Os membros deste Tribunal serão nomeados pelo presidente da República, por aprovação do Senado, e somente perderão os seus lugares por sentença".
8. ANDRADA e SILVA, José Bonifácio de. *Projetos para o Brasil.* Textos reunidos e comentados por Miriam Dolhnikoff. São Paulo: Cia das Letras, 2000. p. 109. Coleção Grandes nomes do pensamento brasileiro.
9. BARBOSA, Rui. Cláusula do enquanto bem servir. (1913). *Obras completas.* MEC, 1966. v. XLVIII, t. I., p. 109.

Executivo, em massa, de funcionários públicos verificadas a cada troca de presidentes na República Velha.

2. Regulação técnica independente e regulação por órgão ordinário da administração pública

A iniciativa pioneira dos engenheiros e arquiteto paulistas e do brilhante advogado – assim como a proposta de criação de um banco central independente – foi em vão: os serviços públicos concedidos seguiram sendo disciplinados pela *"regulação por contrato"*, executada por órgãos ordinários da administração pública, rejeitada a criação de comissões técnicas independentes para aplicar lei especial a disciplinar aqueles setores, inclusive o setor financeiro. A Carta de 1934 procurou superar esse estado de anomalia, dispondo, no art. 137, que "lei federal regulará a fiscalização e a revisão das tarifas dos serviços explorados por concessão, ou delegação...".

Em dia com a melhor doutrina, FRANCISCO CAMPOS, escrevendo em 1934, enfatizou (para depois, ministro da Justiça da ditadura do Estado Novo, em 1937, negar-lhe curso) a necessidade de, editada a lei especial prevista na Constituição, serem criadas comissões técnicas:

> *"O pressuposto visível da disposição constitucional era o regime de regulamentação por comissões, único que permite, com plena garantia do poder concedente, o regime de tarifas flexíveis. Sendo o sistema de controle que nos parece convir ao Brasil... (...) a Administração precisa de prolongar-se em órgãos especializados, com competência sobre coisas em especial e em particular, e com a função de controlar e decidir, isto é, fazer obra de administração nos setores em que a Administração geral não possa intervir por deficiências de conhecimentos técnicos e especializados. Organizar de outra maneira o controle dos serviços públicos concedidos, o mesmo é que não organizá-lo".* [10]

Mas os atos legislativos não vieram, e a Carta seguinte, outorgada com a imposição da ditadura do Estado Novo em novembro de 1937, reproduziu o dispositivo da Carta anterior:

> *"Lei federal regulará a fiscalização e revisão das tarifas dos serviços públicos explorados por concessão para que, no interesse; coletivo, delas retire o capital e uma retribuição justa e adequada e sejam atendidas*

10. CAMPOS. Francisco. Serviços públicos concedidos – regime da sua exploração e das tarifas. In: *Direito administrativo*. Rio de Janeiro: Imprensa Nacional, 1943. p. 152-153.

convenientemente as exigências de expansão e melhoramento dos serviços (art. 147)".

Redator dessa Carta outorgada o mesmo FRANCISCO CAMPOS, antes defensor da regulação por meio de comissões técnicas independentes e agora ministro da Justiça da ditadura Vargas, criou uma *Comissão Geral* para propor a regulamentação do art. 147, da Constituição.

Como visto acima, os principais temas relativos à existência dos órgãos reguladores técnicos e independentes já haviam sido superiormente enfrentados pela doutrina nacional quando a *Comissão Geral* se reuniu, ao início de 1938: a natureza especial de tais órgãos, entre os demais da administração pública; as garantias a revestir seus titulares no exercício de suas funções: o caráter técnico de suas funções; e a finalidade às quais se prendiam esses órgãos.

Nesse sentido, CARDOSO, QUEIROZ e MONLEVADE defenderam que a regulação por comissões considerasse, equilibrada e simultaneamente, os interesses das prestadoras de serviços e dos consumidores (sic); ANHAIA MELLO reclamou a criação de agências reguladoras (e assim nomeou tais órgãos) e a especialização técnica delas, a salvo da influência político-partidária do Poder Executivo; ALFREDO VALLADÃO enfatizou a independência hierárquica e decisória em relação ao Poder Executivo e a conferência de estabilidade aos titulares das comissões, cercando-os das mesmas garantias outorgadas aos membros do Tribunal de Contas; e FRANCISCO CAMPOS – antes de 1937 – sistematizou-lhes a inscrição na ordem jurídica nacional.

Mas o debate na *Comissão Geral* foi avassalado pela tradição autoritária da política brasileira, que via a administração pública como instrumento próprio do Poder Executivo, garroteada à sua vontade e inteiramente a ele subordinado, e não como um serviço prestado na forma da lei e voltado exclusivamente à promoção e à defesa do interesse público.

Em mesma linha, essa tradição autoritária entendia a atividade econômica como uma prerrogativa do governo, a critério exclusivo deste preceituada e deferida ao particular que nela se aventurasse, e não um conjunto de mercados de bens e serviços abertos à iniciativa empresarial e à disputa concorrencial – mercados os quais, regulados na forma da lei e neles prevenido e reprimido o abuso do poder econômico, atraem investimentos produtivos que fomentam inovações tecnológicas e geram maior oferta de bens e serviços, de melhor qualidade e a preço mais baixo, em benefício do consumidor e do desenvolvimento do país.

A esse vinco autoritário, a unir os ramais ideológicos à esquerda e à direita na defesa da hipertrofia do Poder Executivo, veio somar-se a experiência fascista italiana então em curso, que havia proposto e promovido a assimilação do Estado ao governo, sintetizada na fórmula *statto-governo,* avançada por SERGIO PANUNZIO.[11] O "prussianismo republicano", expresso na pervertida doutrina do *enquanto bem servir ao chefe do governo* e matizado pela inclinação sultânica a distinguir a figura do presidente da República, viu-se assim atualizado na ditadura Vargas. FRANCISCO CAMPOS, o seu jurista, sem volteios hermenêuticos, precisou o papel do chefe do governo nesse contexto:

> *"A construção constitucional da máquina do governo propriamente dita é simples e prática. Toda ela é construída em torno de uma ideia central, favorável à ação eficaz do governo: o governo gravita em torno de um chefe, que é o presidente da República. A este cabe dar a impulsão às iniciativas dos demais órgãos do governo. O instrumento capital do governo é, porém, a administração. Cumpre, pois, que a máquina administrativa seja regulada segundo o mesmo método que presidiu a organização do governo"* (grifo nosso).[12]

A sua vez, a decisão da *Comissão Geral* traduziu o comando do governo, em forma simples também:

> *"A Comissão Geral julg[ou] de melhor aviso manter-se o sistema tradicional de controle e regulamentação dos serviços concedidos pelos órgãos ordinários da Administração, assim da União, dos Estados e Municípios, uma vez que de suas decisões sempre houvesse recurso para órgãos técnicos e administrativos colegiados e, em alguns casos, para os tribunais da justiça comum. (...) venceu na Comissão Coordenadora, por unanimidade, a opinião de que não deveria ser adorado o sistema de controle ou regulamentação por meio de comissões especiais, com plenos poderes, livremente constituídas para cada tipo de serviço"* (grifo nosso).[13]

11. "Postos os três problemas, deles temos as três respostas que o fascismo nos dá; e, ainda, o traço mais significativo do Estado Fascista: o Estado politicamente centralizado, autoritário, hierárquico; ou seja, o Estado-governo, contraposto ao Estado-parlamentar..." PANUNZIO, Sergio. *Il fondamento giuridico del fascismo.* Roma: Bonacci Editore, 1987. p. 185-186.
12. CAMPOS, Francisco. Diretrizes do Estado nacional: a máquina administrativa. ln: *O Estado nacional*: sua estrutura, seu conteúdo ideológico. 3. ed. Rio de Janeiro: José Olympio, 1941. p. 58.
13. BRAGA, Odilon. Serviços públicos concedidos. *Revista de Direito Administrativo.* Edição Histórica. Rio de Janeiro: Renovar, 1983, p. 147. ANHAIA MELLO, Luiz de; SOUSA, Antônio José Alves de; PINTO, Bilac; BRANCO, Plinio A. Regulamentação dos serviços de utilidade pública. Declaração de princípios apresentada à Comissão constituída pelo Sr. ministro da Justiça, para fazer sugestões ao Governo Federal sobre a Regulamentação dos Serviços de Utilidade Pública. Art. 147 da Constituição Federal. *Revista Forense*, v. 87, p. 18-20, jul. 1941.

Reagindo à conclusão da Comissão Geral, conhecidos especialistas em direito público[14] divulgaram uma "Declaração de Princípios":

> *"Quanto aos serviços concedidos, portanto, a escolha deve ser feita entre a regulamentação puramente contratual e a regulamentação efetiva por meio de Comissões. (...) Não pode haver dúvida na escolha, do ponto de vista do interesse público. A regulamentação contratual, burocrática, formal e inócua, não passa de pseudorregulamentação e fracassou no Brasil, principalmente em relação aos serviços de produção, transmissão e distribuição de luz e força, serviços de transportes urbanos e de passageiros, serviços telefônicos e de distribuição de gás. (...) Para bem cumprir, pois, o dispositivo constitucional do art. 147, é imperativo adotar a regulamentação efetiva por meio de Comissões. Essas Comissões deverão exercer funções administrativas, jurisdicionais e normativas, e de suas decisões não deverá haver recurso, quer para os tribunais ordinários, quer para as autoridades administrativas"(grifo nosso).*[15]

Em vão, todavia. Lei especial não foi editada para disciplinar os serviços públicos, nem para disciplinar a ação estatal em outros setores da economia. E os órgãos de então por diante criados para regular os serviços públicos e outras atividades, também relacionados à intervenção do Estado na ordem econômica, tomaram a forma de "órgãos ordinários da administração pública". A ineficácia desse regime era previsível; MEIRELLES TEIXEIRA relacionou nada menos de dezenove normas federais e estaduais editadas entre 1853 e 1934, em meio às quais os *órgãos ordinários da administração* erravam.[16]

O novo regime político encontrava, porém, adeptos entre doutrinadores, em especial a defesa da preeminência incontrastada do Poder Executivo sobre o Poder Legislativo. OSWALDO ARANHA BANDEIRA DE MELLO, escrevendo em 1941, quando o Estado Novo já se achava plenamente afirmado e havia silenciado as liberdades públicas, o Congresso fechado e suprimidas as eleições em todos os níveis, afirmou que

---

14. Plínio Branco, Antônio José Alves de Sousa, Anhaia Mello e Bilac Pinto, este um dos integrantes da Comissão Geral.
15. ANHAIA MELLO, Luiz de; SOUSA, Antônio José Alves de; PINTO, Bilac; BRANCO, Plínio A. Regulamentação dos serviços de utilidade pública. Declaração de Princípios apresentada à Comissão constituída pelo Sr. ministro da Justiça, para fazer sugestões ao Governo Federal sobre a Regulamentação dos Serviços de Utilidade Pública. Art. 147 da Constituição Federal. *Revista Forense*, v. 87, jul. 1941. p. 18 e segs.
16. TEIXEIRA, J. H. Meirelles. *O problema das tarifas nos serviços públicos concedidos*. São Paulo: Departamento Jurídico da Prefeitura Municipal de São Paulo, 1941. p. 562.

> *"A razão do desprestígio dos regimes liberais democráticos e as consequências desastrosas, que advieram desses governos, proveem do fato de colocarem o Legislativo numa posição de independência do Poder Executivo, sem subordinarem-se ambos ao mesmo órgão coordenador. (...) assim, na Inglaterra, tanto a ação dos parlamentares como a dos funcionários, estão coordenadas, como partes componentes da função administrativa, na pessoa do Primeiro Ministro, que é quem, na verdade, administra, inspirando e apresentando as leis e resoluções do Parlamento e orientando a prática dos atos executivos e fiscalizadores dos funcionários".*[17]

Em verdade, na Grã-Bretanha o primeiro ministro é o delegado do Parlamento à frente do Poder Executivo e ao Parlamento responde prestando contas da administração pública, em suas obrigatórias e ordinárias visitas à Casa dos Comuns, e não o inverso, como via O. A. BANDEIRA DE MELLO. Este subscrevia e expressava a realidade autoritária da política brasileira de então: depois de fechar o Congresso, GETÚLIO VARGAS concentrara em si o Poder Legislativo e Executivo, e este último era exercido por meio dos *órgãos ordinários da administração,* como recomendara a *Comissão Geral* e entendia devido O. A. BANDEIRA DE MELLO:

> *"A regulamentação estabelecida em estatuto, por órgão legislativo, é realizada pela entidade encarregada da fiscalização preconizada, por meio de órgão executivo. Tanto é órgão do poder público aquele que estabelece os princípios legislativos, como aquele que pratica os atos executivos. Ambas essas atividades, entretanto, devem ser coordenadas pelo Chefe da Nação"* *(grifo nosso).*[18]

Ou seja, no regime exposto por O.A. BANDEIRA DE MELLO e então vigente, as normas legais a disciplinar a regulação dos serviços públicos concedidos deveriam ser expedidas pelo chefe da nação e aplicadas por *órgãos ordinários da administração pública,* órgãos inteiramente caudatários da vontade singular do governo, e não por *comissões técnicas independentes* especialmente para esse fim criadas, e *cercadas de todas as garantias,* como preconizava Valladão, de cujas decisões, fundadas em lei especial, só coubessem recurso ao Judiciário.[19]

---

17. MELLO, Osvaldo Aranha Bandeira de. Aspectos da regulamentação dos serviços públicos. *Revista Forense.* Rio de Janeiro. jul. 1941. v. 87, p. 24.
18. Idem, p. 25.
19. Em plena ditadura do Estado Novo, O. A. Bandeira de Mello não via risco na concentração de poderes no Executivo; ao contrário, dizia: "O ideal de governo é a administração forte, com o Judiciário independente. Não há inconveniente em

Escrevendo naquele mesmo ano de 1941, PLÍNIO BRANCO mostrava o fracasso do regime *de órgãos ordinários da administração pública:*

> *"Entre nós, no campo dos serviços de utilidade pública, quase tudo ainda está por fazer, e uma legislação parcial pouco adiantaria, enquanto não fossem criados os órgãos administrativos adequados. Tais órgãos são, a nosso ver, as Comissões de Serviços de Utilidade Pública, mandatárias exercendo funções administrativas, jurisdicionais e normativas, com amplos poderes abrangendo as partes administrativa, contábil, econômica, financeira e técnica".*[20]

E BILAC PINTO aduzia que

> *"A regulamentação efetiva dos serviços de utilidade pública [que] tem (...) a finalidade política (...) de evitar que, ao lado do poder do Estado, outro poder - o econômico - se organize tão poderosamente que possa sobrepor-se ou, mesmo, equiparar-se àquele. [E] o intuito econômico [de] assegurar tarifas razoáveis e serviço adequado, sem perder de vista que a remuneração do capital deve ser justa e que as exigências de expansão e melhoramento dos serviços, devem ser convenientemente atendidas."*[21]

MELLO FLORES mais tarde recordaria, em exemplo vivo, a realidade da regulação adotada na ditadura Vargas, e executada por *órgãos ordinários da administração pública,* cujos titulares eram nomeados segundo critérios pessoais do presidente da República, a única hipótese admitida:

> *"(...) os membros do Conselho de Águas deveriam ser pessoas de reputação ilibada. E o Getúlio nomeou alguns indivíduos excelentes (...) enfim, uma turma de técnicos muito bons. Mas nomeou também o Maciel Filho, conhecido apenas por suas atividades de jornalista em O Imparcial".*[22]

---

que se conceda àquela amplos poderes de ação para realizar o seu fim, uma vez que os seus excessos possam ser coarctados pela Justiça". Op. cit. p. 32. O autor cegava à experiência histórica, ao mostrar que a hipertrofia do Poder Executivo verificada nos regimes autoritários projeta-se sobre os demais poderes, coarctando-os, o que faz de um Judiciário livre, capaz de reprimir os excessos do Poder Executivo, o anátema de regimes ditatoriais.

20. BRANCO, Plínio, A regulamentação dos serviços públicos concedidos: a experiência da municipalidade de São Paulo. *Revista Forense*, v. 87, jul. 1941. p. 29.
21. Bilac Pinto editou em livro a sua colaboração feita em 1938 à Comissão Geral sob o título *Regulamentação efetiva dos serviços de utilidade pública*. Rio de Janeiro: Forense, 1941. p. 39.
22. FLORES, Jorge Oscar de Mello. *Na periferia da história*: depoimento prestado ao CPDOC. Org. Maria Celina D'Araújo, Ignez Cordeiro de Farias e Lucia Hipólito. Rio de Janeiro: FGV, 1998. p. 36.

3. O fracasso da regulação por órgão ordinário da administração pública

Frustrada a criação de comissões técnicas independentes, os órgãos criados ou reformulados sob o regime autoritário de VARGAS logo mostraram-se impotentes para promover a regulação dos serviços públicos – em especial a revisão técnica das tarifas, como previsto desde a Constituição Federal de 1934.[23] A Constituição Federal de 1946 veio reiterar a linha de suas duas precedentes, ao estipular, em seu art. 151, que "a lei disporá sobre o regime das empresas concessionárias de serviços públicos federais, estaduais e municipais". Saudada como instrumento da restauração do regime democrático, a nova Constituição sucumbiu, porém, à tradição da supremacia do Poder Executivo sobre os demais, e não viu reguladas por leis especiais muitas das matérias às quais destinou normas programáticas, algumas de relevante significação econômica.

Àquela altura, os centros urbanos adensavam-se, e a prestação dos serviços públicos deteriorava-se rapidamente, fixadas as tarifas ao sabor da conveniência política do governo, desestimulada a oferta e baixa a qualidade dos serviços prestados. Na década de 1950, a inflação monetária extremava a corrosão do valor das tarifas de forma inexorável e, sobre esse fato, cresceu o debate ideológico relativo à titularidade das empresas concessionárias, que forças políticas expressivas começavam reclamar fosse estatal e não mais privada.

A regulação dos serviços públicos, achava-se, então, inteiramente submetida a imposições político-partidárias de toda sorte. ANTÃO DE MORAES, com rara incisividade, observava:

> *"O que é necessário é a coragem de fugir à tarifa demagógica e confiscatória. O público, quase sempre mal orientado, julga possível serviço ótimo com pouco dinheiro. Doce ilusão. Justa remuneração, com fiscalização adequada e rigorosa, sem arbítrios escusados, com olhos fitos na justiça, e ouvidos fechados à grita dos que não encaram com serenidade as dificuldades da hora presente, eis o único meio de se obter serviço que possa satisfazer às necessidades do público."*[24]

---

23. A descrição e a análise da intervenção do Estado na economia até a Constituição de 1967 é feita por Alberto Venâncio Filho em sua obra seminal. VENÂNCIO FILHO, Alberto. *A intervenção do Estado no domínio econômico*: O direito público econômico no Brasil. Rio de Janeiro: FGV, 1968.

24. MORAES, Antão de. Parecer. Serviço telefônico – Expiração do prazo da concessão – Fixação, fiscalização e revisão de tarifas – Taxa de expansão do serviço. *Revista de Direito Administrativo*, n. 49, 1956. p. 466.

Naquele mesmo ano, 1956, MEIRELLES TEIXEIRA, refinado estudioso da regulação naquele período, observou que a questão da regulação independente só seria enfrentada pelos legisladores

> *"quando o Congresso Nacional se dispuser a sair de sua inércia, libertando-se do jugo dos interesses estranhos e das poderosas forças econômicas que até aqui o têm dominado, para dar ao Brasil, afinal, uma lei que suas Constituições lhe prometem há vinte e dois anos!"* [25]

Esse estado seria transformado, mas não superado pela evolução que a doutrina havia muito recomendava. O regime ditatorial instalado em abril de 1964 editou a Carta de 1967, e a sua versão emendada dois anos depois uma vez mais reproduzia a regra das anteriores: *"Art. 167. A lei disporá sobre o regime das empresas concessionárias de serviços públicos federais, estaduais e municipais..."*.

Porém, no novo regime político não houve lugar sequer para as discussões sobre a regulação técnica dos serviços públicos. O preceito constitucional seguiria inerme, à falta de norma que o especializasse, e de órgão regulador independente que a aplicasse. Sob a avassaladora e incontrastada ação do Executivo, desdobrada em uma ampla estatização dos serviços públicos (e de inúmeras outras atividades econômicas), a regulação converteu-se em mais um item da agenda interna da administração pública, os seus aspectos técnicos subordinados inteiramente às ações da política econômica, que iria ocupar-se, sem êxito ao longo daquele regime, em debelar um processo inflacionário voraz.

Cumpriu-se o prognóstico de MEIRELLES TEIXEIRA, lançado ao início da década de 1940, em exata síntese, de que a

> *"prestação direta dos serviços públicos tomará realmente, e muito mais depressa do que seria lícito prever, o lugar até hoje ocupado pela concessão na execução dos serviços públicos de caráter industrial"*.[26]

A "prestação direta dos serviços públicos", isto é, a sua estatização, no novo regime, consolidou-se em índice inédito na vida brasileira.

CAIO TÁCITO, em 1975, em pleno regime militar, mostrava com habitual clareza e síntese as diferenças e aproximações entre os regimes regula-

---

25. TEIXEIRA, J H. Meirelles. Serviço público - Concessão - Transporte coletivo - Tarifas - Competência do Poder Executivo - Harmonia e independência dos poderes. Parecer. *Revista de Direito Administrativo*, n. 50, 1956, p. 381 e segs.
26. TEIXEIRA, J. H. Meirelles. O *problema das tarifas nos serviços públicos concedidos*. São Paulo: Departamento Jurídico da Prefeitura Municipal de São Paulo, 1941, p. 562.

tórios francês e norte-americano, concluindo que a regulação permanente – a vencida proposta dos doutrinadores na década de 1940 – era a mais indicada:

> *"O sistema norte-americano, embora diverso, em sua estrutura, do regime francês da concessão de serviço público, não se distancia, porém, dos pressupostos fundamentais que a este servem de inspiração: dever do concessionário de manter um serviço adequado e direito à manutenção do equilíbrio financeiro do contrato. De certo modo, a regulamentação permanente, com vistas à fixação de tarifas justas e razoáveis, melhor assegura, para o empresário, ajusta e pronta retribuição de seu investimento. Desde que realizado com eficiência e isenção, o processo da regulamentação efetiva possibilita a prevenção (e não apenas a reparação) da quebra da equação financeira da concessão".*[27]

4. A regulação técnica independente no Brasil: avanço e reação

A Constituição Federal de 1988 atribuiu ao Estado a qualidade de "agente normativo e regulador da atividade econômica", e incumbiu "ao poder público, na forma da lei, diretamente ou sob regime de concessão ou permissão, sempre através de licitação, a prestação de serviços públicos".[28]

Nesse contexto inteiramente renovado – mais um processo de redemocratização – foi determinada em lei a (re)privatização dos serviços públicos, por meio da venda da participação acionária do Estado em diversas prestadoras desses serviços. Não só de prestadoras de serviços públicos, mas de inúmeras – não todas – empresas sob controle estatal. Note-se que a infraestrutura dos serviços públicos no Brasil começou a ser implantada ainda no Império pela iniciativa privada, alcançando as capitais estaduais e federal e as cidades maiores dos estados mais desenvolvidos, nas primeiras décadas do século passado. Portanto, não é exato falar-se em privatização, senão em reprivatização, a verificada nas duas últimas décadas.[29]

A seguir foram criados inúmeros órgãos reguladores, sem. que, todavia, o Governo FERNANDO HENRIQUE CARDOSO fosse capaz de pro-

27. TÁCITO, Caio. *Direito administrativo*. São Paulo: Saraiva, 1975. p. 227.
28. Arts. 174, *caput*, e 175, da Constituição Federal. A Lei de Concessão de Serviços Públicos, 8.987/1995, disciplinou os serviços previstos no art. 21, da Constituição Federal, e a Lei Geral das Telecomunicações criou o órgão regulador das telecomunicações, ANATEL, o único órgão, nessa qualidade, a ser referido expressamente na Constituição Federal, art. 21, XI.
29. Cf. REIS FILHO, Nestor Goulart. Urbanização e modernidade: entre o passado e o futuro (1808-1945). In: MOTA, Carlos Guilherme (org.). *Viagem incompleta*: a experiência brasileira (1500-2000) – a grande transação. São Paulo: Senac, 2000.

mover a necessária reforma da administração pública a atender a essa nova realidade e de propor uma lei geral e leis específicas de maior apuro técnico, a articular a regulação efetiva dos mercados e os novos órgãos reguladores, enquanto a oposição àquele governo, e hoje à frente do atual, identificou a criação de órgãos reguladores à reprivatização e a um item de uma agenda neoliberal, o que não é exato, ao contrário.[30]

Sob esse viés ideológico distorcido, o debate que se seguiu cegou à rica literatura jurídica anterior e à realidade objetiva da prestação dos serviços públicos, desde a sua implantação até a sua reprivatização.

Ao início de seu governo, o presidente LUÍS INÁCIO LULA DA SILVA acusou o seu antecessor de haver promovido a "terceirização do poder político do Estado", por meio da criação das agências reguladoras. De acordo com relato do líder do PTB na Câmara, ROBERTO JEFFERSON, o presidente resumiu em uma frase, em reunião com os líderes da base aliada, a sua crítica à atuação das agências reguladoras: "Terceirizaram o poder político do Brasil".

Segundo o líder do governo no Senado, ALOIZIO MERCADANTE (PT/SP), o governo tentará "resgatar a inteligência do Estado". O líder destacou que as tarifas públicas estão nas mãos de "um conselho dessas agências indicadas pelo governo anterior". E JEFFERSON disse que Lula não terá dificuldade para rever o papel das agências reguladoras: "Temos absoluta convicção de que as agências estão acima da lei. Trata-se de um poder paralelo e o Congresso não tem competência regimental para convocar seus presidentes". [31]

A partir de então, foram elaborados projetos de lei para eliminar ou reduzir a independência decisória das agências reguladoras criadas a partir da década de 1990.[32]

30. Sobre o modelo de regulação debatido no Governo FERNANDO HENRIQUE, inclusive os equívocos do presidente-sociólogo a respeito do tema, cf. DUTRA, Pedro. Órgãos reguladores: social-democracia ou neogetulismo? (1996). *Livre concorrência e regulação de mercados*: estudos e pareceres. Rio de Janeiro: Renovar, 2003. Em relação ao equívoco histórico da assimilação de regulação de mercados e neoliberalismo, cf. DUTRA, Pedro. O reverso da regulação. *Revista do IBRAC*, , São Paulo, v. 14, n. 6, 2007. p. 65-66.

31. RAMOS, José; PONTES, Cida. Lula quer rever papel das agências reguladoras. In: *O Estado de S. Paulo*. p. B6, 20 fev. 2003.

32. Disponível em: <www.camara.gov.br/internet/sileg/integras/118450.htm>.Em mesmo sentido, no ano seguinte, foi elaborado pela Casa Civil da Presidência da República, o Projeto de Lei 3.337, de 12 de abril ele 2004, (Projeto de Lei que altera as agências reguladoras, ainda em tramitação no Congresso). Uma crítica

Em março de 2003, a Deputada TELMA DE SOUZA (PT/SP) apresentou projeto de lei nesse sentido:

> *"Nos termos do art. 61 da Constituição Federal, tenho a honra de submeter à elevada deliberação de Vossas Excelências, acompanhado da exposição de motivos (com a nobre e valorosa contribuição do Prof. Dr. EROS ROBERTO GRAU), o anexo projeto de lei."*

Segundo a referida exposição de motivos a justificar o projeto supressor da independência das agências reguladoras, e a estabilidade de seus titulares.

> *"Um dos modismos introduzidos no direito brasileiro por conta da ideologia neoliberal é o das 'agências'. A ideia central, colhida no exterior, é a de que elas seriam dotadas de elevado grau de independência em relação ao Poder Executivo, a partir daí, desenvolve-se a construção de teoria que não encontra apoio nenhum em nosso direito constitucional, propondo a separação entre políticas de Estado e políticas de governo."*

Esse movimento dividiu a doutrina recente. Embora aceita por expressiva fração da doutrina atual,[33] a regulação de mercados por meio de órgãos reguladores independentes mereceu duras críticas por parte de ilustres comentadores.

CELSO ANTÔNIO BANDEIRA DE MELLO aponta a má gênese e a ilegalidade, que vê, a revestirem esses órgãos, dizendo:

> *"Desgraçadamente, pode-se prever que ditas 'agências' certamente exorbitarão de seus poderes. Fundadas na titulação que lhes foi atribuída,*

---

ao Projeto encontra-se em DUTRA, Pedro. O reverso da regulação. São Paulo, *Revista do IBRAC*, v. 14, n. 6, 2007.

33. Cf. entre outros, defendendo a independência das agências reguladoras, SUNDFELD, Carlos Ari. As agências e seu poder normativo. In: SUNDFELD, Ari (org.), *Direito administrativo econômico*. São Paulo: Malheiros, 2000; JUSTEN FILHO, Marçal. O direito das agências reguladoras independentes. São Paulo: Dialética, 2002; SOUTO, Marcos Juruena. *Direito administrativo regulatório*. Rio de Janeiro: Lumen Juris, 2002; ARAGÃO, Alexandre. Santos de. *Agências reguladoras*. Rio de Janeiro: Forense, 2002; DUTRA, Pedro. Órgãos reguladores: social-democracia ou neogetulismo? (1996). In: *Livre concorrência e regulação de mercados*: estudos e pareceres, Rio de Janeiro: Renovar, 2003; MARQUES NETO, Floriano de Azevedo. *Agências reguladoras independentes*: fundamentos e seu regime jurídico. Belo Horizonte: Fórum, 2005; BARROSO, Luís Roberto. Agências reguladoras, Constituição, transformações do Estado e legitimidade democrática. In: BINENBOJM, Gustavo. *Agências reguladoras e democracia*. Rio de Janeiro: Lumen Juris, 2006.

irão supor-se – e assim o farão, naturalmente, todos os desavisados – investidas dos mesmos poderes que as 'agências' norte-americanas possuem, o que seria descabido em face do Direito brasileiro, cuja estrutura e índole são radicalmente diversas do Direito norte-americano".[34]

E prossegue o ilustre professor:

"Questão importante, [é a] "garantia dos mandatos, dos titulares de agências reguladoras, [que não pode] estender-se além de um mesmo período governamental. Parece-nos evidentíssimo que não, [pois] isto seria o mesmo que engessar a liberdade administrativa do futuro Governo. (...) ora, é da essência da República a temporariedade dos mandatos, para que o povo, se o desejar, possa eleger novos governantes com orientações políticas e administrativas diversas do Governo precedente. Fora possível a um dado governante outorgar mandatos a pessoas de sua confiança garantindo-os por um período que ultrapassasse a duração de seu próprio mandato, estaria estendendo sua influência para além da época que lhe correspondia (...) e obstando a que o novo presidente imprimisse, com a escolha de novos dirigentes, a orientação política e administrativa que foi sufragada nas urnas. Em última instância, seria uma fraude contra o próprio povo." (grifos nossos).

E arremata:

"Logo, é de se concluir que a garantia dos mandatos dos dirigentes destas entidades só opera dentro do período governamental em que foram nomeados. Encerrado tal período governamental, independentemente do tempo restante para conclusão deles, o novo Governo poderá sempre expelir livremente os que os vinham exercendo". (grifo nosso).[35]

A experiência recente mostra o inverso do que supôs o ilustre professor: o contínuo protesto dos consumidores por uma regulação efetiva dos serviços públicos concedidos denuncia não a exorbitância das agências, mas o seu retraimento funcional, não raro devido à pública e contundente pressão que sobre elas exerce o Executivo; e a experiência norte-americana, na qual o Poder Executivo tem no Legislativo o fiscal efetivo de suas ações, é há muito defendida na doutrina nacional, e hoje faz duro e triste contraste com a realidade política brasileira.

Apresentada por CELSO ANTÔNIO BANDEIRA DE MELLO como necessária e incindível, não ocorre, todavia, a relação entre mandato eletivo – é o caso do presidente da República – e a investidura de servidor público a termo

34. BANDEIRA DE MELLO, Celso Antônio. *Curso de direito administrativo*. 16. ed. São Paulo: Malheiros, 2003. p. 159-160.

35. Ob. cit., p. 161-162.

fixo, livremente designado *mandato* – é o caso de titular de agência reguladora. Essa relação assim não se apresenta devido à natureza diversa dessas funções: a do presidente da República é eminentemente político-partidária, e por isso é eletiva, enquanto a do titular de agência reguladora é exclusivamente técnica, daí o requisito legal de notório saber especializado e a indicação dele ser feita pelo presidente da República e aprovada pelo Senado. Há, contudo, um traço a unir os titulares dessas funções absolutamente distintas: o dever, comum a ambos, de executar a lei, de a cumprir e fazê-la cumprir. Presidente da República e agente regulador (e qualquer outro servidor público) não aplicam programa de governo, senão a lei. O povo, é certo, ao votar sufraga o programa de governo de seu candidato, mas tal programa não se sobreporá ao quadro legal existente: ou esse quadro permite aplicá-lo, ou caberá ao presidente eleito propor ao Congresso a edição de normas que possibilitem a implantação de seu programa sufragado nas urnas.

Ao tomar posse do cargo, jura o presidente da República cumprir e fazer cumprir a lei e não o seu programa de governo. Este pode ser a promessa maior de sua campanha eleitoral e realizá-lo objetivo maior de seu governo; admitido, ou convertido em lei, só então poderá ser o programa de governo cumprido. Portanto, é inadmissível o presidente da República pretender ver cumprido o seu programa de governo pelo agente regulador (e por qualquer outro servidor público), sob o pretexto de ter sido ele eleito, e este, o servidor, não. E menos ainda ver-se o presidente da República autorizado a *"expelir"* titular de agência reguladora de seu posto, que encontrar ao iniciar a sua administração, ao argumento de assistir ao presidente o direito de implantar o seu programa de governo e aquele servidor ser, ou poder ser, um óbice a esse propósito, pelo fato de haver sido nomeado pelo seu antecessor, embora aprovado pelo Senado Federal, com base em lei especial que assim determinou.

Nesse sentido, FLORIANO DE AZEVEDO MARQUES NETO:

> *"Não nos parece, portanto, que seja necessariamente contrário à democracia que existam dentro do aparelho de Estado espaços públicos (órgãos públicos, se quisermos) nos quais a ingerência governamental seja restrita e sobre os quais a influência seja condicionada pela lei. Associar a autonomia ou a imunidade de órgãos estatais da ingerência governamental direta a um processo de esvaziamento da legitimidade democrática do governante (ou como dizem, alguns mais empolgados de 'fraude contra o povo') implicaria em pressupor que só haveria Democracia se o governante pudesse, ato contínuo à assunção do mandato, dispor de toda a máquina pública (cargos, rotinas, políticas, procedimentos e atos) como se sobre ela assumisse o domínio pleno. Atribuir às agências um papel intrinsecamente ilegítimo só seria possível se partíssemos de uma*

> *concepção de que o eleito é investido de legitimidade para fazer o que bem entende com a máquina pública. (...) Não compartilhamos dessa visão" (grifo nosso).*[36]

Fraudar o povo, no regime democrático, é o servidor público, entre eles o presidente da República eleito pelo povo, desatender à lei, votada no Congresso por representantes do povo, pelo povo também eleitos.

EROS GRAU, a sua vez, afirma que a expressão autoridades independentes tem a sua ideia central "emprestada da doutrina estrangeira" e a pretendida independência delas não teria apoio no direito constitucional brasileiro, porque proporia uma indevida

> *"separação entre política de Estado e política de governo", e o "Estado é uma instituição, uma abstração. O poder do Estado é detido pelo governo, que o representa".*

Na verdade, prossegue, postula-se, no

> *"maniqueísmo dessas duas expressões (...) a transferência dos poderes do Estado à sociedade civil, no momento atual, dominado pelo mercado".*

O argumento a

> *"rejeitar definitivamente essa teoria" é "o regime presidencial adotado pelo Brasil, [no qual], ao contrário do parlamentarismo, o presidente da república é, simultaneamente, chefe de estado e chefe do governo, na medida em que ele exerce a direção do Poder Executivo".*[37]

Nesse contexto,

> *"as agências de regulação, meras autarquias, não passam, na verdade, de repartições da Administração, no sentido literal do termo".*

E como tal, prossegue o ilustre professor,

> *"inscrevem-se na estrutura do Estado, com funções administrativas e normativas – exceto o mandato fixo e a estabilidade de seus dirigentes – correntes no âmbito do domínio público, que tem por dirigente supremo o presidente da República, nos termos do art. 84, II, da Constituição Federal,*

36. MARQUES NETO, Floriano de Azevedo. *Agências reguladoras independentes*: fundamentos e seu regime jurídico. Belo Horizonte: Fórum, 2005. p. 83.

37. GRAU, Eros Roberto. La régulation nu Brésil. In: MARCOU, Gérard; MODERNE, Franck (dir.). *Droit de la régulation, service public et intégration régionale.* Paris: L'Harmmattan, 2005, p. 181.

que afirma ser da competência privativa do presidente da República o exercício da direção superior da administração federal".[38]

Daí, conclui:

"o absurdo da ideia de que os dirigentes das agências reguladoras serem titulares de um direito de permanecerem em seus cargos por um período superior ao mandato do presidente da república. Tal fato corresponderia a uma fraude ao povo que elegeu o presidente da república".[39]

O Estado surge como uma das mais significativas construções no âmbito da política moderna. Identificado como tal por MAQUIAVEL, e por HEGEL como um ser moral a guiar os homens, MARX o viu um simples agente dos interesses da burguesia, o que levou LÊNIN a defender a sua substituição e a sua legitimação no Estado proletário. E BOBBIO, em um longo verbete, estudou detalhadamente a sua gênese e a sua atualidade.[40]

Ainda assim, admitindo-se que "o poder do Estado é detido pelo governo, que o representa", como afirma o ilustre professor, essa proposição não encontra abrigo na ordem constitucional vigente;[41] esta estipula, consagrando--as, a independência e a harmonia entre os Poderes Legislativo, Executivo e Judiciário. A divisão e o equilíbrio entre esses poderes "golpeou de morte a concepção despótica e o efetivo despotismo do governo", como anotou PAULO LACERDA, ao início da República.[42]

38. GRAU, Eros Roberto. As agências, essas repartições públicas. In: SALOMÃO FILHO, Calixto (coord.). *Regulação e desenvolvimento*. São Paulo: Malheiros, 2002. p. 27-28.
39. GRAU, Eros Roberto, La régulation au Brésil. ln: MARCOU, Gérard; MODERNE, Franck (dir.). *Droit de la régulation, service public et intégration régionale*. Paris: L'Harmmattan, 2005, p. 184-185. Ver BANDEIRA DE MELLO, Celso Antônio. *Curso de direito administrativo*. 16. ed. São Paulo: Malheiros, 2003. p. 145.
40. Cf. PINKARD, Terry. *Hegel*: a biography. Terry Pinkard. Cambridge: Cambridge University Press, 2000, p. 484; MARX, Karl; ENGELS. Friedrich. *Manifesto of communist party*. Penguin Books, 1967. p. 82. CHRISTMAN, Henry M. (ed.). *Essential works of Lenin*: "what is to be done?" and other writings. New York: Dover Publications, 1966, p. 287. Cf. BOBBlO, Norberto. *Estado, governo, sociedade*. São Paulo: Paz e Terra, 1995, p. 53 e segs.
41. Na verdade, como visto acima, essa proposição foi formulada claramente pelos doutrinadores fascistas. Ver nota 11 acima.
42. LACERDA, Paulo M. de. Princípios de direito constitucional brasileiro: noções fundamentais, generalidades e resumo da história política do Brasil. Rio de Janeiro: Azevedo, 1936, v. 1. p. 108.

Sem dúvida, o Poder Executivo, ao cumprir a sua função de *executar* a lei, expressa, com maior nitidez e visibilidade, a ação do Estado, sem que, todavia, a função legislativa e a judiciária por isso se degradem, a ponto de o Poder Executivo identificar-se com o Estado, *representar* o Estado. Aliás, a história política registra o risco dessa hipertrofia, o Executivo, o governo, a encarnar o Estado, avassalando os demais poderes, tal como estipulava a Constituição Federal com a qual GETÚLIO VARGAS implantou a ditadura do Estado Novo em 1937, que outorgou, explicitamente, ao chefe do Executivo o poder incontrastado de demitir, ao seu critério exclusivo, servidor público, dizia a Carta ditatorial:

> "... *poderão ser aposentados ou reformados de acordo com a legislação em vigor os funcionários civis e militares cujo afastamento se impuser, a juízo exclusivo do Governo, no interesse do serviço público ou por conveniência do regime*" (*grifo nosso*).[43]

A reação à violência do dispositivo fez o governo revogá-lo; por pouco tempo, contudo: meses depois, foi reeditado e incorporado ao léxico jurídico da ditadura, como um de seus sinais mais distintivos. OLIVEIRA VIANNA, um dos principais ideólogos do Estado Novo, comentou essa regra, situando-lhe, claramente, o exato contexto político ditatorial na qual foi editada:

> "*O art. 177, efetivamente, exprime o novo regime da Constituição de 1937, da democracia autoritária; é único, excepcional. (...) Num regime de poderes separados, de predominância de direitos subjetivos, de subestimação do interesse coletivo e nacional – como era o caso das duas Constituições anteriores – não seria admissível tal disposição – porque incompatível com o postulado democrático da liberdade de opinião, assegurada a todos os cidadãos, inclusive aos funcionários públicos*".[44]

Por outro lado, a defesa de órgãos reguladores dotados de independência hierárquica e decisória em face do Executivo – mas não em face do Senado Federal e do Judiciário – e a investidura a termo fixo de seus titulares não são uma novidade na experiência brasileira, como visto acima. Seguindo a fórmula apurada pela democracia norte-americana, a doutrina nacional mostrou, ainda na década de 1920, a necessidade de existir a regulação independente de determinados mercados, em especial aqueles nos quais são prestados os chamados serviços públicos, em razão das características próprias desses

43. Art. 177. V Leis Constitucionais n. 2, de 16 de maio de 1938, que restabeleceu este artigo, e Lei Constitucional n. 12, de 7 de setembro de 1945, que o revogou.
44. In: VIANNA, Oliveira. *Ensaios inéditos*. Campinas: EDUNICAMP, 1991. p. 154.

mercados, a exigir neles uma intervenção técnica e não político-partidária, em defesa do interesse público.

Fato já registrado por BILAC PINTO na década de 1930:

> *"Se a economia e a técnica dos serviços de utilidade pública permitissem a sua exploração em mercado de competição, a regulamentação seria dispensável, porque a concorrência cindiria o poder econômico das empresas em luta, e conduziria tanto ao baixo nível das tarifas como aos altos padrões de serviço. Acontece, porém, que tais serviços somente podem ser economicamente prestados no regime de monopólio e daí a necessidade de encontrar um meio que supra o fator de equilíbrio dos preços e da qualidade dos serviços, representado pela concorrência. Entre os processos de regulamentação de que demos notícia [...], o único que pode, utilmente, suprir o fator concorrência, para que os preços dos serviços de utilidade pública sejam razoáveis em relação aos padrões de serviço, é a regulamentação efetiva por meio de Comissões"* (grifo nosso).[45]

Nada opunha (e opõe) fosse esse regime instituído na ordem jurídica nacional, como mostrou VALLADÃO; isto é, fosse imposta uma limitação à ação administrativa do presidente da República em relação à ação dos órgãos reguladores, impedindo-o de rever suas decisões e de demitir, à sua vontade, seus titulares, ressalvada, todavia, a prerrogativa de o presidente livremente indicar à aprovação do Senado Federal os titulares desses órgãos.

Igualmente, não é exato associar a ação de órgãos reguladores à "transferência de poderes de Estado à sociedade civil, no momento atual, dominado pelo mercado", como afirma EROS GRAU. Ao contrário, a Constituição vigente prescreve ao Estado, na forma da lei, regular e fiscalizar todos os mercados de bens e serviços e, neles, sem exceção, reprimir e prevenir o abuso do poder econômico.

E a experiência mostra o reclamo, crescente e nítido, da sociedade civil, pela ação reguladora do Estado, em viva prova do acerto da prescrição legislativa. Tampouco é procedente o argumento de que, cabendo ao presidente da República "a direção superior da administração pública federal" (art. 84, II, da Constituição Federal) está ele autorizando a demitir, ao seu critério, dirigentes de agências reguladoras, pois essa faculdade seria própria do regime presidencialista adotado no Brasil.

A regra do citado art. 84, da Constituição Federal, não afasta a incidência da regra do art. 37, da mesma lei, que diz que a administração

45. Cf. *Regulamentação efetiva dos serviços de utilidade pública*. Rio de Janeiro: Forense, 1941. p. 95 e 180-181.

pública obedecerá ao princípio da legalidade.[46] Ou seja, o presidente da República exercerá a direção superior da administração pública, na forma da lei. Outro não é o sentido da regra, estipulada também na Constituição Federal, no mesmo art. 84, inciso IV, que estipula ao presidente da República a atribuição de velar pela fiel execução das leis. Assim, a ação do presidente da República, tal a dos demais servidores públicos, dá-se nos estritos limites da lei, e não segundo o seu critério pessoal.

Se lei ordinária diz a termo fixo a investidura de titular de agência reguladora, esse, *enquanto bem servir*, ou seja, cumprir a lei, não pode ser demitido – nem pelo presidente da República.

Como bem observou CELSO ANTÔNIO BANDEIRA DE MELLO, em oportunidade anterior àquela acima citada,

> *"(...) a ação legislativa é deflagrada pelo Poder Legislativo, tem força jurídica inaugural e por isso ela e só ela pode impor o desenho de um direito, o perfil de expressão da liberdade e da propriedade. Deveras. A ação legislativa processa-se em nível imediatamente infraconstitucional. De revés, a ação administrativa é deflagrada pelo Poder Executivo, tem força jurídica subalterna e por isso, ao contrário da anterior, não pode impor de si mesma, limitações, cerceios, pois desassiste-lhe traçar a extensão dos direitos. Processa-se em nível infralegal".*[47]

A estabilidade assim conferida a dirigente de órgão regulador foi declarada conforme o Direito pelo Supremo Tribunal Federal. O fato de o Supremo Tribunal Federal não haver analisado a questão sob o ângulo do citado art. 84, II – que diz caber ao "presidente da república, com auxílio dos ministros de estado, a direção superior da administração pública federal" – não invalida nem vulnera a decisão a que chegou aquela Corte. Ao contrário do que se alegou,[48] o Supremo não entendeu pertinente examinar a regra desse

46. Art. 84, II, da Constituição Federal: "Compete privativamente ao presidente da República: II – exercer, com o auxílio dos Ministros de Estado, a direção superior da administração federal; (...)" Art. 37, da Constituição Federal: "A administração pública direta, indireta ou fundacional, de qualquer dos Poderes da União, dos Estados, do Distrito Federal e dos Municípios obedecerá aos princípios de legalidade, impessoalidade, moralidade, publicidade (...)".

47. BANDEIRA DE MELLO, Celso Antônio. Poder de polícia da economia e princípio da legalidade. *Revista de Direito Público*. n. 67, São Paulo, jul./set. 1983, p. 39-40.

48. O Supremo Tribunal Federal decidiu (ADI 1-949-0) não serem os dirigentes da Agência Reguladora do Rio Grande do Sul demissíveis pelo governador, sem justo motivo expresso em lei. Na exposição de motivos a justificar o projeto de lei apre-

artigo, e com razão, pois esta regra não pode ser tomada à margem do princípio da legalidade, que se ergue como regra de natureza preambular a vincular a ação de todo servidor público, indistintamente – presidente da República inclusive – ao cumprimento da lei, inclusive a que lhe preceitue, nos limites constitucionais estabelecidos, a sua ação administrativa.[49]

---

sentado pela Deputada Telma de Souza, PT/SP, lê-se: "Dir-se-à, eventualmente, que o Supremo Tribunal Federal, apreciando medida cautelar na ADIn. 1.949-0 Rio Grande do Sul, caso das AGERS, decidiu no sentido de que os seus dirigentes não são demissíveis pelo Governador do Estado sem justo motivo. Ocorre que não se discutiu, nessa ADI n., o texto do art. 84, II da Constituição de 1988, circunstância que deve ser enfaticamente sublinhada". Cf. DUTRA, Pedro. Agências reguladoras: reforma ou extinção. *Revista do IBRAC.* v.11 n. 3, 2005.

49. Alexandre Santos de Aragão resume exemplarmente a questão nesse sentido enfrentada no Supremo Tribunal Federal, anotando-lhe a doutrina: "Em passagem lapidar o pensamento do Ministro VICTOR NUNES LEAL, que seguimos, poderia ser sintetizado: 'A investidura do servidor público por prazo certo, eis uma providência que se integra, com toda a naturalidade, no regime de autonomia administrativa atribuído, por lei, a certos órgãos. Visa a investidura de prazo certo a garantir a continuidade de orientação e a independência de ação de tais entidades autônomas, de modo que os titulares, assim protegidos contra as injunções do momentos, possam dar plena execução à política adotada pelo Poder Legislativo, ao instituir o órgão autônomo, e ao definir-lhe as atribuições". In: *Revista Trimestral de Jurisprudência.* v. 25, p. 71.
A esses argumentos do Ministro VICTOR NUNES LEAL, o Ministro NELSON JOBIM, agregou: (a) as lições de GASPAR ARIÑO ORTIZ, tantas vezes já analisadas ao longo deste trabalho, concernentes à nova posição ocupada pelo Estado regulado na economia após o processo de desestatização; (b) o fato de a CF de 1988 sequer prever, a exemplo da Constituição de 1946, ressalvas apenas constitucionais ao poder do presidente nomear e exonerar; (Constituição [1946]. Art. 87. Compete privativamente ao presidente das República: V – promover, na forma da lei e com as ressalvas estatuídas por esta Constituição, os cargos públicos federais, BRASIL. Constituição [1988]. Art. 84. Compete privativamente ao presidente da República: XXV – prover e extinguir os cargos públicos federais, na forma da lei.) (c) a criação de agências reguladoras encontra fundamento também nos arts. 21, XI, 174, parágrafo único, 1, e 177, § 2.º, III, da CF; (d) as delegações de serviços públicos não se regem por políticas de Governo, mas sim por políticas legislativas; e (e) a necessidade de segurança jurídica dos agentes regulados. Na doutrina, CELSO ANTÔNIO BANDEIRA DE MELLO, em monografia específica sobre as autarquias, em que encampou expressamente os ensinamentos constantes do voto acima analisado do Ministro VICTOR NUNES LEAL que, segundo ele, teria esgotado o assunto, afirmou que 'a livre demissão de administrador de autarquia é cabível desde que não se trate de investidura a prazo certo e a nomeação para o

5. O futuro da regulação técnica independente

Os serviços públicos no Brasil foram implantados pela iniciativa privada, e o regime jurídico regulatório então adotado, *"regulação por contrato"*, logo se mostrou insuficiente: no contrato fixado entre o poder público e o prestador não cabiam as regras e os termos todos a disciplinar a efetiva ação estatal, indispensáveis à execução, continuada e atualizada, desses serviços, cuja demanda e complexidade crescia incessantemente, extravasando o âmbito municipal de origem, para o estadual e deste para o federal, em acelerada sucessão.[50]

Aos doutrinadores da época surgiu nítida a contribuição da experiência pioneira norte-americana; serviços a afetar o interesse público – as *utilities* lá, ou os aqui denominados serviços públicos –, exigem uma regulação exclusivamente técnica e, por essa razão, deve ela ser posta a salvo das injunções político-partidárias as quais o Poder Executivo está naturalmente sujeito. A outorga de independência hierárquica e decisória aos órgãos reguladores em face do Executivo, mas não do Judiciário e do Legislativo, aquele revendo suas

---

cargo se realize por livre escolha do Chefe do Executivo. É comum, nas autarquias de direção colegial, que o preenchimento destes lugares implique em atribuição de mandato a ser exercido por prazo certo. No caso, entendemos que se trata de uma defesa, estabelecida pela lei, contra a livre demissibilidade do administrador. Visa à continuidade administrativa e pretende resguardar o administrador da autarquia contra ingerências políticas"". BANDEIRA DE MELLO, Celso Antônio. *Natureza e regime jurídico das autarquias*. São Paulo: Revista dos Tribunais, 1968. p. 454-455.

E prossegue ALEXANDRE SANTOS ARAGÃO: "Todavia, não se deve desconhecer a mudança da opinião dos autos, de CELSO ANTÔNIO BANDEIRA DE MELLO que atualmente, seguindo crítica que já havia sido colocada no Voto do ministro RIBEIRO DA COSTA [em julgamento havido sob o regime da Constituição de 1946], sustenta que "a extensão da duração do prazo de duração do mandato além de um pequeno período governamental, em última análise configura uma fraude contra o próprio povo. Ao impedir que o novo presidente imprima, com a escolha de novos dirigentes, a orientação política e administrativa sufragada nas urnas". Com base nisto sustenta que a exoneração ad nutum dos dirigentes das agências só é vedada durante o período governamental em que foram nomeados". BANDEIRA DE MELLO, Celso Antônio. *Curso de direito administrativo*. São Paulo: Malheiros, 2001. 13. ed., p. 136-137. E conclui ALEXANDRE SANTOS DE ARAGÃO. Preferimos, contudo, a posição originária do autor (cf. supra)". In: ARAGÃO, Alexandre Santos de. *Agências reguladoras*. Rio de Janeiro: Forense, 2002. p. 345-346.

50. Cf. REIS, Nestor Goulart. *Dois séculos de projetos no estado de São Paulo*: Grandes Obras e Urbanização. São Paulo: EDUSP, 2010.

decisões, este fiscalizando-a e aprovando a investidura a termo fixo de seus titulares, indicados pelo presidente da República, respondeu a essa exigência e assim delineou-se o perfil desses órgãos, na expressiva maioria das jurisdições, inclusive na comunitária europeia.

A recepção desse modelo - como o de tantos outros institutos democráticos -, embora vivamente promovida peja doutrina nacional ainda na década de 1920, chocou-se com a tradição autoritária do poder político nativo, que já sujeitara a administração pública à vontade pessoal do presidente da República - sendo os servidores todos, *removeable at Royal pleasure,* na expressiva definição da doutrina inglesa. Este regime estimulou uma visão particularizada do titular do Executivo em relação à coisa pública - à Administração, em especial - que o liberou a agir segundo seus desejos, e acabou por determinar aos seus auxiliares procurar ordenar seus atos pela antecipação da vontade presidencial. No plano político, RUI BARBOSA reagiu a essa situação, observando:

> *"Quando um chefe de Estado pauta por esse critério a seleção dos seus auxiliares, (...) quer homens que lhe adivinhem os sentimentos, que lhe acudam aos sinais, que não lhe resistam ao sobrecenho. (...) É o governo personalíssimo (...) os ministérios e as outras ramificações importantes da ordem administrativa, todas entregues a serventuários, cujo único merecimento seja a estima particular do nomeante, a sua confiança absoluta na complacência do nomeado"* (grifo nosso).[51]

No plano da regulação, sobre o qual inevitavelmente reverberam as ações político-partidárias, ergueu-se o protesto da doutrina jurídica, na voz de seus mais eminentes autores ao longo das décadas de 1920 a 1940, pela edição de lei que disciplinasse a regulação dos serviços públicos e a sua execução por meio de comissões técnicas dotadas de independência hierárquica e decisória em face do Poder Executivo. Meio século depois, a reprivatização da prestação dos serviços públicos repôs a criação dos órgãos reguladores na ordem do dia, e fez ressurgir a questão dos limites da ação do Poder Executivo e de seu titular

51. RUI BARBOSA, acrescentava, dizia da "presunção monstruosa de (o presidente da república) reger um país [então] de quinze milhões de habitantes e oito milhões e trezentos mil quilômetros quadrados de superfície pelos processos domésticos, por que rege a administração de sua casa entre a cozinha, o refeitório, a alcova e a sala de receber". Apud. BARRETO, Vicente (org.). *O liberalismo e a Constituição de 1988*: textos selecionados de Rui Barbosa. Rio de Janeiro: Nova Fronteira: Fundação Casa de Rui Barbosa, 1991, p. 281-282.

em relação a tais órgãos, mesmo no quadro constitucional atual, a prescrever a intervenção do Estado na ordem econômica, exclusivamente na forma da lei.[52]

A permanência dessa questão já exaustivamente versada pela doutrina prende-se ao descompasso entre a contínua evolução técnica da regulação de mercados econômicos - hoje voltada à implantação da concorrência nesses mercados por meio de universalização da prestação de seus serviços - e a administração pública nacional, imobilizada por uma cultura política retardatária, cuja dinâmica cega às transformações sociais e políticas globais mais evidentes.

Essa cultura faz a administração pública revolver-se em torno de questões vencidas pela experiência e faz reviver conceitos e formulações jurídicas igualmente superados, os quais a doutrina jurídica anterior e a experiência regulatória desautorizam também, e que são, sobretudo, incompatíveis com uma ordem econômica democrática. A defesa do interesse público, objetivada, no caso, na defesa dos interesses devidamente balanceados do consumidor e do prestador de serviços regulados, só será efetiva se os instrumentos jurídicos que a prescrevam atenderem à evolução técnica e política havida a partir da década de 1990. E ela só evoluirá sobre a experiência anterior se aperfeiçoá-la.

A intervenção do Estado na economia para regular e fiscalizar os mercados de bens e serviços só será eficaz e só trará segurança jurídica a consumidores e investidores se for executada na forma da lei, por órgãos técnicos independentes do Poder Executivo, e fiscalizados pelo Congresso e revistas suas decisões pelo Judiciário. A regulação de mercados é uma política de Estado, e, executada como tal, promove o desenvolvimento econômico e distingue e aperfeiçoa o Estado democrático.

(2012)

52. Sobre atividade econômica, cf. PEDRO DUTRA: "Atividade econômica, empresa sob controle estatal e livre concorrência". *Livre concorrência e regulação de mercados*: estudos e pareceres. Rio de Janeiro: Renovar, 2003, p. 221-267.

INVARIANTES REGULATÓRIAS E A CRISE ECONÔMICA DE 2008*

> *"We have a good deal of comfort about the capital cushions at these firms at the moment."* [1]

Sumário: 1. Crise regulatória e seu desfecho. 2. A autorregulação inexistente. 3. Desídia regulatória. 4. Razões da desídia regulatória. 5. A falácia ideológica. 6. Conclusão: invariantes regulatórias.

1. Crise regulatória e seu desfecho

A atual é a primeira grande crise do sistema capitalista moderno depois de 1929. Toda crise financeira evidencia uma crise regulatória. Pode-se traçar uma linha: há uma crise regulatória subjacente que alimenta ou gera uma crise financeira, que poderá gerar uma crise econômica. Tivemos duas bolhas financeiras recentemente que não geraram uma crise econômica, mas essa deflagrada em setembro de 2008 – embora iniciada bem antes – desfechou uma crise econômica, sem dúvida.[2]

A partir da crise de 1929, verificou-se, em larga escala a transindividualização do interesse privado, no mercado financeiro, aqui referido em sentido lato, a englobar mercado de capitais e bancos. Tomou corpo o conceito de *economia popular*; a literatura jurídica brasileira referia, àquela época, a expressão *bolsa do povo*. Afirmou-se a noção de que a bolsa do povo – a poupança privada – deveria ser objeto de proteção por parte do Estado.

* Palestra proferida a convite do Prof. Alkimar Moura na Escola de Direito da Fundação Getúlio Vargas, em 10.11.2008. O texto desta palestra foi publicado, em sua versão original, no Caderno de Direito FGV, em 2008.

1. CHRISTOPHER COX, presidente da *Securities and Exchange Commission*, em 11 de março de 2008, cinco meses antes da deflagração da crise econômica global de 2008.

2. A crise de setembro de 2008 estava em pleno desdobramento àquela altura; dali a pouco o seu vulto mostraria ser a mais grave crise desde 1929.

A regulação do mercado financeiro, em seu sentido amplo, visa à proteção da economia popular, a economia individual que foi trazida da órbita de seu titular para o mercado.

2. A autorregulação inexistente

Qual a falha (ou o conjunto delas) regulatória que determinou, ou não preveniu essa crise, a primeira a contagiar uma economia globalizada? Fala-se muito, agora, ter ocorrido nos Estados Unidos, nos últimos anos, em lugar de regulação, autorregulação. O Prof. ALKIMAR MOURA, em sua palestra demonstrou não ter havido autorregulação. Defendeu-se uma maior regulação, mas essa proposta, correta, foi fulminada pela defesa avassaladora em sentido contrário, feita por agentes econômicos privados, ante a complacência de administradores públicos.

Nem nos Estados Unidos e nem na Europa houve uma revisão estrutural (tampouco o seu aperfeiçoamento) do modelo jurídico regulatório do mercado financeiro em sentido amplo. O arcabouço regulatório remanesceu intocado. Se não foi aperfeiçoado como deveria ter sido, sobretudo nos Estados Unidos, não foi, todavia, desarticulado, a ponto de não poder ter sido manejado como devido, para prevenir ou, ao menos, reduzir os efeitos da crise.

O que houve, em escala jamais vista, foi uma renúncia regulatória, senão uma desídia regulatória, por parte das autoridades que deveriam exercer a função regulatória e não a exerceram.

Abro um parêntese: creio que, atualmente, a segmentação rígida a demarcar a atuação de bancos, instituições financeiras, e mercado de capitais desapareceu sob a rubrica ampla de mercado financeiro. Tudo forma um conjunto onde há uma imbricação de todos esses planos, embora a técnica regulatória se especialize em cada uma dessas subáreas. Estamos falando de um sistema e de subsistemas, em um momento que exige uma visão regulatória integradora deles.

3. Desídia regulatória

Nos Estados Unidos, a desídia regulatória verificou-se, sobretudo, na função regulatória preventiva. Faço uma observação incidente: usa-se entre nós, em mais uma cópia servil da linguagem jurídica norte-americana, o termo prudencial, ao se falar de regulação financeira, o que não me parece preciso, porque prudência é um atributo da prevenção; há uma troca do todo pela parte, em uma má metonímia conceitual. Estima-se o risco e previne-se os efeitos eventuais do risco. A regulação é sempre preventiva (e repressiva) e por isso, no mais das vezes, contracíclica. A prudência é um atributo da regulação preventiva. Então, ao se falar de regulação prudencial está a se falar sobre um atributo da regulação preventiva: aquela é parte desta, não existe em si.

A prudência, um atributo da regulação, da função preventiva da regulação, não deve ocorrer apenas no sistema financeiro. Por exemplo, é necessário que haja prudência na regulação das telecomunicações. No momento, no Brasil, assistimos a uma imprudência desabrida na regulação das telecomunicações com o estímulo franco do governo à criação de um monopólio de infraestrutura e de operação desses serviços.

Nos Estados Unidos, ocorreu, no mercado financeiro – *lato sensu* – essa renúncia regulatória, que ora assistimos ocorrer no Brasil, no mercado de telecomunicações.[3] Um entre muitos exemplos ilustra a renúncia à função regulatória, ao seu exercício ordinário, e foi muito bem descrito por Stephen Labaton. A narrativa das fontes então verificadas, sugere-nos não mais se falar em renuncia, mas sim em desídia regulatória

Em abril de 2004, cinco dos maiores bancos de investimentos americanos requereram à SEC (a CVM norte-americana) a revogação do limite de endividamento então em vigor – ou seja, do nível das reservas que deveriam manter essas instituições financeiras para fazer frente a eventuais perdas, expresso na relação entre dívida e capital próprio. Os bancos queriam carrear esses recursos em reserva para empresas coligadas suas que os investiriam nos mercados de derivativos. Houve uma tímida e pálida resistência da SEC naquele momento. Um dos presidentes dos bancos requerentes, representando o *Goldman Sachs*, era o Sr. HENRY PAULSON JR, depois ministro da Fazenda no segundo governo GEORGE BUSH, inclusive quando eclodiu a crise em setembro de 2008.[4] Chegou-se a um acordo entre os bancos e os reguladores, pelo qual a SEC teria acesso aos números das subsidiárias que operariam com esses derivativos.

Nos curtos debates então havidos, a diretora de regulação da SEC afirmou que não haveria problema em atender à pretensão dos bancos; iria ser mobilizada uma equipe da melhor qualidade para acompanhar o assunto, capaz de prevenir eventuais prejuízos decorrentes das operações a serem consentidas aos bancos. De fato, foi criada uma equipe: sete funcionários foram encarregados de para regular um mercado de (então dizia-se) US$ 4 trilhões; esta equipe até setembro de 2008, quando eclodiu a crise, não havia concluído uma única inspeção.[5]

3. A aquisição do controle da BrT pela Telemar, formando a Oi, afinal aprovada pela ANATEL e pelo CADE, sob aberta imposição do governo Federal.
4. *Goldman Sachs* é um dos maiores bancos de investimento dos Estados Unidos. Henry Paulson Jr., secretário do Tesouro norte-americano em setembro de 2008.
5. LABATON, Stephen. U.S. regulator's 2004 rule let banks pile up new debt. *The New York Times*. Oct. 3, 2008.

4. Razões da desídia regulatória

Quais seriam as razões dessa desídia regulatória, da qual é frisante o exemplo aqui citado, em uma perspectiva que chamaria cultural?

A meu ver, a primeira razão foi uma indevida assimilação entre política econômica imediatista e regulação do mercado financeiro. Ao que se assistiu, por um largo período anterior à crise, foi uma frouxidão do controle por parte do Banco Central norte-americano, impondo quedas constantes da taxa de juros, o que acarretou uma expansão enorme - e desordenada - de crédito. Em momento que parecia tão promissor como aquele, tão exuberante, como dizia ALAN GREENSPAN, não fazia sentido impor a essa massa de crédito uma regulação preventiva muito rigorosa, porque seria um contrassenso - não cabia, no jargão dos economistas, àquela altura, uma forte regulação contracíclica.

Ora, é próprio da regulação ser, em boa parte, contracíclica. Com a economia crescendo, pensavam e diziam os defensores da renúncia regulatória, o mercado financeiro e a expansão de crédito se ajustariam - se autorregulariam - porque havia, inclusive, novos instrumentos de cessões múltiplas de crédito, os derivativos, concebidos precisamente para dissipar riscos, que em tais momentos sempre crescem. Em outras palavras, essas cessões de créditos, múltiplas cessões de crédito embutindo garantias de diversa natureza, como são os derivativos, seriam - e de fato são, em certa medida - um fator dissipador de riscos.

Portanto, era, na ótica então dominante, um contrassenso que em um momento de exuberância de crédito, de geração de riqueza, com novos instrumentos técnicos de dissipação de risco, houvesse uma intensa ação regulatória preventiva (e prudencial) no mercado financeiro, ou mesmo qualquer regulação preventiva.

Criou-se, assim, um clima de repulsa à regulação, arguindo-se, no lugar desta, as virtudes e a eficiência do que, astutamente, denominou-se impropriamente de autorregulação do mercado, mas, que, em verdade, pode ser descrito quase como um mercado livre - o anátema do capitalismo moderno (precisamente o contrário do livre mercado, este devidamente regulado, na forma da lei), porque sempre leva ao abuso do poder econômico e a uma inevitável crise no mercado em causa.

5. A falácia ideológica

Outro fator significativo e pouco observado a influir na disseminação e na prática da renúncia regulatória foi a tradição do Partido Republicano norte-americano, de defesa extremada de uma menor intervenção do Estado na economia. Ainda que nos Estados Unidos a intervenção estatal na ordem econômica não tenha o descompromisso com as limitações legais entre nós observado por autoridades do governo, o Partido Republicano, tradicionalmente, diz que o Estado não atende ao interesse público em sua ação ordinária e portanto deve abster-se de intervir na ordem econômica. Essa pregação ideológica ganhou no governo GEORGE W. BUSH uma força extraordinária, o que ajudou a afirmar o relaxamento regulatório verificado. Além disso, aquele governo mostrou-se extremamente tolerante em face de relações em conflito de interesses, e da sua clara indisposição quanto à publicidade de seus atos, duas práticas fatais para a ação regulatória efetiva.

A meu ver, essas seriam as principais razões culturais, digamos, que levaram à crise regulatória, à renúncia regulatória.

6. Conclusão: invariantes regulatórias

Aponto, finalmente, uma questão que merece reflexão, que é o momento em que se pede mais regulação. Há, neste momento, uma reação natural à desídia regulatória verificada, uma pressão forte por uma maior intervenção estatal, beirando em certos casos a um ativismo regulatório. Observo que, independentemente dos detalhes técnicos que a discussão de um novo perfil da ação regulatória possa e deva requerer, existe, hoje, na cultura jurídica o que chamaria de invariantes regulatórias.

O que seriam essas invariantes regulatórias? A experiência regulatória já consistiu um núcleo irredutível de valores, infensos à ação corrosiva do tempo. Não se pode mais, hoje, discutir – seriamente – certos princípios, como, por exemplo, no plano político, a liberdade de imprensa, o direito de ir e vir. No plano da regulação, creio que já existe uma razoável densidade de experiência cifrada, que nos permite dizer que alguns valores, afirmados pela consciência social de sua época, impõe-se como referências inafastáveis à ação regulatória. Formam eles as invariantes regulatórias.

A primeira dessas invariantes, a transparência da ação regulatória. Deve ser a maior possível. A administração pública, em especial a ação regulatória, deve ser feita à luz do dia, à vista do público, seu destinatário final, preservados, por certo, os direitos essenciais a afetar, excepcionalmente, o interesse pessoal e o interesse público.

A segunda invariante é o caráter técnico e independente da ação regulatória. Regular só por critério técnico, a salvo da injunção político-partidária do governo, ou da ação de um banco central debilitado pelo assédio do Executivo. Quando se trata de regulação financeira esse *valor* (essa invariante) distingue com nitidez o limite entre política econômica imediatista e regulação técnica e independente. Em uma palavra, esta última será tão mais procedente quanto mais imediatista for aquela.

Terceira e última invariante, a ampla disseminação de informações ao mercado. É necessário que o órgão regulador devolva ao mercado, salvo as exceções estipuladas em lei, as informações que dele recolhe, ou obrigue o mercado a divulgá-las.

Todas essas medidas, esse corpo de princípios, essas invariantes regulatórias, devem ser consideradas, sempre, na disciplina e na prática da defesa do interesse público, a ser promovida pela ação preventiva e repressiva dos órgãos especiais de intervenção do Estado na ordem econômica. No caso da regulação financeira, uma expressão antiga, cara a quem já escreveu sobre literatura jurídica no Império, aplica-se especialmente: a regulação financeira deve ser feita tendo em vista a guarda da economia popular.

(2008)

REAJUSTE DE TARIFA DE PEDÁGIO

"Onde há escrita, não pode haver arbítrio".[1]

Sumário: 1. O fato. 2. O fato em síntese. 3. Quesitos, e respostas.

1. O fato

Em 1998, o estado de São Paulo concedeu a empresas privadas a exploração de dezenove de suas rodovias. Os respectivos contratos de concessão incorporaram os termos e condições antes fixados nos editais de licitação, e foram executados fielmente até 2012: o índice de reajuste das tarifas de pedágio aplicados, bem como as revisões contratuais realizadas, observaram as prescrições contratuais.[2]

Porém, em 24.06.2013, o sítio da Agência Reguladora de Serviços Públicos Delegados de Transporte do Estado de São Paulo - ARTESP noticiou, publicamente, que a cláusula contratual de reajuste das tarifas de pedágio, cobradas nas rodovias concedidas do estado, não seria executada naquele exercício:[3]

1. FAGUNDES, Miguel Seabra. *O controle dos atos administrativos pelo Poder Judiciário*. São Paulo: Saraiva, 1984. p. 81.
2. Tomando por exemplo o caso da concessionária do Sistema Anhanguera-Bandeirantes, AUTOBAN: o valor da tarifa de pedágio e os critérios de reajuste a serem observados pela AUTOBAN foram fixados pelo estado de São Paulo no Edital de Licitação 007/CIC/97 e estipulados no Contrato de Concessão, conferindo à concessionária "o direito e o dever de cobrar pedágio no SISTEMA RODOVIÁRIO" (cláusula 26.1), sendo que o valor da base tarifária quilométrica deverá ser reajustado "com periodicidade anual" (cláusula 27.1), por meio da "aplicação dos critérios, procedimentos, fórmula e datas definidos no ANEXO XVI" (cláusula 27.3; e Anexo 4, do Edital de Licitação).

   O índice de reajuste tarifário originalmente estipulado no âmbito da concessão era o IGPM, substituído (somente para fins de cobrança aos usuários) pelo IPCA, por ocasião da celebração do Termo Aditivo e Modificativo 25, de 15 de dezembro de 2011. Texto do Contrato e aditivos disponíveis no sítio da ARTESP.
3. Cf: DUTRA, Pedro. Regresso Regulatório. Neste livro.

"ARTESP – Assessoria de Imprensa.

A elevação das tarifas é prevista em contrato, seguindo o índice da inflação atual medida pelo IPC-A acumulado entre julho de 2012 e maio de 2013, calculado pelo IBGE, que somou 6,5%. Com a redução zero anunciada hoje, na prática, até 1.º de julho de 2014, data base dos reajustes, não haverá majoração dos pedágios" (grifo nosso).[4]

E a seguir referia a nota "medidas compensatórias" a não aplicação do reajuste contratual, e concluía:

Para que a presente deliberação surta os efeitos necessários à sua implementação, com impacto 0 (zero) à tarifa cobrada do usuário, [faz-se] necessária aprovação do poder concedente.[5]

Ainda na mesma data, em 24.06.2013, a Secretaria de Logística e Transportes expediu a Resolução SLT n. 04/13 aprovando a Deliberação do Conselho Diretor da ARTESP, de não permitir às concessionárias aplicar a cláusula contratual de reajuste, e a imposição de "medidas compensatórias" ao "impacto zero", a ocorrer em razão do reajuste não aplicado.

No dia seguinte, a 25 de junho, os efeitos da não execução da cláusula contratual de reajuste, deliberada e divulgada pela ARTESP e ratificada pela Secretária de Logística e Transporte – SLT, faziam-se sentir diretamente sobre o crédito das concessionárias de rodovias:

"Risco político derruba ações de concessionárias de serviços públicos.

Ontem, as ações das concessionárias de rodovias caíram após a decisão do governador de São Paulo, Geraldo Alckmin (PSDB), [formalizada pela ARTESP] de cancelar o reajuste da tarifa dos pedágios prevista para dia 1.º".[6]

4. Disponível em: <www.artesp.sp.gov.br>.
5. As "medidas compensatórias" contrabalanceariam, na visão da ARTESP, a não aplicação do reajuste contratual que ela mesma noticiou. Foram então impostas pela ARTESP às concessionárias as seguintes "medidas": "(i) a utilização de 50% (cinquenta por cento) do valor previsto a título de ônus variável pago ao Estado para fins de fiscalização dos contratos (equivalente a 1,5% da receita da concessão), (ii) implementação da cobrança de tarifas relativas aos eixos suspensos dos caminhões que transitam nas rodovias estaduais, (iii) a utilização de eventuais créditos das adequações decorrentes de atrasos e postergações de obras que resultaram em um desequilíbrio favorável ao Estado de São Paulo, e (iv) a eventual utilização do ônus fixo devido ao Estado de São Paulo".
6. SILVA, Cleide. Risco político derruba ações de concessionárias de serviços públicos. *O Estado de S. Paulo*. 25 jun. 2013. p. B1.

Dez meses depois, a 17.04.2014, a imprensa noticiava:

> *"Tarifas de pedágio em SP serão 'descongeladas' neste ano.*
>
> *Após o congelamento de tarifas nas rodovias paulistas, no ano passado, o mercado teve dúvidas sobre como seria os reajustes de 2014. (...)*
>
> *Hoje, os investidores já trabalham com o cenário de reajustes retomados em 2014. A ARTESP informou ao [jornal] VALOR, por meio de sua assessoria de imprensa, que o aumento das tarifas de pedágio será aplicado conforme previsto em edital, no dia 1.º de julho – considerando a inflação dos últimos 12 meses. O cálculo a ser usado seguirá o Índice Nacional de Preços ao Consumidor Amplo (IPC–A), que atualmente está em 6,15% (em um ano).*
>
> *A ARTESP não confirma a possibilidade de reajustes diferentes da inflação".*[7]

Nos termos do Contrato de Concessão, tem-se homologado o reajuste de tarifa de pedágio uma vez notificada a ARTESP pela concessionária do seu propósito de aplicar o reajuste contratual à tarifa de pedágio, se, transcorrido o prazo de 15 (quinze) dias previsto no contrato, não houver manifestação do poder concedente.[8]

Assim, a 25.06.2014 estava homologado o reajuste de pedágio no exercício de 2014, a ser aplicado em 1.º de julho.

Porém, a 26.06.2014, a ARTESP divulgou a seguinte nota:

> *"A ARTESP (Agência de Transporte do Estado de São Paulo) informa que o reajuste médio a ser aplicado nas tarifas de pedágio das rodovias estaduais paulistas será de 5,29%. (...) Em 2013, o IPC-A registrou alta de 6,5% e em 2014 mais 6,37%, que resulta numa inflação acumulada de 13,29%. O índice de reajuste das tarifas definido pela Agência Reguladora é 40% inferior à inflação do biênio, resultante de grande esforço para buscar a tarifa mais módica possível, respeitando os termos contratuais".*

7. PUPO, Fábio. Tarifas de pedágio em SP serão "descongeladas" neste ano. *Valor Econômico*. 17 abr. 2014. p. B4.
8. Tomamos como referência o Contrato de Concessão firmado com a Concessionária AUTOBAN, que notificou, tempestivamente, à ARTESP o propósito de reajustar a tarifa de pedágio por ela cobrada. "27.3. A CONCESSIONÁRIA deverá comunicar ao CONTRATANTE até 20 (vinte) dias antes da data prevista para o reajustamento, as novas Tarifas de Pedágio que, por força da aplicação dos critérios, procedimentos, fórmula e datas definidos no ANEXO XVI, pretende aplicar no período seguinte. 27.3.1. As novas tarifas de pedágio serão consideradas homologadas pelo PODER CONCEDENTE após 15 (quinze) dias após a comunicação prevista no item anterior (grifo nosso). Texto do Contrato disponível no sítio da ARTESP."

Por outras palavras, a ARTESP fixou, ela mesma, um índice de reajuste de tarifa de pedágio inferior àquele contratualmente fixado.

Em 27.06.2014, foi publicado no *Diário Oficial do Estado de São Paulo* despacho do Secretário Estadual de Logística e Transportes do Estado São Paulo homologando a Deliberação da ARTESP datada do dia anterior.

Um dia depois, a 28.06.2014, publicou o *Diário Oficial do Estado de São Paulo* os novos valores de tarifa de pedágio, sem, todavia, divulgar os percentuais de reajuste.[9]

Em 30.06.2014, a ARTESP "em razão da nota divulgada pela Associação Brasileira dos Concessionários de Rodovias", publicou em seu sítio a nota abaixo:

> *"A verdade sobre o reajuste das tarifas de pedágio em São Paulo*
>
> *A ARTESP sente-se na obrigação de recolocar a verdade sobre o reajuste tarifário dos pedágios que passam a vigorar no dia 1.º de julho:*
>
> *O reajuste das tarifas de pedágio anunciadas no último dia 27 de junho está totalmente nos termos do contrato e da legislação, e ficou mantido o equilíbrio econômico financeiro dos contratos.*
>
> *Não houve nenhuma decisão sem respaldo jurídico. Não houve, em hipótese alguma falta de diálogo e de conversa com os representantes das administradoras de rodovias. As empresas concessionárias se manifestaram no processo que tratou do reajuste tarifário dos pedágios. Está tudo registrado.*
>
> *Portanto não há risco para investimentos, tampouco desrespeito aos contratos. Como sempre existiu, há respeito com os usuários e com as concessionárias, que estão cientes da posição da ARTESP desde julho de 2013 e que tiveram 12 meses para se posicionar a respeito do assunto."*[10]

2. O fato em síntese

Os documentos acima transcritos, relativos ao exercício de 2013, mostram:

i) deliberação do Conselho Diretor da ARTESP de não aplicar a cláusula contratual de reajuste de tarifa de pedágio, e de propor ao "poder concedente" (à Secretaria de Logística e Transportes – SLT) aprovar medidas para compensar a não aplicação do re-

9. DOESP. Poder Executivo, Seção I, p. 82.
10. Nota ARTESP. 30-06-2014. Disponível em: <www.artesp.sp.gov.br>

ajuste contratual de tarifa de pedágio, medidas estas que foram impostas pela ARTESP às concessionárias;

ii) Resolução da Secretaria de Logística e Transporte – SLT n. 04/2013, a qual, entre outras considerações, aprova o teor das "medidas compensatórias" propostas pela ARTESP, e diz "caber à ARTESP o cálculo dos impactos da cobrança de que trata essa Resolução para cada concessionária e dos descontos tarifários equivalentes para os usuários".

Os documentos acima transcritos, relativos ao exercício de 2014, mostram:

i) a ARTESP decidiu não cumprir a cláusula contratual de reajuste de tarifa de pedágio, pelo segundo exercício consecutivo – 2013 e 2014;

ii) a ARTESP, ela mesma, fixou, à revelia do Contrato de Concessão, índice de reajuste de tarifas de pedágio e solicitou, e obteve, aprovação da Secretaria de Logística e Transporte – SLT a essa medida, e determinou às concessionárias a aplicação do índice por ela ARTESP fixado;

iii) em sua Deliberação refere a ARTESP "ganhos excedentes" por parte das concessionárias em razão das "medidas compensatórias" a elas impostas no exercício de 2013, e refere processo administrativo instaurado para apurar tais "ganhos excedentes";

3. Questitos e respostas

a. *Há subordinação hierárquica entre a ARTESP e o Executivo, e entre essa agência e a Secretaria de Logística e Transporte* do Estado?

Não, absolutamente. A ARTESP, nos termos da lei complementar que a criou, é uma agência reguladora e, como tal, dotada, "de autonomia orçamentária, financeira, técnica, funcional", investidos os seus titulares a termo fixo, e das decisões do seu Conselho Diretor não cabe "qualquer recurso na esfera administrativa", devendo a ARTESP obedecer, entre outros princípios fixados na mesma norma, a "imparcialidade evidenciada pela independência de influência sobre os setores públicos ou privados que possa macular a credibilidade dos procedimentos decisórios inerentes ao exercício das funções regulatórias".[11]

Em uma palavra, a ARTESP é dotada de independência financeira, hierárquica, técnica, decisória e administrativa, e deve, sempre, se pôr a salvo de "influências" de setores públicos ou privados. Estas regras caracterizam e distinguem uma autarquia de regime especial como são as agências reguladoras, e a sua vinculação, formal, à Secretaria de Estado dos Transportes não desfaz, reduz ou mitiga, por qualquer forma ou índice, as suas garantias legais que lhe asseguram plena independência funcional em relação ao Poder Executivo estadual.

b. É competente a ARTESP para, articulada à Secretária de Logística de Transportes do Estado de São Paulo, decidir sobre tarifas de pedágio?

Constitui um dos "objetivos fundamentais" da ARTESP "fiscalizar o cumprimento dos contratos de concessão de prestação de serviços públicos de transportes" e "fixar regras procedimentais", – note-se: procedimentais – "inclusive em relação ao estabelecimento, revisão, reajuste e aprovação de tarifas e taxas que permitam a manutenção do equilíbrio econômico financeiro dos contratos de concessões de serviços públicos de transportes."[12]

A hipótese de "reajuste zero" de tarifas de pedágio, como referida na decisão da ARTESP em negar curso à cláusula contratual, não se acha contemplada no Contrato de Concessão de exploração de rodovia. Ao contrário, a concessionária, nos termos desse contrato, "tem o direito e o dever de cobrar

11. Lei Complementar 914/2002, artigo 2..º, inciso III.

12. Lei Complementar 914/2002:

"Art. 3.º Constituem objetivos fundamentais da ARTESP:

I – fiscalizar o cumprimento dos contratos de concessão, permissão ou autorização de prestação de serviços públicos de transportes;

II – promover e zelar pela eficiência econômica e técnica dos serviços públicos de transporte, autorizados, permitidos ou concedidos, submetidos à sua competência regulatória;

III – proteger os usuários do abuso de poder econômico que vise à dominação dos mercados, à eliminação da concorrência e ao aumento arbitrário dos lucros;

IV – fixar regras procedimentais, inclusive em relação ao estabelecimento, revisão, reajuste e aprovação de tarifas e taxas, que permitam a manutenção do equilíbrio econômico-financeiro dos contratos de concessões e termos de permissões de serviços públicos de transporte."

pedágio" na rodovia que explora, e o valor dessa tarifa, bem como o seu reajuste – a fórmula de atualização da expressão monetária do valor da tarifa – se acham fixados no Contrato de Concessão.[13]

Assim, não pode ser objetivo da ARTESP o "reajustamento zero de tarifa de pedágio", pois o contrato sequer previu (e nem poderia prever) essa hipótese, de resto não verificada na experiência brasileira e, portanto, jamais contemplada em Contrato de Concessão.

Se zero fosse, no período dado, a variação do índice de reajuste de tarifa de pedágio não haveria reajuste a ser feito, devido à não verificação do fato a lhe dar causa. Dizer "reajuste zero" é um (mau) eufemismo a encobrir uma deliberada violação do contrato pelo órgão da administração pública, que tem por dever funcional zelar pelo seu cumprimento.

Não pode a ARTESP decidir sobre tarifas de pedágio: é seu dever, sobre esta matéria também, cumprir estritamente o Contrato de Concessão.

Como visto acima, a ARTESP é uma agência reguladora dotada de independência decisória, técnica e hierárquica, que deve observar estrita imparcialidade em suas relações com os setores público e privado, o que a impede de articular-se, alinhar-se, justapor-se, subordinar-se a qualquer outro órgão, da administração pública ou fora dela, e, pois, de seguir comando externo, verbal ou escrito, ditado por autoridade administrativa, situada em qualquer nível hierárquico.

Assim, não pode a ARTESP articular-se com a Secretaria de Logística e Transportes – SLT.

A ARTESP, como todo órgão da administração pública, é essencialmente obediente à lei – e ao contrato que lhe cabe, nos termos da lei, dar cumprimento.

É função da ARTESP cumprir e fazer cumprir o Contrato de Concessão – cumprir todas as suas cláusulas. E a órgão da administração pública não cabe outra função senão aquela, prevista em lei.

Note-se que o Contrato de Concessão, precisamente para evitar a tentação autoritária de descumprir suas regras contratuais, que não raro seduz alguns agentes administrativos, estipulou, no caso de reajuste de tarifa de pedágio, caber à ARTESP homologá-lo.

c. *Pode a ARTESP deliberar não dar execução a cláusula contratual de reajuste contratual e em seu lugar propor medidas "compensatórias", e pode a SLT aprovar tal deliberação?*

---

13. Cláusulas 26 e 27, do Contrato de Concessão AUTOBAN.

Homologar é verificar a semelhança de forma ou de razão entre dois elementos, e assim dizer a correspondência a existir (ou não) entre eles. No plano jurídico tem um sentido de ratificar, de reconhecer direito já existente, e não constituído, como ensina O. A. BANDEIRA DE MELLO: a homologação "*consiste em acertamento constitutivo formal, de asseguramento de direitos preexistentes para que produzam seus efeitos práticos*".[14]

Homologar um reajuste significa verifica-lo homólogo à prescrição contratual, ou seja, verificar se o cálculo do reajuste acha-se conforme a estipulação contratual.

Note-se, todavia, que a regra do Contrato de Concessão, ao prescrever o dever de a concessionária comunicar o contratante em até vinte dias antes da data prevista para o reajuste da tarifa de pedágio que irá aplicar, estipulou a homologação automática dessa "nova tarifa de pedágio", pelo decurso do prazo de quinze dias contados depois dessa comunicação.[15]

Vê-se, portanto, que a ARTESP pode homologar o reajuste contratual da tarifa de pedágio apenas na hipótese de a homologação do reajuste não se verificar por decurso de prazo – hipótese que ocorreu no caso aqui versado.

Jamais, intervir no reajuste de tarifas – muito menos obstar a sua aplicação.

d. *Pode a ARTESP fixar unilateralmente e à margem do Contrato de Concessão, índice de reajuste de tarifa de pedágio, ainda que aprovado pela SLT?*

Certamente não. O valor da tarifa de pedágio e a forma de seu reajuste são obrigatoriamente fixados no Contrato de Concessão. Nem poderia ser diverso, pois a tarifa de pedágio é a contraprestação devida ao concessionário pela exploração, que faz, da rodovia. Da arrecadação da tarifa de pedágio provêm os recursos a serem investidos na prestação de seus serviços, nos termos estipulados no Contrato de Concessão. Daí resulta, como está no contrato, não

14. MELLO, Oswaldo Aranha Bandeira de. *Princípios gerais de direito administrativo*. Rio de Janeiro: Forense, 1979.

15. Diz o contrato firmado com a Concessionária AUTOBAN: "27.3. A CONCESSIONÁRIA deverá comunicar ao CONTRATANTE até 20 (vinte) dias antes da data prevista para o reajustamento, as novas tarifas de pedágio que, por força da aplicação dos critérios, procedimentos, fórmula e datas definidos no ANEXO XVI, pretende aplicar no período seguinte. 27.3.1. As novas tarifas de pedágio serão consideradas homologadas pelo PODER CONCEDENTE após 15 (quinze) dias após a comunicação prevista no item anterior" (grifo nosso). Ob. cit.

apenas o direito, mas o dever de o concessionário arrecadar a tarifa no valor estipulado, uma vez que esse valor permitirá ao concessionário, cumprindo o contrato, alcançar a finalidade (de claro interesse público) que nele prescreveu o poder concedente.

Pode, e deve, a agência reguladora, que, atuando diretamente no mercado regulado sob sua jurisdição, detém maior conhecimento técnico específico, informar ao poder concedente e auxiliá-lo nas diretrizes que este trace para o processo de concessão que realize. Mas não violar o Contrato de Concessão licitado e firmado pelo poder concedente.

Admitir-se a fixação do valor da tarifa e admitir-se a fixação de índice de atualização da sua expressão monetária por agência reguladora, à revelia do Contrato de Concessão, importaria em subtrair ao poder concedente a própria estruturação do serviço concedido, em flagrante desrespeito à lei, como mostra SEABRA FAGUNDES:

> *"O objeto do ato administrativo, que é o seu conteúdo jurídico, não estando adstrito aos limites pré-traçados na lei, o ato é nulo. A lei estabelece a amplitude dentro da qual se deve movimentar a autoridade pública no desempenho das duas atribuições. Se esta excede esses limites, a sua ação se torna ilegal".*[16]

e. *Há mecanismo estipulado no Contrato de Concessão de Rodovias que permita alteração do índice de reajuste?*

Sim, e essa hipótese já ocorreu, havendo sido então substituído o índice original, IGPM, pelo IPCA. Se é facultado ao poder concedente rever os termos do Contrato de Concessão, exclusivamente quando o interesse público o determinar, a ele a lei exige o dever de manter o equilíbrio econômico financeiro do contrato, observados os termos nele estipulados. Assim, qualquer alteração promovida pelo poder concedente nas estipulações contratuais, deverá obrigatoriamente preservar o seu equilíbrio econômico financeiro, nos limites fixados no contrato a esse fim.

A faculdade que assiste ao poder concedente de agir segundo o interesse público não se estende à forma de sua execução: deve o poder concedente buscar primeiramente acordar com o concessionário os termos da alteração contratual por ele proposta. Acordar, pois não se concebe contrato sem entendimento de vontades, que convirjam sobre objeto a suscitar mútuo interesse. Ora, agência reguladora, a quem cabe cumprir o contrato, cabe, por conse-

16. FAGUNDES. M. Seabra. *O Controle dos atos administrativos pelo Poder Judiciário*. 2.ª ed. São Paulo: Saraiva, 1984. p. 61.

guinte, negociar, e não impor, fixar, termos do contrato, objeto de revisão; entre estes, se o caso, o índice de reajuste.

Não se confunda reajuste de tarifa de pedágio e índice de reajuste com revisão contratual, ou, como refere o contrato, "recomposição do equilíbrio econômico financeiro do contrato". Como dito, o reajuste não altera o valor estipulado, apenas corrige-lhe, atualizando-a, a sua expressão monetária, pois é a moeda que perde o seu poder de compra e não o serviço pactuado que perde o valor a ele estipulado pelo poder concedente.

Já a recomposição, ou a revisão, indicando ambos os vocábulos a preservação de um estado determinado, seja porque se (re)componham os elementos originais, os quais, com o passar do tempo se alteraram, seja porque são (re)vistos - examinados novamente - tais elementos, para que, íntegro o conjunto harmônico deles, tenham preservado o seu valor inicial.

O reajuste é automático pois sempre presente a inflação monetária na vida econômica do país - a experiência brasileira não conhece a estabilidade duradoura de preços. Já a revisão, ou recomposição, não é fato ordinário, podendo ocorrer ou não, sendo certo, todavia, ocorrer, como prescreve o contrato, se "o equilíbrio econômico financeiro do contrato for afetado", nos casos e pela forma e nos limites ali determinados.

f. *Pode a ARTESP prorrogar unilateralmente o prazo estipulado contratualmente para a homologação tácita do reajuste contratual de tarifa de pedágio sob o argumento de que não teria tido tempo hábil para realizar uma reunião do seu Conselho Diretor?*

Certamente não. Não pode o regulador, violando cláusula contratual, pretender prorrogado unilateralmente prazo nele fixado, tendo por justificativa, declarada ou não, omissão funcional sua.

Claramente, omitiu-se a ARTESP. Prevista a data de homologação de reajuste de tarifa de pedágio, deveria a direção da ARTESP haver fixado a data a tempo de se reunir para cuidar dessa matéria. Não houve fato imprevisto excludente da responsabilidade funcional da agência.

Não pode a ARTESP, transgredindo regra secular do direito, invocar erro em seu próprio benefício, como já advertia TEIXEIRA DE FREITAS: "*Erro de fato próprio não se pode alegar, nem releva*".[17]

g *A não execução da cláusula contratual de reajuste de tarifa de pedágio importará em ônus econômico e financeiro aos concessionários?*

17. FREITAS, Augusto Teixeira de. *Regras de direito*. Rio de Janeiro: B.L. Garnier, Livreiro-Editor, 1882, p. 101.

Sem dúvida, a todo o setor de concessões rodoviárias no estado de São Paulo.

O ônus, a decorrer do descumprimento de Contrato de Concessão por parte da agência reguladora – sancionada manifestamente pela Secretaria de Logística e Transportes, este órgão subordinado diretamente ao comando partidário do governo do estado – é imediato, líquido e público, como público foi o ato de violação do Contrato de Concessão que lhe deu causa.

A própria imprensa, divulgando o ato de violação do Contrato, revelou o ônus sofrido pelas concessionárias, indicando o seu registro: a variação negativa da cotação das ações das empresas concessionárias no pregão da bolsa de valores.[18]

Pode-se argumentar que a variação negativa da cotação, diária, das ações das concessionárias, decorrente dos atos do regulador (que negou a aplicação da cláusula de reajuste) não seja um indicador seguro, porque oscilante, do prejuízo sofrido pelas concessionárias. Todavia, a variação negativa das cotações das ações em bolsa expõe aos investidores o agravo sofrido, em sua atividade, pelas concessionárias.

Sabem os investidores que as empresas concessionárias são ativas contraentes de financiamentos, de curto e longo prazo, junto ao setor bancário para, precisamente, dar cumprimento às suas obrigações contratuais, e que os seus financiadores verão nessas empresas um risco maior de inadimplência porque a receita delas – em razão da não aplicação da cláusula de reajuste das tarifas de pedágio – irá diminuir e consequentemente o seu lucro também.

Risco maior significa maior cautela ao emprestar, e esta se traduz em juros maiores a serem pagos pelos tomadores de crédito.

Há uma célere circulação de informações entre todos os órgãos do sistema financeiro, especificamente entre a bolsa de valores, que capta imediatamente os agravos súbitos sofridos pelas empresas, e os bancos, que as financiam, e, por fim, pelas agências de risco que avaliam a solidez econômico-financeira dessas empresas.

O abalo primeiro sentido na bolsa de valores imediatamente repercute junto ao setor bancário e é captado pelas agências de risco. A notícia de que o reajuste de tarifa de pedágio não será concedido no índice contratado

18. "Ontem, as ações das concessionárias de rodovias caíram após a decisão do governador de São Paulo, GERALDO ALCKMIN (PSDB), de cancelar o reajuste da tarifa dos pedágios prevista para dia 1.º". SILVIA, Cleide. Risco político derruba ações de concessionárias de serviços públicos. *O Estado de S. Paulo*, 25 jun. 2013, p. B1.

significa que a renda esperada pela concessionária (e pelo mercado) será inferior àquela contratualmente prevista, elevando o seu custo operacional e, pois, reduzindo o seu resultado.

Em uma palavra, o ato da agência reguladora causa um prejuízo efetivo às concessionárias, sem dúvida, como há oito décadas já mostrava FRANCISCO CAMPOS:

> *"As obrigações do concessionário têm, portanto, a mesma fonte que as outras obrigações contratuais: resultam da sua aceitação de condições que não apenas pressupostas, mas propostas ou manifestadas.*
>
> *Assim sendo, não é lícito ao concedente diminuir as vantagens da concessão, seja diretamente, reduzindo as prestações previstas, seja indiretamente, agravando os ônus estipulados. O instrumento de concessão faz lei entre as partes, assim como o contrato é a lei entre os que o pactuaram.*
>
> *Assim é que a concessão se conceitua como contrato e, como contrato, importando em incorporação de vantagens ao patrimônio do concessionário, se encontra garantida na nossa Constituição, quando esta garante a propriedade em toda a sua plenitude...".*[19]

Mas não só. Rompido o Contrato de Concessão por ato do regulador, este estimulado por ato da administração estadual, que interfere nesse processo por aberta manifestação de arbítrio político, eleva-se o risco de se contratar com o governo do Estado. Em consequência, eventuais prestadores de serviço concedidos vão exigir uma remuneração maior, pois maior será o risco de não verem cumpridos os contratos que irão firmar.

Cria-se um círculo perverso de descrédito: compromete-se a segurança jurídica que o Contrato de Concessão, pela sua natureza, ordinariamente oferece, e se vê abalada a confiança que a contratação com o estado de São Paulo tradicionalmente inspira.

(2015)

19. CAMPOS, Francisco. Natureza do ato de concessão de serviço público. Parecer datado de 1934. *Direito administrativo*. Rio de Janeiro: Imprensa Nacional, 1943. p. 183.

REGRESSO REGULATÓRIO: O CASO ARTESP

> *"Os cidadoms enleados de sua proposiçãm, sabendo que era homem de autorydade, cessáram de suas praticas, em que estavam, e seguráram os rostos, e as vontades pera o ouvir."*[1]

Sumário: 1. A criação da Agência Reguladora de Transportes do Estado de São Paulo. 2. A lei e o decreto. 3. Câmbio regulatório, oclusão deliberada. 4. A independência regulatória calada. 5. Novo vértice da regulação: efeitos. 6. O decreto e o risco regulatório. 7. Sujeição ao comando político-partidário. 8. O decreto e o Direito. 9. Desvio de finalidade. 10. Conclusão.

1. A criação da Agência Reguladora de Transportes do Estado de São Paulo

A Agência Reguladora de Transportes do Estado de São Paulo – ARTESP – foi criada pela Lei Complementar estadual 914/ 2002,

> *"(...) dotada de autonomia orçamentária, financeira, técnica, funcional, administrativa e poder de polícia, com sede e foro na cidade de São Paulo, e prazo de duração indeterminado, com a finalidade de regulamentar e fiscalizar todas as modalidades de serviços públicos de transporte autorizados, permitidos ou concedidos, no âmbito da Secretaria de Estado dos Transportes, a entidades de direito privado"* (grifo nosso).
>
> *(...)*
>
> *Art. 2.º A ARTESP obedecerá aos seguintes princípios:*
>
> *(...)*
>
> *III – imparcialidade, evidenciada pela independência de influências de setores públicos ou privados que possam macular a credibilidade dos procedimentos decisórios inerentes ao exercício das funções regulatórias"* (grifo nosso).

1. Chronicas d'El-Rei D. Duarte, cap. 50. In: VITERBO. Joaquim de Santa Rosa, Fr. *Elucidário.* 2. ed. Lisboa: Em casa do Editor A. J. Fernando Lopes, 1856. v. 2. p. 207.

A criação da ARTESP, dotada de independência em relação ao Poder Executivo estadual, foi saudada pela imprensa:

> *"Quatro anos depois do repasse de parte da malha rodoviária paulista para a iniciativa privada, saiu do papel a proposta de um órgão independente para fiscalizar as 12 empresas que administram 3.500 km de estradas em São Paulo".* [2]

2. A lei e o decreto

Porém, a 1.º de janeiro de 2015, o governador do estado de São Paulo, Geraldo Alckmin, editou o Decreto 61.036, cujo art. 2.º diz:

> *Art. 2.º - Constituem o campo funcional da Secretaria de Governo, além de outras funções compatíveis com o escopo da Pasta:*
>
> *(...)*
>
> *XVI - por intermédio da Agência Reguladora de Serviços Públicos Delegados de Transportes do Estado de São Paulo - ARTESP, a regulamentação e a fiscalização das modalidades de serviços públicos de transporte autorizados, permitidos ou concedidos a entidades de direito privado; (...)* (grifo nosso).

E o **art. 3.º, do mesmo decreto, dispõe sobre a criação da Secretaria de Governo:**

> *"A Secretaria de Governo tem a seguinte estrutura básica:*
>
> *(...)*
>
> *§ 4.º - A Secretaria de Governo tem, também, em sua alçada as seguintes entidades vinculadas:*
>
> *Agência Reguladora de Serviços Públicos Delegados de Transportes do Estado de São Paulo - ARTESP; (...)"* (grifo nosso).
>
> *Posto o texto do citado art. 2.º na ordem direta, a finalidade nele visada surge nítida:*
>
> *a regulamentação e fiscalização das modalidades de serviços públicos de transporte autorizados, permitidos ou concedidos a entidades de direito privado, de ora por diante será exercida pela Secretaria de Governo, por intermédio da ARTESP, vinculada este agência aquela secretaria.*

2. Disponível em: <http://www1.folha.uol.com.br/fsp/cotidian/ff2804200210.htm>.

3. Câmbio regulatório, oclusão deliberada

Buscou o governo do estado por meio do decreto subtrair à ARTESP a competência que lei complementar lhe outorga, para transferi-la à Secretaria de Governo, criada pelo mesmo decreto.

E buscou o governo ocluir esse câmbio regulatório: o decreto foi editado a 1.º de janeiro de 2015, e, sobre a sua finalidade e motivação, o governo do estado nada disse à sociedade. Já ao início do século passado, MAX WEBER advertia sobre a linguagem velada da burocracia governamental – ainda hoje corrente na administração pública brasileira – como uma forma de controlar a execução de políticas públicas formuladas em Lei:

> *"Weber shrewdly observed that most policies developed by political officials rarely provided explicit language on the methods and means by which administrators should implement them. Rather, most statutes, he noted, were written in broad and often ambiguous language, giving administrative agencies, and public bureaucrats within them, wide latitude for interpreting when and how to carry them out. Weber asserted, therefore, that the actual power of bureaucracies rested in their ability to control the methods involved in the day-to-day implementation of public policies".* [3]

Mas os efeitos do decreto irradiam-se, irrefragavelmente, por todo o setor regulado – agentes econômicos e usuários – alcançando o Poder Legislativo e a administração pública estadual.

4. A independência regulatória calada

Por força do decreto, a ação regulatória deslocou-se da ARTESP para o vértice do Poder Executivo. Por meio do comando hierárquico que exerce sobre a Secretaria de Governo, converteu-se o titular do Executivo em órgão máximo da regulação no setor de transporte do Estado. A ele se subordina a Secretaria de Governo, à qual se subordina a ARTESP, que passa a ser *intermediária* da ação regulatória do setor de transportes do Estado, esta transferida àquela Secretaria, nos exatos termos do Decreto.

Cala-se a voz colegiada e autônoma da ARTESP, e a Secretaria de Governo emerge como o órgão regulador, transmissor da vontade do titular do Executivo. O colegiado, e bem assim os titulares da ARTESP, passam a ressoar a voz do Executivo, por força da escala de sujeição hierárquica que o decreto

3. THEODOULOU, Stella Z.; ROY, Ravi K. *Public Administration*. A very short introduction. New York: Oxford University Press, 2016. p. 40-41.

estabeleceu. A ARTESP passa a intermediar – este o verbo a articular a regra do citado art. 2.º, do decreto – a regulação do setor de transportes no estado de São Paulo, de então por diante exercida pela secretaria de governo.

Sem dúvida, o decreto importa em uma regressão institucional da regulação do setor de transporte no estado de São Paulo, a contrariar a experiência sedimentada, como mostra a moderna doutrina italiana:

> *"Um traço que parece identificar o surgimento de agencias reguladoras independentes, em países com diferentes sistemas de governo e em diferentes períodos históricos, é a transferência da função reguladora para órgãos administrativos independentes do Executivo, nos termos da lei."* [4]

5. Novo vértice da regulação: efeitos

Os efeitos irradiados do decreto são claros. Já, o poder fiscalizador do Legislativo sobre a ação da ARTESP vê-se diminuído. Os titulares da Agência, sabatinados em audiência pública na Assembleia Legislativa e por ela aprovados para o cargo, não mais a ela prestarão contas diretamente das decisões que tomem: sobre essas decisões referirão comandos originários do vértice do Poder Executivo, cuja execução terão apenas intermediado.

As implicações do decreto alcançam os agentes econômicos, destinatários diretos da ação da ARTESP. O centro, no qual ordinariamente orbitavam, na condução de seus negócios, formado pelos técnicos e pelo colegiado da ARTESP, foi deslocado para a administração direta, cujos caminhos passam a ser percorridos até o ápice do Poder Executivo, convertido em sede última de interlocução e decisão de questões regulatórias.

A concentração de poder em mãos do titular da administração pública não pode deixar de sugerir um menor acesso do usuário dos serviços de transporte ao círculo de decisões sobre questões regulatórias desse setor. Notoriamente, o processo decisório em curso em secretarias de Estado, e bem assim na governadoria do Estado, é mais distante do público do que aquele que tem lugar em uma agência reguladora.

Embora o princípio constitucional da publicidade obrigue a todos os órgãos da administração pública indistintamente, está à base da criação das agências reguladoras a necessidade de esses órgãos aproximarem-se do usuário de serviços concedidos, para melhor atendê-lo. Por essa razão, devem

4. GIRAUDI, G.; RIGHETTINI, M.S. *Le autorità amministrative indipendenti*: dalla democrazia della rappresentanza alla democrazia dell'efficienza. Roma: Laterza, 2001. p. 209.

as agências reguladoras estabelecer procedimentos que cumpram esse objetivo, de atuarem próximas aos usuários dos serviços que elas regulem. Essa proximidade obriga (ou deveria obrigar) as agências a divulgar os seus atos ordinariamente; agenda pública de reuniões de agentes privados com técnicos da agência; divulgação de seus projetos e sua atuação, sobretudo fiscalizatória; divulgação da pauta das reuniões de seu colegiado e, quando possível, a transmissão em tempo real dessas sessões, como, por exemplo, faz o CADE. Todos esses procedimentos integram – devem integrar – a ementa de uma agência reguladora atuante conforme a lei.

A experiência política nativa não mostra essa inclinação à publicidade, por parte do Poder Executivo. Dele não se pode esperar um maior grau de proximidade com o usuário.

Pode-se argumentar que a ARTESP seguirá próxima do usuário. Porém essa proximidade não repercutirá, com a intensidade desejável, no núcleo decisório da regulação do setor, pois este, nos termos do decreto, deixou a ARTESP, e assim a influência, que a sua proximidade com o usuário ditava, é sem dúvida severamente reduzida.

No âmbito da administração pública, vê-se a ARTESP nivelada aos seus órgãos ordinários, o que degrada seus atributos e exigências que a lei a ela fixou. Sua *expertise* técnica, a fundamentar suas decisões e que é a razão primeira de sua autonomia decisória, viu-se subordinada ao crivo monocrático, e de inegável vinco político-partidário da Secretaria de Governo. Nesse contexto, novas vozes, liberadas pelo decreto, falam pela regulação do setor, e não necessariamente a voz de técnicos do quadro da Agência.

6. O decreto e o risco regulatório

Por força do decreto, não se tem mais uma agência reguladora autônoma, mas um órgão de intermediação – que agirá executando ordens e comandos da Secretaria de Governo.

O ato do governador põe em suas mãos e de seus subordinados hierárquicos a ação regulatória, que, nos termos de lei complementar, fora confiada aos dirigentes da agência, previamente aprovados pela assembleia legislativa do Estado.

A subordinação da ARTESP à Secretaria de Governo do Estado, subtraída a sua independência técnica, altera essencialmente o setor de concessões públicas, expondo seus agentes aos riscos de uma orientação eventualmente vincada pelo interesse partidário prevalecer sobre uma orientação eminentemente técnica.

Nesse contexto, o risco regulatório extrema-se consideravelmente, pois recobre a ação regulatória de considerável incerteza que dominará a formulação de projetos, o cálculo dos investimentos a serem feitos e a estimação do risco, e, mesmo a decisão de participar de licitações no setor, por parte de investidores privados. Todos esses fatores, exacerbados, irão refletir-se, cedo ou tarde, no valor da tarifa do serviço a ser licitado.

7. Sujeição ao comando político-partidário

Investidos em seus cargos a termo fixo, a eles asseguradas as garantias de independência técnica, decisória e hierárquica, e as quais a lei exige explicitamente o exercício imparcial de suas atribuições, estão seus titulares, está a ARTESP, imunes às injunções de toda ordem que promanem do Executivo e de terceiros – por decisão do legislador, que em lei complementar fixou as garantias jurídicas necessárias à atuação da ARTESP isenta de injunções quaisquer.

Mostra a experiência ser este o ponto central na ação técnica e independente de órgão regulador. A sua natureza o quer distante do Poder Executivo, que ordinariamente reage às injunções partidárias que o cercam. Não se vê, todavia, inerme o Poder Executivo ante a ação de agência reguladora independente, se a sua ação contrariar a Lei, a que está obrigada a cumprir, e desatender ao interesse público. A ação de agência reguladora pode ser levada ao crivo do Poder Judiciário, e também à fiscalização do Poder Legislativo, autorizado a convocar seus titulares a, em seção pública, justificar os seus atos, que o Executivo fundamentadamente dispute.

Não faltam, portanto, meios legais ao Executivo para questionar a ação regulatória. As razões que levaram o legislador a prescrever as garantias à atuação autônoma do regulador são ditadas pela experiência nacional e estrangeira.

Como vimos em outros escritos, a resistência ao regime de independência técnica e hierárquica dos órgãos reguladores, em relação ao Executivo, se dá em sua maioria de forma velada.[5] A reação à autonomia da ARTESP exemplifica esse quadro. O decreto que transfere ao vértice do Poder Executivo a regulação que faz objeto da ação da ARTESP foi editado a 1.º de janeiro de 2015, desacompanhado de uma exposição de motivos que lhe justificasse a edição e informasse o setor regulado, investidores, empresas e sobretudo os usuários dos serviços regulados.

5. DUTRA, Pedro. Agências reguladoras: reforma ou extinção?. In: *Revista de Direito Público da Economia*, Belo Horizonte, ano 1, n. 3, p. 187-208, jul./set. 2003.

Tampouco, ao que se sabe, foi a sua motivação objeto de debate junto ao Legislativo, junto à sociedade.

Surdiu o decreto silenciosamente, despido das razões de sua finalidade.

Em defesa do câmbio regulatório operado pelo decreto, não se argumente o corpo técnico da ARTESP – aliás de excelente nível – ter sido preservado e a sua reconhecida *expertise* seguir sendo consultada, e, igualmente, seguir sendo a agência a responsável por fiscalizar os contratos de concessão e a ação dos agentes econômicos regulados.

O decreto não extinguiu a ARTESP, muito menos sombreou a habilitação de seus técnicos. Mas, sem dúvida, a subordinou ao comando de órgão naturalmente suscetível às injunções político-partidárias, como é uma Secretaria de Estado, sobretudo uma Secretaria de Governo, antessala da Governadoria.

8. O decreto e o Direito

Ao exame dos aspectos jurídicos do decreto, duas questões devem ser afastadas liminarmente.

Não trata o decreto de um mero rearranjo no organograma da administração pública estadual – a vinculação de um órgão, a ARTESP, passaria de uma (de Transportes) a outra secretaria (de Governo), como uma leitura apressada do **§ 4.º,** do art. 3.º, do decreto poderia sugerir.[6]

Não é o que ocorre. Como visto, o decreto transfere a regulação do setor de transporte, antes afeto por lei complementar à secretaria de transportes, à secretaria de governo, que a exercerá por intermédio da ARTESP. Não se trata, portanto, de um câmbio de vinculação funcional.

Tampouco, se trata de matéria relativa à organização e ao funcionamento da administração, sobre a qual é competente o governador do Estado para dela dispor, nos termos do art. 47, da Constituição do Estado de São Paulo.[7]

6. "Art. 3.º A Secretaria de Governo tem a seguinte estrutura básica: (...) **§ 4.º**- A Secretaria de Governo tem, também, em sua alçada as seguintes entidades vinculadas: Agência Reguladora de Serviços Públicos Delegados de Transportes do Estado de São Paulo – ARTESP; (...)".

7. "Art. 47. Compete privativamente ao Governador, além de outras atribuições previstas nesta Constituição: (...) XIX – dispor, mediante decreto, sobre: a) organização e funcionamento da administração estadual, quando não implicar aumento de despesa, nem criação ou extinção de órgãos públicos; (...)"

A criação e a autonomia concedida pela ARTESP, que lhe distingue a natureza orgânica e o seu perfil funcional, foram objeto de lei complementar. Por outras palavras, chamou a si o Poder Legislativo organizar essa agência, outorgando-lhe poder para regular o setor de transporte, nele intervindo na forma da lei - seguindo a melhor doutrina, como mostra GENTOT, antigo titular do Conselho de Estado Francês:

> *"As agências reguladoras são dotadas não apenas de uma independência orgânica, expressa pela composição e pelo estado de seus órgãos, mas também de uma independência funcional: no exercício da sua função, elas não recebem diretrizes ou instruções, nem do governo, nem do parlamento, que se limita a fixar em lei a atuação das agências; e as decisões das agências não são submetidas a nenhum controle hierárquico ou de tutela, e, ainda, não podem ser reformadas, nem anuladas por uma autoridade não judicial".*[8]

A lei é uma produção coletiva, em assembleia, dos representantes eleitos pelo povo, para traduzir em regras o interesse público, a ser satisfeito. O decreto é um ato singular, monocrático, sem audiência dos representantes do povo, expedido por agente administrativo. Sem dúvida, é admissível lei especial outorgar ao titular do Executivo poder para expedir decreto, mas é certo, todavia, que tal competência encontrará limite, intransponível, em ter por objeto, desdobrar, e não revogar, matéria disciplinada em lei.

Assim, não é admissível dizer-se, em justificativa à expedição do decreto, ser da competência do governador do Estado, dispor livremente sobre os órgãos e suas funções da administração pública estadual.

Fixou a lei complementar que criou a ARTESP, de forma preambular, a sua autonomia em face do Executivo e de terceiros, para preservar sua credibilidade decisória. decreto não pode alterar tal regra, para frustrar essa garantia de conduta a salvo de injunções de toda ordem, que o Legislativo prescreveu.

Não pode o governador do Estado usurpar a esfera privativa do parlamento estadual, para, nas palavras de SAN TIAGO DANTAS, tomar para si "as insígnias do legislador", pois,

> *"(...) seja qual for a técnica constitucional de divisão e distribuição de poderes por órgãos distintos e independentes entre si, é sempre característico*

8. GENTOT, Michel. *Les autorités administratives indépendantes*. 2. ed. Paris: Montchrestien, 1994. p. 60-61.

> *do que chamamos Estado de direito que a atividade administrativa seja distinta da legislativa, e a ela logicamente posterior".*[9]

BOBBIO inscreve a disciplina da lei na perspectiva ampla do poder político, que a ela afinal deve se submeter, nas democracias:

> *"Há enfim um outro aspecto da relação entre poder e direito que merece ser considerado: trata-se do problema de legalidade do poder, que diz respeito não mais a quem tem direito de governar, mas ao modo como o poder de governo deve ser exercido. Quando se exige que o poder seja legítimo, espera-se que aquele que o detém tenha o direito de possuí-lo. Quando se invoca a legalidade do poder, exige-se que quem o detém o exerça não segundo o próprio capricho, mas em conformidade com as regras estabelecidas e dentro dos limites dessas regras. O contrário do poder legítimo é o poder de fato, o contrário do poder legal é o poder arbitrário. Toda a história do pensamento político ocidental está atravessada pela pergunta: "É melhor o governo das leis ou o governo dos homens?".*[10]

E HABERMAS detalha essa relação entre política e direito, mostrando que não é a forma legal como tal que confere legitimidade ao poder de governo, mas o *vínculo que este estabeleça com a norma legitimamente editada*:

> *"It is not the legal form as such that legitimates the exercise of governmental power but only the bond with legitimately enacted law".*[11]

Ora, o decreto não acha seu vínculo em norma legitimamente editada; ao contrário, o decreto, como mostra a sua (desviada) finalidade, afronta lei complementar.

9. Desvio de finalidade

A finalidade do decreto é subtrair a competência dada por lei à ARTESP, para regular o setor de transportes do estado de São Paulo, e transferi-la à secretaria de governo do Estado. E converter a ARTESP em intermediária da ação regulatória executada por aquela secretaria.

---

9. DANTAS, F. C. de San Tiago. Parecer: Cassação de Patente de estabelecimento bancário, Nacionalidade da pessoa jurídica, Ato administrativo veiculado em decreto-lei, inconstitucionalidade, "*due process of law*". *Revista Forense*, Rio de Janeiro, out. 1947. n. 113, p. 331-336.

10. BOBBIO, Norberto. *Teoria geral da política*: a filosofia política e as lições dos clássicos. Rio de Janeiro: Campus, 2000. p. 236-237.

11. HABERMAS, Jürgen. *Between facts and norms*: contributions to a discourse theory of law and democracy. Massachusetts: MIT Press, 1996. p. 135.

Só a lei outorga competência – e lei outorgou competência à ARTESP; trata-se aqui de supressão, de tentativa de supressão, por meio de decreto, de competência, devidamente outorgada. E para uma finalidade distinta daquela prevista em lei, qual seja, proscrever a autonomia, a ação regulatória independente, da ARTESP.

Não pode decreto alterar competência outorgada em lei, nem transtornar a finalidade nela visada.

CAIO TÁCITO é taxativo sobre ato que altere a finalidade estipulada em Lei, mesmo quando seja o seu "fim socialmente legítimo", o que não é que se tem no decreto, ao critério:

> *"É necessário que se observe a finalidade específica, ou seja, o fim expresso ou implícito relacionado com a própria natureza do ato. Se o agente visou à realização de outro fim socialmente legítimo, mas em discrepância com o objetivo da regra legal, executada, haverá, igualmente, vício substancial de nulidade e o ato se tornará írrito e nenhum.... A regra invariável é, portanto, a de que, em nenhuma hipótese, pode a autoridade substituir o fim previsto na lei por outro fim público ou privado, lícito ou ilícito. O juiz definitivo da finalidade do poder é o legislador, nunca o executor da lei"* (*grifo nosso*).[12]

10. Conclusão

Em termos lisos: o decreto subtrai à ARTESP a atribuição – a ela outorgada por lei complementar – de regular e fiscalizar as modalidades de serviços públicos de transportes autorizados, permitidos ou concedidos a entidade de direito privado, transferindo–a à Secretaria de Governo, que a cumprirá "por intermédio" – note-se – da ARTESP.

A ARTESP é, assim, convertida em instrumento da ação singular do poder Executivo, manejado pelo titular da Secretaria de Governo. Em uma palavra, todos os atributos de independência em face de órgãos da administração pública, que a Lei outorgou à ARTESP fixando-os nominalmente em seu texto (veja art. 1.º, da lei complementar, acima), o decreto subtrai à Agência.

Não se pode conceber, nem lógica nem juridicamente, regulação feita por secretaria de governo "por intermédio" de órgão regulador criado por lei, como quer o decreto. Regulação – "regulamentação e fiscalização" – que assim se faça não é evidentemente regulação, como fartamente prova a experiência.

12. TÁCITO, Caio. *Temas de direito público:* estudos e pareceres. Rio de Janeiro: Renovar, 1997. p. 90.

Nesse contexto, "regulação" de contratos de concessão, de permissão ou autorização de prestação de serviços públicos de transporte, criada pelo decreto, não será eminentemente técnica, não será independente, contrariando frontalmente a lei complementar que criou a ARTESP.

E mais: os prestadores de serviço, que fazem objeto da ação regulatória da ARTESP, tem direito que esta se dê estritamente na forma da lei complementar que criou a ARTESP.

Em uma palavra, os agentes econômicos privados, regulados ou não, e a sociedade, têm direito a uma regulação do setor de transportes no estado de São Paulo cumprida por uma agência reguladora independente. Direito que o decreto suprime.

(2015)

A ATUALIZAÇÃO DA LEI GERAL DE TELECOMUNICAÇÕES

> "... *Na análise da norma jurídica... se patenteiam necessariamente dois elementos: um predominantemente formal, que é o elemento jurídico; e o outro, material, finalístico, que é o elemento político. Toda norma é, pois, essencialmente contingente, e o elemento político que nela se insinua determina o seu sentido, orienta a sua eficácia...*".[1]

Sumário: 1. A distinta natureza dos serviços de telecomunicações. 2. O fato do mercado e o legislador. 3. Atualização legislativa. 4. O interesse público no mercado de telecomunicações.

1. A distinta natureza dos serviços de telecomunicações

A concessão de serviços públicos tem por objeto a prestação de serviços os quais, devido à sua natureza monopólica, a concorrência não se dá *no* mercado.[2] Em torno desses serviços se forma um mercado de um só, de um único figurante, o monopolista. Assim, em mercado monopólico, a concorrência só pode se dar *pelo* mercado, e esta só pode ser promovida por meio de certame licitatório, que, de entre o maior número possível de prestadores, seleciona o poder concedente o mais habilitado.

A telefonia fixa comutada - STFC - era, à altura da edição da Lei Geral de Telecomunicações, em 1997, um serviço público concedido, e seus

---

* Estudo elaborado por Pedro Dutra e Arthur Barrionuevo

1. DANTAS, Francisco Clementino de San Tiago Dantas. Renovação do direito. *Jornal do Comércio*, 26 out. 1941 e *O Jornal*, 28 out. 1941.

2. Sobre o emprego impreciso do termo concessão, ver a judiciosa observação de CARVALHO FILHO, José dos Santos. *Manual de direito administrativo* 28.ª ed. São Paulo: Atlas S.A., 2015, p. 148.

prestadores empresas de propriedade da União. Privatizadas essas empresas, seus novos controladores firmaram, cada qual, Contrato de Concessão de prestação de STFC, sem que tivesse havido interrupção desses serviços, então dominantes no território nacional.

Os demais serviços de telecomunicações diversamente se apresentavam, e se apresentam. Embora incipientes àquela altura, já era divisada a ampliação e diversificação da sua oferta, dada a natureza não monopólica desses serviços. Pois a sua oferta podia ser feita por diversos figurantes, evidenciando que a disputa, entre os prestadores, podia se dar *no* mercado onde tais serviços são procurados por seus usurários.

Advertido desse fato – de que a concorrência pelos os demais serviços podia se dar *no* mercado, e não *pelo* mercado, como era o caso do STFC – o legislador previu outorga deles sob a forma de autorização, e não de concessão.

Assim, aos serviços cuja concorrência se dava *no* mercado, foram sendo *autorizados* sucessivamente pela ANATEL.

2. O fato do mercado e o legislador

Na década anterior - 1980 – os monopólios das telecomunicações nos Estados Unidos e no Reino Unido foram desconstituídos, e neste último país privatizada a prestadora monopolista. O regime de monopólio foi então substituído pelo regime de concorrência, e este mercado assim formado vem incorporando à sua oferta serviços em contínuo processo de inovação tecnológica, avidamente demandados pelos usuários.

Em 1983, LITTLECHILD, em seu conhecido relatório, registrava:

> *"that regulation is a temporary phenomenon and that competition will develop speedily so that regulation is no longer needed. In the words of the Report, regulation is simply a matter of 'holding the fort' until competition arrives".*[3]

Em 1997, revendo a primeira edição publicada cinco anos antes, em 1992, HUBER, KELLOGG e THORNE sintetizavam o avanço tecnológico no mercado de telecomunicações, naquele período:

> *"Today, the two overarching technological trends in the industry are fragmentation and convergence. There are, on the one hand, more switches, more lines, more networks, and many more levels of interconnection – the old integrated, centralized media are being fragmented into many*

3. GRAHAM, Cosmo. *Regulating public utilities*: a Constitutional approach. Oxford: Hart Publishing, 2000. p. 151-152.

smaller, more autonomous parts. On the other hand, interconnections are proliferating as never before: direct interconnections between competing wireline phone companies and interconnections between different media that never used to compete at all. Television is leaving the air in favor of the wires; the telephone is leaving the wires in favor of the air. Copper and coax, wired and wireless, terrestrial and satellite: digital data networks are rapidly emerging as the new, universal universally interconnected standard for the transmission of everything – voice, data, video, the lot".

E acrescentavam:

"a new paradigm of unfettered competition – without entry barriers, quarantines, or tariff regulation – is beginning to emerge. The transition is by no means complete. Indeed, regulation today is at its apogee, because a smooth transition to competition requires that new rules be erected before the old can be dismantled".[4]

Em 1996, foi editada a Lei de Telecomunicações norte-americana tendo por eixo a promoção da concorrência nesse mercado:

"the Telecommunications Act of 1996...its overarching objective is to transition the entire industry from regulated monopoly to unregulated competition. Completing the process will take a decade or more, but the transition is already well under way".[5]

Mas já era possível antever o futuro próximo e suas implicações na regulação desse mercado:

"The market will use broadband media in unexpected ways if regulators will let it. Unforeseen synergies between different broadband media – satellite and cable, for example – will create entirely new markets and wholly new categories of services. They will also utterly destroy traditional regulatory boundaries among the various media".[6]

Em 1997, data da edição da LGT, o Acordo Básico sobre Telecomunicações, firmado no âmbito da Organização Mundial do Comércio, foi visto como "*um marco definitivo pela comunidade internacional na evolução estrutural do setor, de monopolista para concorrencial*".[7]

4. HUBER, Peter W.; KELLOGG, Michael K.; THORNE, John. *Federal Telecommunications Law*. 2.ª ed. New York: Aspen Law & Business, 1999. p. 1.
5. Ob. cit. p. 53.
6. HUBER, Peter W.; KELLOGG, Michael K.; THORNE, John. *Federal Telecommunications Law*. 2.ª ed. New York: Aspen Law & Business, 1999. p. 65.
7. WALDE, Ian; ANGEL, John. (ed.) *Telecommunications law and regulation*. 2.ª ed New York: Oxford, 2005. p. 4.

A transformação verificada nas décadas de 1980 e 1990 no mercado de telecomunicações importou em uma rápida erosão de noções havia muito sedimentadas, sobretudo com o reconhecimento da concorrência como agente transformador, como assinalou a doutrina francesa, na pátria jurídica do instituto da concessão de serviços públicos:

> *"E mesmo notável que, em um lapso de tempo tão curto, de vinte anos, a concorrência no mercado de telecomunicações, que ao início não era senão uma noção excêntrica, aberrante mesma, proposta por uns poucos excêntricos tenha se tornado um objetivo amplamente reconhecido e aprovado pelos governos nacionais, a União Europeia e a Organização Mundial do Trabalho".*[8]

A irrupção da concorrência no mercado de telecomunicações obrigou à revisão do tradicional regime de serviço público, e à regulação então vigente a adaptar-se. Mas não se cuidou de se revogar o regime existente para prescrever outro, por novas normas, e sim fazer coexistirem normas que resguardassem do regime anterior o que não fosse possível ou recomendável eliminar, e de, simultaneamente, editar normas que disciplinassem a nova realidade do mercado, empregando-se institutos jurídicos vigentes, atendido o interesse público, a finalidade maior dessa atualização normativa que se mostrou indispensável.

A característica de um mercado competitivo é o seu acesso aberto aos entrantes, os quais, com seus próprios meios, nele ingressem para ofertar os seus serviços, assumindo os respectivos riscos.

A transformação sofrida no mercado de telecomunicações teve no plano jurídico o seu efeito mais sentido precisamente na forma de acesso ao mercado, cujo processo se alterou, significativamente. Os novos serviços, ofertados em concorrência *no* mercado, não poderiam conter-se na forma prescrita aos serviços concedidos, própria aos serviços prestados em regime de concorrência pelo mercado. Operou-se, então, uma transição no âmbito do regime de serviços público outorgados, como mostra SILVIA MICONI, ao constatar que, "*do sistema de concessão, passou-se, de fato, ao sistema de autorização*".[9]

A autorização refere, como a concessão, prestação de serviço público embora entre si difiram essencialmente. Na autorização não há o elemento translativo presente na concessão, e, enquanto na concessão há ao seu titular a atribuição de novos direitos e faculdades, na autorização não há uma situ-

8. CAVE, Martin. Développement des télécommunications et service public. In : CHEVALIER, Jean–Marie; EKELAND, Ivar ; FRISON-ROCHE, Marie-Anne. *L'idée de service public est-elle encore soutenable?* Paris: Presses Universitaires de France. p. 83-84.
9. MICONI, Silvia. *I contratti dei servizi pubblici*. Milano: CEDAM, 2010. p. 12.

ação que não seja dedutível da capacidade natural e na liberdade de agir do autorizatário.

Por outras palavras, o autorizatário, embora dependente de uma outorga do poder concedente, age com e por seus próprios meios, dos quais já é e seguirá sendo titular, atendendo, todavia, às prescrições do poder concedente.[10]

De resto, como já observava THEMÍSTOCLES CAVALCANTI no regime da Carta de 1946, *"o Estado pode assim, apenas, autorizar, permitir que particulares exerçam o serviço público; como pode conceder, delegar, atribuir a terceiros..."*.[11]

Claro está, que tanto a autorização, como a concessão, voltam-se à realização do interesse público.

Não poderia o legislador brasileiro deixar de atender à transformação no mercado cuja regulação então prescrevia. Isto é, que, ao lado de um serviço estruturalmente monopólico, no qual a concorrência só podia se dar *pelo* mercado, e assim dependente de certames licitatórios para seleção do prestador, crescia vigorosamente o mercado no qual a concorrência se dá *no* mercado, este aberto à entrada irrestrita, de diferentes ofertantes.

Outra não pode ser no mercado de telecomunicações brasileiro a postura do legislador. Sob pena de mal disciplinar o mercado, ele deve conhecer como nele se dá a demanda por serviços, a melhor forma de sua prestação e os termos em que a oferta deles se apresenta.

Na norma de 1997, o legislador, reconhecendo a concorrência *pelo* mercado e a concorrência *no* mercado, ambas coexistentes em razão dos serviços então ofertados e aqueles que o avanço tecnológico possibilitaria em breve serem ofertados amplamente, ao lado da concessão de STFC, cuja outorga se renovou, aos serviços cuja concorrência se dá no mercado prescreveu a sua outorga por meio de autorização.

3. Atualização legislativa

Entre os serviços públicos, e não só no Brasil, o de telecomunicações foi um dos mais alcançados pelas transformações tecnológicas.[12]

---

10. Cf. VENTURA, Tommaso. Concessione amministrativa. In: *Enciclopedia del Diritto*. Varese: Giuffrè Editore, 1961. vol. VIII. p. 371.
11. CAVALCANTI, Themístocles Brandão. *Curso de direito administrativo*. Rio de Janeiro; São Paulo: Livraria Freitas Bastos, 1961. p. 316.
12. "Os serviços envolvidos na transformação foram essencialmente aqueles relativos às "*public utilities*"; energia elétrica, gás, e telecomunicações". MICONI, Silvia. *I contratti dei servizi pubblici*. Milano: CEDAM, 2010. p. 11.

Ciente dessa realidade, o Projeto de Lei em curso no Congresso, n. 3.453-D, de 2015, altera a LGT "*para permitir adaptação da modalidade de outorga de serviços de telecomunicações de concessão para autorização...*".

Diz o art. 68-A: "a agência poderá autorizar, mediante solicitação da concessionária, adaptação do instrumento de concessão para autorização...", observados os requisitos que enumera. Entre estes requisitos, está o disposto no art. 68-A, II : "a assunção, pela Requerente, de compromisso de investimento, conforme o art. 68-B". Este art. 68-B dispõe que o "valor econômico associado à adaptação do instrumento de concessão para autorização prevista no art. 68-A será determinado pela agência, com a indicação da metodologia e dos critérios de valoração".

A seguir, diz o art. 68-C:

> *"para efeito do cálculo do valor econômico mencionado no (art. 68-B) serão considerados bens reversíveis, se houver, os ativos essenciais e efetivamente empregados na prestação do serviço concedido".*
>
> *Parágrafo único: "os bens reversíveis utilizados para outros serviços de telecomunicações, explorados em regime privado, serão valorados na proporção de seu uso para o serviço concedido".*

Por outras palavras, o projeto altera a LGT para atender à atual realidade do mercado de telecomunicações, no qual o interesse público, em razão do avanço tecnológico verificado, não é melhor atendido pela prestação monopólica de serviços – da prestação de STFC, sob o regime de concessão. Este serviço é, vinte anos depois da edição da LGT, hoje prestado em regime de concorrência *no* mercado, e não mais em regime de concorrência *pelo* mercado, como se dava em 1997.

Desapareceu, portanto, o suporte fático, a realidade que o informava, posto àquela altura à consideração do legislador. Assim, o legislador, em sua proposta de "adaptação da modalidade de outorga de serviços de telecomunicações de concessão para autorização", ora procede como antes procedeu: atende à realidade atual do mercado ao prescrever-lhe normas disciplinadoras.

Como visto acima, a outorga para prestação de serviços públicos pode se dar por meio de concessão ou de autorização. São, como visto acima, formas de atender ao interesse público, e, portanto, devem essas formas ser empregadas pelo poder público na medida em que o interesse público as solicite, para sua melhor satisfação.

Note-se que o poder público pode, como se tem no projeto de alteração da LGT, ao autorizar a prestação de serviços prescrever ao seu prestador os termos em que estes deverão ser ofertados e prestados. Assim as regras minuciosas dos art. 68-A, do Projeto.

Da mesma forma, pode o poder público prescrever requisitos, igualmente destinados ao autorizatário, tais os expressos no art. 68-B.

O Projeto faz clara sua finalidade de atualização normativa, e dispõe objetivamente sobre a adequação do Contrato de Concessão ao contrato de autorização. Este novo instrumento contratual deverá prescrever as obrigações cometidas ao autorizatário (art. 68-A).

Ressalta entre essas obrigações o que o Projeto, em linguagem um tanto imprecisa, refere por "valor econômico associado à adaptação do instrumento de concessão para autorização", (art. 68-B). Na verdade, esta é mais uma das obrigações assinadas ao concessionário que busque adaptar-se à "modalidade de outorga" de autorização.

Por outras palavras, ao deixar o prestador o regime de concessão pelo o de autorização, assume ele o "compromisso de investimento, priorizados conforme diretrizes do Poder Executivo" (§ 2.º. art. 68-B). O valor desses "compromissos de investimentos" serão calculados "considerados bens reversíveis, se houver, os ativos essenciais e efetivamente empregados na prestação de serviços concedidos" (art. 68-C).

Em síntese, destina o poder concedente o valor dos bens reversíveis, ao ser substituído o regime de concessão pelo regime de autorização, a investimento no mercado de telecomunicações, observada diretriz do Poder Executivo. Revertem-se os bens *em uso*, na prestação do serviço concedido, na data em que se opere a reversão deles. Formam, portanto, o acervo de bens reversíveis aqueles *em uso* para prestação dos serviços, na data de sua reversão.

Não poderia ser por outra forma, pois o que quer a lei não é interrupção dos serviços, e só a este propósito, objetivo, servirão os bens reversíveis, e estes serão aqueles *em uso*. A prestação dos serviços não é interrompida, segue de contínuo utilizando os equipamentos que a possibilitam; estes transitam de um prestador a outro, daquele que deixa de prestar os serviços para aquele que prosseguirá prestando-os.

Assim ensina FRANCISCO CAMPOS, no ano de 1934, quando irrompeu acesso debate sobre a reversão de bens de concessionária privada no Brasil:

> *"De propriedade do concessionário os bens empregados no serviço público, se o contrato não estipula a reversão dos mesmos à Municipalidade, finda a concessão assiste ao concessionário o direito de os remover do uso a que se encontravam até então sujeitos, assim, como, igualmente, cabe ao*

Município a faculdade de obrigar o concessionário a removê-los das ruas ou de outras partes do domínio público".[13]

Removem-se os bens do uso em que se encontravam; e só os bens em uso para prestação do serviço, na data de sua reversão. Note-se, ainda, caber a faculdade ao poder concedente de os remover ou não. Isto é, de dar o poder concedente uso aos bens conforme necessários à satisfação do interesse público: dar continuidade ao serviço objeto da concessão, cujo contrato se extingue.

É o caso: os serviços de STFC seguirão sendo prestados, mas também os serviços mais modernos e por isso mais demandados e que com aquele competem vantajosamente

O Projeto, atendendo à realidade presente, põe ao concessionário a opção de seguir prestando os serviços cuja outorga sob a modalidade de concessão lhe foi feita, ou de transitar para a modalidade de autorização que lhe é oferecida. Considera o poder concedente, nos termos do projeto, não ser a prestação de STFC em regime de concessão ao meio que melhor atende hoje ao interesse público. Este é melhor atendido por meio de serviços prestados no regime de autorização.

Ou seja, a prestação de serviços de transmissão de voz e dados consiste a demanda, vigorosa e disseminada pelos usuários dos serviços de telecomunicações: o STFC está em acelerado processo de substituição pelos serviços de transmissão de voz e dados pela internet.

Não faria, portanto, sentido ao legislador manter a concorrência *pelo* mercado prescrita à prestação de STFC quando da edição da LGT. Por outro lado, faz sentido, isto é, atende ao interesse público como ele hoje se apresenta, o poder concedente promover a concorrência *no* mercado, incrementando a oferta de serviços autorizados.

4. O interesse público no mercado de telecomunicações

O princípio da livre concorrência inserto na atual Constituição tem por destinatário primeiro o legislador: serve-lhe de norte na elaboração de normas que afetem atividade econômica. Esta deve ser disciplinada de forma a não obstar a livre disputa entre os agentes econômicos, nos diferentes mercados de bens e serviços, promovê-la quando possível (em especial em mercados regulados nos quais foram privatizadas empresas monopolistas) e, designada-

13. CAMPOS, Francisco. *Direito administrativo*. Rio de Janeiro; São Paulo: Livraria Freitas Bastos S.A., 1958. v. I. p. 241.

mente, prevenir e reprimir o abuso de poder econômico que se verifique em tais mercados.

O legislador atendeu a esse princípio na LGT, nos termos dos arts. 2.º, II, III, V, e os art. 6.º e 7.º.

Vinte anos depois de sua reforma institucional, a concorrência no mercado de telecomunicações é expressiva; na verdade, superou as mais otimistas previsões, e ela se verifica sobretudo entre os serviços autorizados, cuja gama crescente de ofertas desses serviços mostra o incrível vigor das inovações tecnológicas, que se sucedem.

Ao STFC vem sendo oposta a concorrência direta da telefonia móvel e da transmissão de dados, serviços autorizados, prestados inclusive por empresas titulares de concessão de STFC.

O processo genético das normas deve consultar a realidade circunstante e dela extrair seus elementos formativos. Cadente a demanda por STFC e crescente a demanda dos serviços móveis – celular –, que àquele opõe decisiva concorrência, o legislador atual, com o Projeto, atende à uma realidade presente: substitui um modelo monopólico, organizado sobre a forma de concessão – STFC –, por um modelo competitivo organizado sob a forma de autorização.

Atende o legislador, portanto, à demanda social, em sua realidade objetiva, material, por serviços modernos, ofertados em um mercado competitivo. Os dados nesse sentido são definitivos.

(2017)

CONCESSÃO E PRIVILÉGIO ESTATAL

Sumário: 1. O fato. 2. O dever da ANAC de zelar pelo mercado sob sua jurisdição. 3. A inafastável paridade entre agentes econômicos. 4. O impacto da ação regulatória e sua mensuração. 5. A falsa concorrência. 6. Risco ou aposta? 7. Resposta aos quesitos.

1. O fato

Pretende a estatal INFRAERO ver reativadas as operações do Aeroporto de Pampulha (de ora por diante, Pampulha). E em 2005-2007 o tráfego comercial de grande porte foi, por decisão do poder concedente, direcionado de Pampulha ao Aeroporto de Confins (Confins) Em 2014, Confins teve a sua exploração concedida, também por decisão do poder concedente.

Ou seja: o tráfego aéreo de grande porte de Pampulha foi transferido para Confins entre 2005 e 2007; e a licitação da concessão de Confins teve lugar em 2013, firmado o Contrato de Concessão em 2014.

O processo licitatório tomou como fato essencial, coerente ao objeto da licitação e do subsequente Contrato de Concessão, o volume de tráfego então registrado em Confins.

Pretende agora a INFRAERO a supressão, abrupta, de significativo volume de tráfego de Confins, o que, informa-nos a Consulente, frustraria a equação econômico-financeira do Contrato de Concessão de Confins, inviabilizando a sua execução.

A INFRAERO, empresa sob controle da União, explorava comercialmente os dois aeroportos até a data da concessão de Confins, e segue explorando Pampulha, porém não sob o regime de concessão, e sim amparada em uma portaria exarada pelo Ministro dos Transportes, Portos e Aviação Civil.[1]

Registre-se, ainda, deter a INFRAERO 49% do capital social da concessionária de Confins.

Não nos parece assistir direito à pretensão da INFRAERO.

1. Portaria 609, de 5 de outubro de 2016, em substituição à Portaria 120/GM-5, de 3 de dezembro de 1973, do Ministério da Aeronáutica.

2. O dever da ANAC de zelar pelo mercado sob sua jurisdição

Salvo veemente prova em contrário, que nos é dito não ser possível produzir, a subtração do tráfego de Confins, ora pretendida pela INFRAERO, deprimiria a receita de Confins a um nível que comprometeria a devida execução do Contrato de Concessão firmado pela Consulente com o poder concedente.

A destinação dos voos de Pampulha para Confins, determinada pelo poder concedente bem antes da realização do certame licitatório, definiu o perfil de tráfego desse aeroporto. E com esse perfil assim definido, o poder concedente ofereceu Confins à licitação.

E os licitantes consideraram em suas ofertas, o perfil de tráfego de Confins, tal como ele se apresentava à altura da licitação.

Em uma palavra, o perfil de tráfego de Confins converteu-se na premissa para celebração do Contrato de Concessão em vigor.

Cabe à ANAC, órgão regulador desse mercado, zelar pela higidez econômico-financeira das concessões nele contratadas. O zelo, a que está obrigado o Regulador, não consiste apenas em acompanhar a execução do Contrato de Concessão - ação fiscalizatória ordinária - mas também é exercido na guarda do contrato ante às pretensões de outros agentes atuantes no mercado, para preservar a sua integridade jurídica e econômica de gravames que o desequilibrem, comprometendo a sua execução e, portanto, a satisfação do interesse público.

3. A inafastável paridade entre agentes econômicos

No cumprimento de seu dever indeclinável de zelar pela devida execução do Contrato de Concessão, deve a ANAC ter em conta de que todas as empresas sob sua jurisdição atendem a uma mesma ordem regulatória. Isto é, não pode o regulador tratá-las diversamente em razão da sua titularidade, da sua situação normativa ou contratual, se essas empresas atuam no mercado sob sua jurisdição.

Submetem-se as empresas atuantes no mercado sob a jurisdição da ANAC às mesmas regras regulatórias, à mesma ação do regulador, sem exceções. Tal situação de equidade acha-se expressa no comando constitucional que diz se dar a atuação da empresa estatal sob a mesma ordem de direitos e deveres, sem exceções quaisquer, em que se dá a atuação da empresa privada. Ou seja, atuam todas as empresas nos diferentes mercados de bens e serviços independentemente da sua titularidade, sob o mesmo regime jurídico e econômico.

Nesse sentido, é clara a regra constitucional do art. 173, §1.º, II, que sujeita empresa sob controle estatal,

> *"que explore atividade econômica ... de prestação de serviços ... ao regime jurídico próprio das empresas privadas".*

Uma invencível desigualdade já se registra no mercado sob jurisdição da ANAC: a INFRAERO não se acha submetida à disciplina da concessão, embora atue ao lado de empresas privadas, elas todas concessionárias.[2]

A situação em que se acha a INFRAERO, cuja subsistência em si desatende ao comando constitucional citado, será agravada em sua ilegalidade se vier a ANAC autorizar a transferência do tráfego aéreo, de Confins para Pampulha.

Então restará acrescida a disparidade entre empresa privada e empresa sob controle estatal, que o legislador constitucional, atendendo ao princípio da equidade, prescreveu na regra do art. 173, citado.

4. O impacto da ação regulatória e sua mensuração

A função precípua da regulação de mercados é a eles garantir a segurança jurídica necessária a sua evolução para um mercado o mais competitivo possível. Essa segurança só pode ser provida pelo exercício da função regulatória, na forma da lei.

A complexidade da função regulatória cresce com a sofisticação dos mercados, e exige um constante aperfeiçoamento das análises promovidas pelo Regulador. Dentre os meios para melhor avaliar a repercussão de atos do Regulador está a *análise de impacto regulatório*. Essa mensura, antecipando-os, os efeitos onerosos aos regulados – e por extensão aos usuários –, a resultar de atos a serem expedidos pelo regulador. A análise do impacto regulatório é um dos instrumentos mais eficazes de aperfeiçoamento da ação regulatória e é adotado universalmente.

A experiência centenária francesa, citada por CHAPUS diz que

> *"A autoridade administrativa não pode legalmente decidir senão depois de haver procedido a um exame real e completo dos fatos próprios à questão que faz objeto de sua decisão. Em outros termos, mesmo quando a autoridade administrativa dispõe de poder discricionário, ela não pode decidir pela aplicação pura e simples e, em forma automática, a partir de uma posição de princípio ou em consequência de motivos de ordem geral. Devido a uma jurisprudência que remonta aos anos 1920, é necessário que,*

2. Ver nota 1.

em cada questão que reclame uma decisão, a autoridade administrativa, ao proferi-la, tenha considerado os fatos próprios a essa questão".[3]

Já em 1997 a OCDE observava:

"A Análise de Impacto Regulatório [AIR] é uma ferramenta regulatória que examina e avalia os prováveis benefícios, custos e efeitos das regulações novas ou alteradas. Ela oferece aos tomadores de decisão dados empíricos valiosos e uma estrutura abrangente na qual eles podem avaliar suas opções e as consequências que suas decisões podem ter (...) A AIR é utilizada para definir problemas e garantir que a ação governamental seja justificada e apropriada".[4]

E em 2012, a OCDE recomendou expressamente "integrar a Avaliação do Impacto Regulatório (AIR) desde os estágios iniciais do processo de políticas para a formulação de novas propostas de regulação".[5]

Não informa a motivação do ato administrativo – o que move o administrador a agir em tal direção, visando fim designado – apenas a consideração da situação (alvo da ação regulatória) ao tempo da expedição do ato, mas também o cálculo de seus efeitos projetados no tempo. Sobretudo os efeitos a incidir sobre contratos de concessão de longa execução.

Não poderá a ANAC deixar de mensurar, previamente à sua decisão, o impacto sobre o mercado relevante em questão, que de seu ato necessariamente decorrerá. Se não o fizer, o seu ato não trará, expostas, as razões que o deveriam motivar.

5. A falsa concorrência

A experiência mostra existirem mercados nos quais, por razões estruturais, a concorrência neles se dá *pelo* mercado, e não *no* mercado.

A disputa *no* mercado não aceita barreiras ao ingresso. A ele chegam (devem chegar) os disputantes desembaraçadamente, estabelecendo, *no* mercado, a busca pela preferência do usuário do serviço, cuja prestação não chamou o poder concedente a si atender, por meio de concessão.

---

3. CHAPUS, René, *Droit administratif général.* 14. ed. Paris: Montchrestien, 2000, tome 1, p. 928.
4. Análise do Impacto Regulatório OCDE (1997) – As Melhores Práticas nos Países da OCDE. Disponível em: <http://www.oecd.org/dataoecd/21/59/35258828.pdf>
5. Disponível em: <http://www.oecd.org/gov/regulatory-policy/Recommendation%20PR%20with%20cover.pdf>.

Os mercados de serviços concedidos pelo poder público são objeto de licitação e neles a disputa se dá *pelo* mercado. Isto é, em certame licitatório, disputam os agentes econômicos nele ingressar, para prestar, em regime de exclusividade, nos termos e limites definidos pelo poder concedente, o serviço objeto da concessão.

Todo órgão regulador deve zelar pela livre concorrência. Nesse sentido, deverá a ANAC considerar a decisão previamente tomada pelo poder concedente, de concentrar em Confins – bem antes de licitar sua concessão – o tráfego aéreo, a ele dirigindo o tráfego de Pampulha.

Concedida a autorização pretendida pela INFRAERO, ocorreria uma fragmentação de tráfego, em uma mesma área de influência, em tal índice que frustraria a adequada prestação de serviço concedido.

No mercado relevante em questão – mercado regulado – deve o Regulador agir para nele impedir a fragmentação do tráfego aéreo, que decorreria do ingresso superveniente de outro prestador. Essa fragmentação da demanda, inviabilizaria economicamente a prestação do serviço concedido. Assim, a doutrina da regulação, nas palavras de BALDWIN:

> *"Concorrência pelo Mercado – os benefícios ao consumidor são alcançados pela oferta a ele de exclusividade no mercado e pelo processo licitatório dirigido a esta finalidade".*[6]

O desvio de tráfego de Confins para Pampulha não introduziria ou ampliaria a concorrência no respectivo mercado: importaria, sim, em nele estabelecer uma concorrência predatória, que resulta, sempre, como mostra a experiência, na ruína da prestação do serviço concedido.

Entre nós, em 1913, RUI BARBOSA trata de hipótese análoga. Diz ser fundado o direito de o concessionário ver seu contrato garantido contra a "emergência de novas concessões" em sua área geográfica de atuação, garantia que não se limita ao uso por terceiro de "suas instalações", mas também, "contra os mesmos riscos" a acometer a prestação dos serviços concedidos. E acrescenta:

> *"A indústria constituída em empresa e o serviço que a ela se entregou por um ato do poder público, estão identificados; visto que essa indústria vive deste serviço, e este serviço não se realiza senão mediante esta indústria. Ela se desvalia, e, desvaliando-se, ipso facto se enfraquece, em se lhe cortando os lucros, em se lhe estreitando o rendimento. Ora, o modo mais*

6. BALDWIN, Robert; CAVE, Martin. *Understanding Regulation*: theory, strategy, and practice. New York: Oxford University Press, 1999. p. 271.

direto, mais seguro e mais completo de lhe causar esse mal, está em lhe suscitar a ela concorrentes".[7]

6. Risco ou aposta?

A prestação do serviço concedido soma à sua configuração o risco econômico-financeiro de sua execução, medido e aceito pelo concessionário, nos termos do contrato.

No Contrato de Concessão, a avaliação do risco integra a proposta do licitante, e cifra-se à variação dos fatores que determinam a equação econômico-financeira do contrato. Não pode haver imposição de risco ao concessionário – pois risco não seria –, e sim dele exigir a assunção do risco da variação da equação econômico-financeira do contrato, ao longo da execução.[8]

A estimação de risco pelos ofertantes da licitação considera fatores que a experiência na execução de contratos de concessão provê e aqueles recorrentes na economia brasileira. Esses fatores, todos eles, têm o risco de sua ocorrência medido pelo licitante.

Entre os fatores mais influentes na definição da equação econômico-financeira do contrato, e, portanto, de mais detido cálculo pelo licitante, está a demanda – a sua provável variação, ao longo da execução do contrato.

A propósito, afaste-se a assimilação – indevida – entre demanda e tráfego aéreo, que se tem na cláusula 5.4.3, do contrato.[9]

A demanda varia de acordo com a procura do usuário, no caso pelo serviço concedido. Tráfego aéreo é a soma de voos destinada a um determinado aeroporto que pode, ou não, atender à demanda de um determinado mercado geográfico.

7. BARBOSA, Rui. Privilégio municipal – sua duração. Parecer. *Obras Completas.* v. XL, t. III, 1913. p. 14.
8. Sobre os fatores de risco na concessão, V. JÈZE, Gaston. *Les contracts administratifs de l'État, des départements, des communes et des establissements publics.* Paris: Marcel Giard, 1927. p. 67.
9. Cláusula 5.4, do Contrato de Concessão: "Observado o disposto no item 5.3, constituem riscos suportados exclusivamente pela Concessionária [...] 5.4.3. não efetivação da demanda projetada ou sua redução por qualquer motivo, inclusive se decorrer da implantação de novas infraestruturas aeroportuárias dentro ou fora da área de influência do Aeroporto, com exceção apenas do disposto no item 5.2.3". em. http://www.anac.gov.br/assuntos/paginas-tematicas/concessoes/Confins/documentos-relacionados/contrato-de-concessao/contrato-confins.pdf/view.

A demanda pelos serviços aéreos é determinada pelo usuário desse serviço. Já o volume de tráfego aéreo é disciplinado pelo regulador para melhor atender à demanda. Com ela não se confunde, portanto.

À estimação do licitante não podem ser postos fatores diversos daqueles influentes na equação econômico-financeira que ele inscreve em sua proposta. E, dentre estes, aquelas cuja verificação seja juridicamente admissível e possam ter o seu desfecho estimado.

Entre os fatores de risco, postos à consideração do licitante, por certo não se conta a ação do regulador, ou do poder concedente, quando estes agentes públicos rompam com os limites da legalidade estrita a qual estão submetidos.

Por exemplo, não pode o licitante tomar em conta, para dele se prevenir, o silêncio omissivo do regulador; seu entendimento manifestamente contrário à Lei e ao contrato; sua leniência ou privilégio em relação a agente estatal atuante no mercado. E, menos ainda, poderá o licitante prevenir-se de comando expresso por agente público onde se insinue o interesse político partidário ventilado por órgão do poder concedente.

Tais condutas são insuscetíveis de estimação, pois não figuram, e não podem figurar, entre aquelas juridicamente admitidas ocorrer, e, portanto, a produzir efeitos válidos.

Por outro lado, ainda que admissíveis ocorrer no plano jurídico, não poderá o poder público impor obrigações ao concessionário, ou tolerar que a ele se imponham obrigações que a ele tragam risco extremo, cujo cálculo de sua probabilidade requeira, à sua assunção, uma audácia tal que se avizinhe a uma aposta.

Não se pode exigir ao concessionário estar exposto à sorte, na execução de seu contrato. E tampouco a atos imotivados, contrários à lei, ao contrato.

Assim, deve o Contrato de Concessão ser interpretado de forma estrita, ao se considerar os riscos assumidos pelo concessionário.

Indagada em audiência pública sobre a "flexibilidade das restrições impostas à Pampulha" – ou seja, reativadas as operações desse aeroporto – disse a ANAC existir tal possibilidade, inscrevendo-a entre os riscos a serem suportados pelo concessionário.

Não tem base jurídica tal afirmação. Regras contratuais são cumpridas ou não, não cabendo a "flexibilização" delas. E a interpretação delas se dá uma pelas outras, na procura do exato e legítimo sentido estipulado pelas partes. Cabe ao Regulador executar o contrato, e não *flexibilizar* suas regras. Claro está, não consistir risco, e sim violação contratual, o eventual deslocamento de voos de Confins para Pampulha, como a seguir se demonstra.

7. Resposta aos quesitos

*O Contrato de Concessão do Aeroporto de Confins prevê, como risco do concessionário, a "*não efetivação da demanda projetada ou sua redução por qualquer motivo, inclusive se decorrer da implantação de novas infraestruturas aeroportuárias dentro ou fora da área de influência do Aeroporto". *A reativação de Pampulha pode ser um risco imputável à concessionária*?

A demanda varia de acordo com a procura do usuário; a esta a prestação do serviço concedido atende. Sem dúvida, suporta o risco da variação de demanda - a maior e a menor - o concessionário, que a estimou.

Diversa a hipótese versada na cláusula, que refere "a não efetivação da demanda ... se decorrer da implantação de novas infraestruturas aeroportuárias".

Desviar os voos de Confins para Pampulha não significa redução de demanda e, sim, redução do tráfego dirigido àquele aeroporto, varie ou não a demanda.

A questão a ser dirimida aqui é se essa subtração de tráfego, como pretende a INFRAERO, consiste na redução de demanda, e assim é alcançada pelo dispositivo da cláusula contratual referida.

A resposta é negativa. O redirecionamento de voos para Pampulha não configura uma redução de demanda. E, portanto, não é um risco estimável pelo concessionário, que possa por ele ser assumido.

Note-se, ainda, não ser admissível atribuir ao concessionário "*a não efetivação da demanda projetada ou sua redução <u>por qualquer motivo</u>*", *como se tem na referida cláusula contratual.* (grifamos)

Como exposto acima, não está o concessionário exposto à sorte, "a qualquer motivo" que a sorte o reserve. Admitida tal prescrição contratual, não haveria estimação de risco: estaria o concessionário relegado a aceitar desafiar o destino, para sagrar-se vencedor de certame licitatório.

Pode a infraestrutura de Pampulha, recebendo incremento de tráfego por decisão do poder concedente, enquadrar-se como uma "nova infraestrutura aeroportuária", não obstante preceder Confins e ser operada por empresa (INFRAERO) que atua no ramo há mais tempo que a concessionária?

A referência é clara à "nova infraestrutura aeroportuária", constante na cláusula contratual: nova, por certo, refere a não existente, à altura do certame licitatório e da celebração do respectivo contrato. Já se vê não ser o caso de Pampulha, que é anterior a Confins, e da INFRAERO, exploradora de aeroportos, que precede as concessões feitas nesse setor.

Ainda assim, à inteligência desse critério deve-se ter em conta vir a nova infraestrutura implantada atender à demanda que Confins não seja mais capaz de satisfazer. Este é o risco assumido pelo concessionário.

Sem dúvida, não poderia o concessionário estimar possível a reativação de Pampulha como pretende a INFRAERO e, portanto, assumir o risco inerente a tal desfecho.

Ao autorizar a reativação do tráfego de grande porte em Pampulha, sem que este seja uma "nova infraestrutura aeroportuária" e sem que tenha havido aumento de demanda (pelo contrário, a demanda diminuiu no último ano), o poder concedente rompeu, por ato seu, o equilíbrio econômico-financeiro do Contrato de Concessão? Nesse caso, cabe-lhe a responsabilidade pela recomposição do equilíbrio econômico-financeiro da avença?

A resposta é positiva, às duas questões ora formuladas. A subtração do tráfego aéreo de Confins, como pretende a INFRAERO, não acha fundamento legal, como exposto acima. E, inquestionavelmente, romperá o equilíbrio econômico-financeiro do contrato de Confins.

Não há razão de fato ou de direito a justificar ato expedido pela ANAC, ou de qualquer outro órgão da administração pública, que autorize a pretensão da INFRAERO.

A subtração de tráfego aéreo de Confins importará, objetivamente, em uma expressiva redução da receita da concessionária desse aeroporto, inviabilizando a execução desse contrato.

Deverá a ANAC fazer uma análise de impacto regulatório que meça os efeitos de seu ato, a irradiar-se sobre a execução do contrato concedido. Se não o fizer, o ato que expedir, não terá a devida motivação amparada nos fatos.

Igualmente, desprezará a ANAC as razões de direito, pois o seu ato não achará amparo, nem na lei, nem no contrato, uma vez que a reativação de Pampulha não constitui risco a ser suportado pelo concessionário.

A ANAC, como exposto, deve atender à realidade do mercado sob sua jurisdição, para preservar a prestação de serviço concedido e evitar que na área geográfica delimitada pelo poder concedente não se estabeleça uma concorrência ruinosa, que venha a comprometer o equilíbrio econômico-financeiro da concessão outorgada.

Por igual, não pode a ANAC valer-se de interpretações sibilinas de regras contratuais que ofendam a boa-fé contratual, comprometam o equilíbrio econômico-financeiro do Contrato de Concessão e transforme o risco da concessão em azares a serem suportados pelo concessionário.

JÈZE há muito adverte, citando decisão do Conselho de Estado Francês, ao início do século passado:

> *"O Contrato de Concessão é essencialmente um contrato de boa-fé. Uma vez concluído ele comporta uma equação financeira. A equidade requer que ela seja mantida, fazendo variar certos elementos favoráveis ao concessionário se, sobre outros elementos desfavoráveis, ocorrem mudanças não previstas" (grifo nosso).*[10]

ENNECCERUS, KIPP e WOLF, entre os maiores comentadores do Código Civil alemão, editado em 1900, que inscreveu o princípio da boa-fé contratual em seu texto, ao tratar sobre as prestações contratuais assim o enuncia:

> *"A boa-fé proíbe, em primeiro lugar, que se cometa abuso por meio de pretensões jurídicas formais ou aparentemente fundadas. A boa-fé busca proteger o devedor contra exigências impertinentes, que se choquem com o direito e com a equidade" (grifo nosso).*[11]

Igualmente, o legislador brasileiro inscreveu no Código Civil o princípio da boa fé:

> *"Os negócios jurídicos devem ser interpretados conforme a boa-fé e os usos do lugar de sua celebração".*[12]

Não pode a ANAC vir a considerar "nova infraestrutura aeroportuária" aquela que inquestionavelmente precede, no tempo, a existência da concessionária de Confins.

Sem dúvida, caberia ao poder concedente reequilibrar a equação econômico-financeira do contrato firmado pela concessionária de Confins, caso viesse a ANAC autorizar a pretensão da INFRAERO, desde que seja possível tal recomposição. Pois, a tanto, talvez fosse necessário elevar em tal índice a remuneração da concessionária que a sua satisfação não pudesse vir a ser suportada pelas empresas de transporte aéreo e, ao final, pelos usuários do aeroporto concedido.

---

10. JÈZE, Gaston. *Les contracts administratifs de l'Etat, des departements, des communes et des estavlissements publics.* Paris: Marcel Giard, 1927. p. 87.
11. ENNNECCERUS, Ludwig; THEODOR, Kipp; WOLFF, Wolf. *Tratado de Derecho Civil.* Barcelona: Librería Bosch, 1933. Tomo II, 1. p. 19.
12. Art. 113.

Nessa hipótese, verificar-se-ia uma rescisão do Contrato de Concessão, por ato do poder concedente, que assim estaria obrigado a indenizar o concessionário.[13]

A esse propósito, RUI BARBOSA, em 1913:

> *"Nenhum ato, administrativo ou legislativo, as pode rescindir ou alterar, sem aquiescência da outra parte, em cujo patrimônio entram como qualquer outro gênero de propriedade (...).*
>
> *Ora, toda a rotura de um contrato válido, toda a violação a um direito de propriedade, importa, não só a nulidade jurídica do ato abusivo, mas a responsabilidade civil do seu autor pela culpa ou dolo".*[14]

Esse entendimento centenário é corroborado pela moderna doutrina italiana, nas palavras de SILVESTRI:

> *"Assiste ao concessionário a pretensão que terceiro não atue no mesmo território em que aquele exerce a sua atividade. O poder concedente tem o dever, correlativamente, de garantir ao concessionário o exercício exclusivo de sua concessão. Não apenas deverá a administração pública abster-se de outorgar qualquer outra concessão que possa concorrer com a concessionária, mas deverá vigiar, valendo-se do seu poder de polícia, para que não se verifique abusos e eventualmente os reprimindo por meio de ação judicial, civil e penal. A violação de tal direito, por parte do poder concedente, ou de terceiro, dá causa à responsabilidade civil, que o concessionário poderá fazer valer judicialmente".*[15]

(2017)

13. A esse respeito, o art. 39 da Lei 8.987/1995 dispõe: "o Contrato de Concessão poderá ser rescindido por iniciativa da concessionária, no caso de descumprimento das normas contratuais pelo poder concedente, mediante ação judicial especialmente intentada para esse fim".
14. BARBOSA, Rui. Privilégio de serviço público dado em concessão à São Paulo Tramway Light & Power CO. LTD. *Obras Completas*. v. XXXVIII, t. II. p. 96.
15. SILVESTRI, Enzo. Concessione amministrativa.In: CALASSO, Francesco (dir. e coord.) *Enciclopedia del Diritto.* Milano: Giuffrè, 1961. vol. VIII, p. 380.

SEGURANÇA REGULATÓRIA

> *"Rules have often been advocated as a means of controlling governmental discretions".*[1]

Sumário: 1. 1908. 2. 2013. 3. Uma cultura sedimentada. 4. O parecer do Consultor Geral da República. 5. O comando verbal do governador do Estado. 6. Um comando verbal e sua obediência: efeitos materiais. 7. O imperecível vezo autoritário.

Segurança regulatória é um estado a existir – ou não – em uma dada ordem econômica. Ela decorre, essencialmente, do cumprimento da lei que disciplina o setor da economia objeto da regulação. E do cumprimento dos contratos firmados nesses setores pelo poder público. A lei e os contratos devem ser cumpridos pela autoridade reguladora incumbida de os executar – e, na experiência brasileira, sobretudo pelos agentes públicos que possam interferir (e interferem) no exercício da função regulatória.

Alguns exemplos de interferência na função regulatória por parte de agentes públicos ilustram a trajetória dos serviços de infraestrutura no Brasil, mostrando a incapacidade de esses agentes perceberem o significado, e o respeitarem, do princípio constitucional da legalidade.

1. 1908

Em 1908 foi celebrado contrato de fornecimento de energia elétrica, em regime de exclusividade, entre a Prefeitura do Distrito Federal e a concessionária *Light* – foi outorgado um privilégio a essa empresa, na linguagem então corrente. Em curso a prestação dos serviços, outra empresa ofereceu ao Ministério da Guerra fornecer energia elétrica às suas instalações militares, situadas no mesmo município. A *Light* protestou, alegando a relevância da exclusividade a ela concedida. O Ministério da Guerra solicitou parecer ao Consultor-Geral da República sobre se o privilégio concedido à *Light* pelo poder público poderia limitar a atuação da administração pública federal. O

1. BALDWIN, Robert. *Rules and government.* New York: Clarendon Press, 1996.

parecer do Consultor-Geral da República foi contrário à pretensão da *Light*. E a íntegra do parecer foi publicada no *Jornal do Commercio*.[2]

Alguns dias depois, no mesmo periódico, a *Light* publicou parecer firmado por um de seus advogados, refutando o do Consultor-Geral da República, que posteriormente publicou uma série de artigos para justificar seu trabalho anterior. Inconformada, a *Light* solicitou parecer a Rui Barbosa.

Rui enfrentou a questão nuclear – a oponibilidade do privilégio à pretensão da outra fornecedora – com a maestria habitual.[3] Mas o ponto que aqui se ressalta é a sua aguda percepção sobre a forma e o momento da divulgação do parecer do Consultor Geral da República, e dos danos decorrentes dessa precipitada e deslocada publicidade à concessionária, dependente de investimentos externos para execução de seu contrato firmado com o poder público; diz RUI:

> *"Não posso crer que a <u>publicidade imediatamente dada a esse escrito</u> se deva ao Governo da Nação; porque não devo admitir que o Governo da Nação,*

2. O relato da controvérsia está em CÂMARA, José. Nota do Revisor, p. 7 e 8. In: BARBOSA, Rui. *Privilégios exclusivos*. Rio de Janeiro: Empresa Foto mecânica do Brasil, 1911. Assim a *Light* viu a controvérsia: "A Companhia Light & Power é concessionária de um privilégio municipal pelo prazo de sete anos, a findar em 1915, para a distribuição de energia elétrica para qualquer emprego, exceto iluminação, que é privilégio da Société du Gaz, concedido pelo Governo Federal. Concluídas as instalações no prazo contratual, apenas começava a Light & Power a explorar a sua indústria de vender força hidro-elétrica, surge uma outra empresa, concessionaria de igual serviço no Estado do Rio de Janeiro, pretendendo trazer suas canalizações de energia elétrica para dentro do Distrito Federal, sob pretexto de vir a ser fornecedora do Governo Federal, com o qual aliás não tinha contrato algum. Para atestar esta circunstância, basta recordar que, à primeira proposta de tal fornecedor ao Ministério da Guerra, a Companhia Light & Power, apresentou respeitoso protesto àquele Ministério, que antes de resolver sobre a proposta submeteu o protesto da Light & Power ao estudo do Consultor Geral da República. Esse ilustre e elevado funcionário, que desempenha no atual regime grande parte da função que cabia antigamente ao Conselho de Estado, com a autoridade de seu alto cargo, do seu grande saber, e do seu respeitadíssimo nome, emitiu um extenso parecer, publicado no Jornal do Comércio, de 3 de outubro último, concluindo pelo desconhecimento quase completo do privilégio municipal da Light & Power. O golpe era cruel, para quem de boa fé havia empregado elevadíssimas somas na execução de obras apenas concluídas, confiado principalmente na validade de um contrato que havia passado pelos trâmites todos da nossa administração e pelo cadinho da mais ampla discussão e severa crítica." MAIA, Alfredo. In: BARBOSA, Rui. *Privilégios exclusivos*. Rio de Janeiro: Empresa Fotomecânicado Brasil, 1911.
3. Ob. cit.

> *em cujo seio avultam homens provectos no direito, de juízo amadurecido no trato do poder público, chancelem instrumentos de propaganda contra o crédito do país, sancionando com a sua responsabilidade esse espantalho aos capitais organizados em empresas e às empresas dependentes de capitais para se organizarem"* (grifo nosso).[4]

2. 2013

Em 25 de junho de 2013, o governador do estado de São Paulo, à vista das manifestações de rua então verificadas na capital do Estado em protesto contra o aumento das tarifas de ônibus urbanos, declarou à imprensa que a cláusula de reajuste de tarifas de pedágio, contratada com concessionárias de rodovias do Estado, não seria cumprida:

> *"Após a onda de protesto contra o aumento de tarifas do transporte público urbano, o governo do Estado de São Paulo resolveu ontem suspender o reajuste do pedágio nas rodovias paulistas, que passaria a valer na próxima semana.*
>
> *Ao anunciar a suspensão do reajuste, o governador Geraldo Alkmin (PSDB) negou que a medida tenha 'caráter populista'. 'Estamos fazendo um trabalho há dois anos e meio, no sentido de buscar uma equação melhor dos contratos de longa duração'. 'Implementamos a cobrança ponto a ponto, quebramos o monopólio da cobrança eletrônica, estamos rediscutindo os contratos de concessão, a ARTESP está se ajustando'"* (grifo nosso).[5]

Na mesma matéria de jornal, foi colhida a manifestação do Secretário de Transporte e Logística do Estado de São Paulo, que precisou as perdas das concessionárias, decorrentes do não cumprimento da cláusula contratual de reajuste da tarifa de pedágio:

> *"A renúncia (sic) do aumento representa pouco mais de R$ 400 milhões, de acordo com o Secretário de Transportes e Logística Saulo de Castro Abreu Filho."*[6]

---

4. BARBOSA, Rui. *Privilégios exclusivos*. Rio de Janeiro: Empresa Fotomecânicado Brasil, 1911. p. 90-91. Sobre a atuação da *Light* naquele período, ver: VON DER WEID, Elisabeth. *A expansão da Rio de Janeiro Tramway Light and Power ou as origens do "Polvo Canadense"*. Rio de Janeiro: Fundação Casa de Rui Barbosa. s/d. p. 15 a 17.
5. DANTAS, Tiago. Alkmin suspende a alta do pedágio. *O Estado de S. Paulo*. 25 jul. 2013. p. A 10.
6. Idem, p. A 10.

Naquela mesma data, 25 de junho de 2013, a imprensa noticiava:

> *"Risco político derruba ações de concessionárias de serviços públicos.*
>
> *Ontem, as ações das concessionárias de rodovias caíram após a decisão do Governador de São Paulo, Geraldo Alckmin (PSDB), de cancelar o reajuste da tarifa dos pedágios prevista para dia primeiro.*
>
> *Segundo analistas de mercado, o aumento do risco político gera dúvidas sobre o apetite dos investidores em relação ao amplo programa de concessões em infraestrutura de transporte."* [7]

Porém, um dia antes – a 24 de junho de 2013 – de a imprensa noticiar o "reajuste zero" (sic) de tarifas de pedágio, o sítio da *Agência de Transportes do Estado de São Paulo* – ARTESP – agência *reguladora* (que em seu timbre omite, curiosamente, este adjetivo, *reguladora*, que a distingue) do setor de rodovias e a quem cabe execução dos contratos de concessão, nos termos da Lei Complementar estadual 914/2002, que a criou – secundava a posição do governador:

> *"não haverá reajuste das tarifas de pedágio nos 6.400 quilômetros de rodovias sob concessão no Estado de São Paulo".*

E reproduzia textualmente a declaração do governador: *"O reajuste será zero,* (sic) não haverá nenhum reajuste".

3. Uma cultura sedimentada

Cento e cinco anos separam o primeiro do segundo episódio. Todavia, essa distância é apenas cronológica, pois a identidade entre esses dois episódios é nítida: relaciona-os o vezo de uma mesma cultura sedimentada, de intervenção arbitrária na ordem econômica por parte de titulares de órgãos superiores do Executivo.

No primeiro caso, um parecer firmado pelo Consultor Geral da República surde inopinado nas páginas de jornal, claramente à margem do trâmite processual que o deveria primeiro conter, desafiando um contrato firmado e em curso a sua execução entre uma concessionária e o poder público, que aquele Consultor-Geral da República integrava e representava.

No segundo caso, o titular do Executivo paulista dita publicamente à agência reguladora estadual o descumprimento de uma cláusula contratual de reajuste de tarifas, e a agência cumpre esse comando arbitrário.

---

7. SILVA, Cleide. Risco político derruba ações de concessionárias de serviços públicos. *O Estado de S. Paulo*, p. B3. 25 jun. 2013.

4. O parecer do Consultor-Geral da República

Rui Barbosa não investiu contra a publicidade que o parecer deveria merecer, mas denunciou a forma e o momento que a revestiram; "Açodada", [8] diz, pois, não tendo ainda sido a controvérsia objeto de equilibrado debate entre as partes, a divulgação na imprensa àquela altura de um parecer do Consultor Geral da República, então o cargo de maior expressão na advocacia pública do país, por sua conclusão projetaria no meio econômico uma presunção de ilegalidade a recobrir a pretensão da concessionária incumbente, a *Light*.[9]

A publicidade assim dada ao parecer o convertia, nas palavras de Rui, em um instrumento de *propaganda* de um ponto de vista ainda não contestado, não dirimido devidamente; nesse contexto, o parecer do Consultor-Geral da República transfigurara-se em um "*espantalho aos capitais organizados em empresas e às empresas dependentes de capitais para se organizarem*".

A experiência, prossegue o grande advogado, mostrava os danos à prestação de serviços concedidos que essa conduta acarretava, e, portanto, esta não poderia ter sido autorizada pelo "governo da nação, em cujo seio avultam homens provectos no direito, de juízo amadurecido no trato do poder público".[10]

A outorga de concessão de serviços públicos a empresas privadas, que para os executarem buscam recursos no mercado financeiro, já ocorria no Império – eis o exemplo de Mauá – mas ganhou uma dimensão consideravelmente maior ao início do século passado.[11] A evolução tecnológica então já permitia *à iniciativa privada* estender esses serviços a um maior contingente da população nos grandes centros urbanos do país, notadamente na capital federal, sede "do governo da nação".

Havia, então, um ativo mercado financeiro capaz de assistir às concessionárias de serviços públicos. Vigia a "regulação por contrato", neste contidas as regras a disciplinar a sua execução, inexistentes, contudo, normas legais especiais que disciplinassem a matéria em toda a sua dimensão.[12] Essa carência normativa acrescia a insegurança regulatória e gravaria a implantação da in-

8. BARBOSA, Rui. Privilégios exclusivos. Rio de Janeiro: Empresa Fotomecânica do Brasil, 1911. p. 91.
9. Idem, ibidem.
10. Idem, ibidem.
11. Cf. BESOUCHET, Lídia. *Mauá e seu tempo*. Rio de Janeiro: Nova Fronteira, 1978. p. 71 e segs.
12. Ver Trajetória da regulação no Brasil, acima.

fraestrutura no Brasil nos grandes centros urbanos, promovida pela iniciativa privada, entre o final do século XIX e o final do século passado. E nutriria a inclinação do Executivo pela intervenção autoritária na ordem econômica do país, notadamente na execução dos contratos de concessão firmados com agentes privados.

Ao apelar à sabedoria dos "homens provectos no direito, de juízo amadurecido no trato do poder público", Rui reagia a esse vácuo legal, que alcançava também o trato do funcionalismo público pela chefia do Executivo, que o subordinava inteiramente. Era época do regime arbitrário, violento, das *derrubadas*, a demissão em massa de funcionários públicos quando da assunção de um novo governo, para abrir vagas aos apaniguados deste[13].

Nesse regime, não havia um ambiente legal e politicamente saudável para que se afirmasse uma regulação técnica independente, a afastar interesses de outra ordem, sobretudo partidários, cumprida por funcionários públicos que pudessem se sentir seguros no exercício de suas funções.

O "espantalho de capitais" é uma das bem formuladas e enérgicas sínteses de Rui, um dos maiores autores de direito público de nossa literatura jurídica. Ele compreendeu o fenômeno à sua frente, em sua integralidade.[14] A concessão a agentes privados de serviços públicos tem entre as suas razões objetivas a exigência de vultosos recursos em índice que o poder concedente *não* dispõe e não consegue equilibradamente mobilizar, mas que os agentes privados, recorrendo ao mercado financeiro, são capazes de contratar.

Nesse quadro, o cumprimento do Contrato de Concessão pelo Poder Executivo era (e segue sendo) o melhor aval à captação de recursos a viabilizar a prestação dos serviços concedidos. Contudo, o Poder Executivo não iria domar-se ao estrito cumprimento do contrato, e das leis que, na última década do século XX, viriam disciplinar o regime de outorga de concessão de serviços públicos e de seus respectivos contratos.

5. O comando verbal do governador do estado

Cento e cinco anos depois, outro era o quadro normativo. Embora tardiamente editadas, em 2013 já vigiam a Lei de Concessão de Serviços Públicos,

13. Cf. DUTRA, Pedro. *San Tiago Dantas*: a razão vencida. São Paulo: Singular, 2014. p. 104.
14. Sobre o significado da contribuição de Rui Barbosa ao Direito Brasileiro, v. DAVID, René. Le Droit Brésilen jusqu'en 1950. In: WALD, Arnold et JAUFRETT-SPINOSI, Camille. (dir.) *Le droit Brésilien hier* : aujourd'hui et demain. Société de Législation Comparée, Paris: 2005. p. 156.

8.987/95, a Lei de Licitações, 8.666/93, e, especialmente, a Lei Complementar estadual 914/2002, que criou a Agência Reguladora de Transportes do Estado de São Paulo, além dos princípios constitucionais regentes da administração pública, fixados na Constituição Federal.

É nesse regime normativo compreensivo que teve lugar a declaração do Governador do Estado de São Paulo, acima transcrita, de que a cláusula contratual de reajuste de tarifa de pedágio em rodovias estaduais concedidas não seria naquele ano cumprida pela ARTESP, que iria, nas palavras do governador, a tanto "ajustar-se".[15]

O titular do Executivo não comanda a administração pública do Estado, que integra esse poder. Não emite ele ordens em razão do posto que ocupa, do título que ostenta, nem está à cabeceira de uma cadeia inflexível de comando no qual se perfilam executores silenciosos de seu ditado.

A administração pública articula-se em uma estrutura hierarquizada, reunindo seus diferentes órgãos, cada qual com suas funções definidas, emitindo e executando ordens, em obediência às regras legais aplicáveis. Como diz TOSATO:

> *"Como o povo e o território, o governo é juridicamente qualificado. É o ordenamento jurídico que determina a articulação do governo, a esfera de competência de cada um de seus integrantes, seus poderes, bem como as ações que as pessoas físicas (e eventualmente as pessoas jurídicas) são legitimadas a praticá-las".*[16]

As manifestações na administração pública visam a uma dada situação, atendem à forma prescrita e são emitidas pela autoridade competente nos termos e nos limites da lei e do contrato.

A declaração do governador não visava a uma situação prevista que excepcionasse o cumprimento da cláusula contratual de reajuste de tarifa de pedágio; a declaração verbal do governador não guardou a forma prescrita de se dirigir à agência reguladora; e a Lei não atribui ao governador competência para dizer sobre o cumprimento de cláusula de contrato firmado pelo poder concedente.

No entanto, dobrou-se a ARTESP ao comando verbal do governador, embora essa agência tenha sido criada, como visto, pela Lei Complementar estadual 914/2002,

---

15. Ver item 2, supra.
16. TOSATO, Egidio. Teoria generale e diritto costituzionale. In: PASSARELLI, Francesco Santoro (dir.). *Enciclopedia del diritto*. Varese: Giuffrè, 1990. p. 766.

> *(...) "dotada de autonomia orçamentária, financeira, técnica, funcional, administrativa e poder de polícia, com sede e foro na cidade de São Paulo, e prazo de duração indeterminado, com a finalidade de regulamentar e fiscalizar todas as modalidades de serviços públicos de transporte autorizados, permitidos ou concedidos..."* (grifo nosso).

E tendo, entre outros princípios a reger a sua atuação, a

> *(...) "imparcialidade, evidenciada pela independência de influências de setores públicos ou privados que possam manter a credibilidade dos procedimentos decisórios inerentes ao exercício das funções regulatórias"* (grifo nosso).[17]

Não poderia ter sido o legislador paulista mais claro ao assegurar à ARTESP autonomia administrativa e independência decisória, fixando-lhe, como princípio, isto é, como regra inflexível de conduta abrangente, a imparcialidade, caracterizada esta, nas palavras da lei complementar, pela "independência de influências de setores públicos ou privados".

Não há independência sem autonomia, e esta é objetivada por aquela. Esses conceitos são complementares entre si. E o legislador cuidou ao referi-los, e de qualificá-los para que não remanescesse dúvida aos agentes públicos e privados sobre os significados e o alcance deles. Em uma palavra, para que o entendimento da regra evidencie-se da sua leitura desarmada de qualquer aparato interpretativo.

Como reconhece a doutrina italiana moderna, na síntese de ALTIERI:

> *"O caráter distintivo da estrutura, da organização e do arcabouço institucional da autoridade independente são essencialmente relacionados à independência e à autonomia a ela assegurada ante qualquer poder do Estado".*[18]

Não se pode, portanto, disputar ser a ARTESP dotada de independência hierárquica e decisória: só a renúncia em exercer essas atribuições legais pode prostrar a agência à vontade do titular do Executivo.

Não pode agente público, regulador ou não, no exercício de sua função, dobrar-se a interesse partidário, orientar-se por credo ideológico, render-se a interesse corporativo, inclinar-se em favor de empresa, seguir sua visão

---

17. Arts. 1..º, e 2..º, III, respectivamente.
18. ALTIERI, Andrea. Le autorità amministrative indipendenti. In: MIRABELLA, Maurizio; ALTIERI, Andrea; ZERMAN, Paola Maria. *Manuale di diritto amministrativo*. Milano: Giuffrè Editore, 2012. p. 292-293.

particular – e assim perder a posição de neutralidade que o cumprimento à lei e ao contrato lhe confere.

Comando verbal do governador não tem força jurídica qualquer, como mostra SEABRA FAGUNDES:

> *"A lei estabelece a amplitude dentro da qual se deve movimentar a autoridade pública no desempenho das suas atribuições. Se esta excede esses limites, a sua ação se torna ilegal"*.[19]

Ao comando verbal do governador pode-se destinar a regra estipulada pelo legislador paulista para o fim de barrar "influência de setor público", a comprometer a "credibilidade decisória" da ARTESP.

A independência decisória e hierárquica, de que é dotada, permite à ARTESP, nas palavras de RUI BARBOSA, resistir

> *"à vontade irresponsável dos governos, às mudanças políticas, às exigências dos partidos, às influências pessoais"*.[20]

Não houve, porém, constrangimento, de parte a parte, em desatender à Lei: em o governador comandar a ARTESP descumprir cláusula contratual, e desta em "ajustar-se", omitindo-se, a esse comando arbitrário.

6. Um comando verbal e sua obediência: efeitos materiais

O comando verbal do titular do Executivo à ARTESP abalou a integridade dos contratos de concessão de rodovias, rompendo-lhes o equilíbrio econômico-financeiro, como reconheceu o Secretário de Logística e Transporte, aqui citado.

Sobre o crédito devido, decorrente do reajuste contratual de tarifa de pedágio e deliberadamente não satisfeito pelo poder concedente, o custo dos recursos contratados no mercado financeiro e vertidos pelas concessionárias na execução dos serviços crescerá em razão direta do (expressivo) abalo na segurança regulatória do setor.

O usuário dos serviços arcará com o custo adicional de reequilíbrio dos contratos de concessão sob a forma de tarifas majoradas, como mostra a experiência, mesmo sendo a responsabilidade por esse gravame ao usuário resultante da *ação do* Governador do Estado e à omissão da ARTESP.

---

19. FAGUNDES, M. Seabra. *O controle dos atos administrativos pelo Poder Judiciário*. São Paulo: Saraiva, 1984. p. 61.
20. BARBOSA, Rui. *Obras completas*. Cláusula enquanto bem servir. v. XLVIII, t. I, 1921. p. 15.

7. O imperecível vezo autoritário

A intervenção arbitrária, verificada reiteradamente na ordem econômica do País, nutre, no seio da administração pública, a noção de que a independência decisória e hierárquica, o mandato e a aprovação legislativa, assegurados ao regulador, seriam garantias degradáveis ante o comando de titular do Executivo. A este deveria o regulador obediência, e não à lei e ao seu destinatário último e inalienável, o usuário do serviço regulado.

Há, nessa conduta distorcida, um transtorno ético, como mostra DIDIER. Os agentes públicos, diz, são comandados pela lei, e não pelo interesse exclusivo de agente da administração pública:

> *"É natural que em um regime democrático que os cidadãos possam confiar plenamente nos funcionários públicos com os quais se relacionem. De uma forma geral, os agentes públicos não devem ter como único propósito a proteção dos interesses da Administração, pois a missão, de interesse público, da qual são investidos, comanda-os, no exercício de suas funções, provar a sua lealdade aos cidadãos e administrados"* (grifo nosso).[21]

Nesse contexto, a intervenção arbitrária na ordem econômica por parte do Executivo ganha uma naturalidade perversa. A palavra do governo teria força de romper a lei e o contrato, e sobre eles operaria seus efeitos incompatíveis com a ordem economia democrática. Assim HABERMAS:

> *"Political power is not externally juxtaposed to law but is rather presupposed by law and itself established in the form of law. Political power can develop only through a legal code, and it is, in the legal sense of the word, constituted in the form of basic rights. This led nineteenth-century German constitutionalism to conceive "government by law" in a way that made too direct a connection between rights of individual liberty and organized state power".* [22]

A denúncia de Rui Barbosa é tristemente presciente: não flagrou apenas uma impropriedade em seu tempo; a sua advocacia enérgica, altiva, converteu-a em um alerta permanente. E por ela se pode divisar e compreender o episódio de 2013.

Este, contudo, acresce àquele, na ofensa ao Direito. Hoje, existe um quadro normativo ordenado, uma estrutura articulada para a outorga, execução e regulação de serviços públicos, cujas regras, cumpridas devidamente,

21. DIDIER, Jean-Pierre. *L'éthique du functionnaire civil.* Paris : Librairie Générale de Droit et de Jurisprudence, E. J. A. 1999. p. 182-183.
22. HABERMAS, Jürgen. *Between facts and norms*: contributions to a discourse theory of law and democracy. Massachusetts: Mit press, 1996. p. 134.

trazem a segurança regulatória indispensável à atração de investimentos necessários à execução de serviços e obras de infraestruturas no País.

A tanto, porém, é preciso que o "Governo da Nação", com o concurso de "homens de juízo amadurecido no trato do poder público", cumpra e faça cumprir a Lei e o contrato.

(2017)

PPI: REGULAÇÃO E CENTRALIZAÇÃO?

> *"É incontestável que a excessiva centralização, quando juntam a governamental e a administrativa, não é das coisas mais favoráveis à liberdade dos cidadãos, que peia e embaraça. Fortalece, além do necessário e justo, o Poder Executivo, e põe os cidadãos na dependência imediata do Poder Central, em negócios nos quais pode essa imediata dependência escusar-se".*[1]

Sumário: 1. Programa de Parceria de Investimentos (PPI). 1.1. O papel do Estado. 1.2. Contratos de parceria. 1.3. Desestatização. 2. PPI: Objetivos. 3. O Executivo e sua norma. 4. O PPI e *compliance*. 4.1. O novo fluxo de decisões. 5. Conclusão.

1. Programa de Parceria de Investimentos (PPI)

A Lei 13.334/2016 diz:

> *"Art. 1.º Fica criado, no âmbito da Presidência da República, o Programa de Parcerias de Investimentos – PPI, destinado à ampliação e fortalecimento da interação entre o Estado e a iniciativa privada por meio da celebração de contratos de parceria para a execução de empreendimentos públicos de infraestrutura e de outras medidas de desestatização"..* (grifos nossos)

1.1. O papel do Estado

Não é papel do Estado, muito menos do Executivo, *fortalecer a interação com a iniciativa privada*. A ação do Estado (e pois do Executivo) é vinculada à lei, ao contrato, que este firme e que à lei se iguala. A intervenção

1. VISCONDE DE URUGUAI. Direito administrativo. Rio de Janeiro: Typographia Nacional, 1862. vol. II. p. 181.

do Estado na ordem econômica só pode se dar na forma da lei. Cumprir o Executivo a lei é a sua razão de existir – *executar* as leis – e nessa atribuição está um dos pilares da ordem democrática.

Contudo, a perversa identificação – entre nós – do Estado com o governo vence sistematicamente os esforços de contenção legal da ação (invasiva e arbitrária) do Executivo na ordem econômica. Os exemplos de indisciplina do Executivo nesse sentido sucedem-se, e historicamente comprometem a expansão da oferta e a qualidade dos serviços de infraestrutura no Brasil.

Não é o caso de se *fortalecer a interação entre o Estado e a iniciativa*, e sim, no âmbito da ordem econômica, agir o Executivo estritamente nos limites legais para bem regular – por critérios exclusivamente técnicos – a ação da iniciativa privada, que com ele contrate a prestação de serviços concedidos.

1.2. *Contratos de parceria*

O que vem a ser *contrato de parceria*, entre o Estado e agente privado?

Nessa proposição inserta no art. 1.º, citado, percebe-se o esmaecimento de noções jurídicas fundamentais: o relacionamento entre o Estado e agente econômico privado, cujos claros limites são definidos em lei e no contrato, é referido por *interação*; e o Contrato de Concessão de serviços outorgado pelo Estado, contratante, a agente privado, contratado, é designado *parceria*.[2]

Esse empalidecimento de noções e formas legais alarga a desinibição do Executivo na relação que mantém com o agente privado, e nas suas intervenções na ordem econômica. A experiência recente isso vem demonstrando, desde o assédio às agências reguladoras promovido pelos sucessivos governos, estaduais inclusive, o desfiguramento intencional do Contrato de Concessão de serviços públicos, e a ação arbitrária na execução deles por parte de seu contratante, o poder concedente.

Contrato de parceria, nos termos dessa lei, é um rótulo estampado sobre os contratos de concessão, pois estes seguirão sendo o instrumento jurídico contratual adequado, e já empregado ao início do século XIX, para outorgar a agentes privados a prestação de serviços públicos.[3]

2. Assim o art. 1..º, § 1.º, da Lei 13.334/2016: "Podem integrar o PPI:

   I – os empreendimentos públicos de infraestrutura em execução ou a serem executados por meio de contratos de parceria celebrados pela administração pública direta e indireta da União;".

3. O art. 2.º, § 2.º, da Lei 13.334/2016, refere, expressamente, os contratos rotulados de parceria: "Para os fins desta Lei, consideram-se contratos de parceria a concessão comum, a concessão patrocinada, a concessão administrativa, a concessão regida por legislação setorial, a permissão de serviço público, o arrendamento de

Definirá o Executivo, por meio de decreto do Presidente da República, quais os "empreendimentos públicos federais de infraestrutura" serão "qualificados para implantação por parceria".[4] A esse fim, poderá o Presidente da República ouvir o Conselho do Programa quanto às propostas feitas por "órgãos ou entidades competentes", relativas aos "empreendimentos" a serem qualificados como "parceria". O Conselho poderá "formular propostas e recomendações" aos titulares dos Executivos estaduais e municipais e, note-se, "formular recomendações e orientações normativas aos órgãos, entidades e autoridade da administração pública da União", nesse rol incluídas as agências reguladoras, cujo papel e autonomia a mesma lei diz fortalecer.[5]

Esse Conselho é presidido pelo presidente da República, secretariado pelo Secretário Especial do Programa de Parcerias de Investimento, (que o convocará quando assim entender), formado por uma dezena de integrantes: todos agentes da administração pública federal, todos demissíveis *ad nutum* pelo Presidente da República.

O *contrato de parceria* é na verdade, a senha para a ampliação indevida da intervenção singular e discricionária do Executivo na ordem econômica do país.

1.3. Desestatização

Sob a alçada do titular do Executivo é posta também a condução do Programa de Desestatização – as "outras medidas de Desestatização", referidas ao final do art. 1.º, acima citado.[6] A propósito, deve-se afastar a indevida assi-

---

bem público, a concessão de direito real e os outros negócios público-privados que, em função de seu caráter estratégico e de sua complexidade, especificidade, volume de investimentos, longo prazo, riscos ou incertezas envolvidos, adotem estrutura jurídica semelhante."

4. Lei 13.334/2016: "Art. 4.º O PPI será regulamentado por meio de decretos que, nos termos e limites das leis setoriais e da legislação geral aplicável, definirão:

   II – os empreendimentos públicos federais de infraestrutura qualificados para a implantação por parceria; (...)."

5. Lei 13.334/2016 "Art. 7.º Fica criado o Conselho do Programa de Parcerias de Investimentos da Presidência da República – CPPI, com as seguintes competências: (...) III – formular propostas e representações fundamentadas aos Chefes do Poder Executivo dos Estados, do Distrito Federal e dos Municípios; IV – formular recomendações e orientações normativas aos órgãos, entidades e autoridades da administração pública da União (...)."

6. Lei 13.334/2016: "Art. 1.º Fica criado, no âmbito da Presidência da República, o Programa de Parcerias de Investimentos – PPI, destinado à ampliação e fortalecimento da interação entre o Estado e a iniciativa privada por meio da celebração

milação, corrente, de que a outorga de concessão a agente privado é um meio de desestatização. Dá-se a desestatização, ou a privatização, quando há transferência de titularidade de um bem ou serviço, por lei atribuída ao Estado, a um particular.

A privatização é um negócio jurídico de caráter eminentemente patrimonial. A concessão é a cessão temporária dos direitos de exploração de um bem ou de um serviço, cuja titularidade é outorgada ao Estado por força de lei. A outorga de concessão enfatiza a titularidade do Estado em relação ao objeto da concessão; pois, cede o Estado, à exploração de terceiro, bem ou serviço do qual é titular, e assim remanescerá.

Estender o controle do Programa de Desestatização ao comando do titular do Executivo, sobre suscitar dúvidas legais – como suscita de resto a Lei 13.334/16 em seu conjunto – é uma medida equivocada. Esse Programa deve ter sua configuração atual aperfeiçoada, e não se ver submetido ao comando monocrático do vértice do Executivo.

2. PPI: objetivos

Sobre a incomensurável competência atribuída ao Presidente da República pela lei 13.334/2016, são fixados, em seu art. 2.º, os objetivos do PPI.

> *"I – ampliar as oportunidades de investimento e emprego e estimular o desenvolvimento tecnológico e industrial, em harmonia com as metas de desenvolvimento social e econômico do País; (...)"*

O que significa *ampliar as oportunidades de investimento*? As reais oportunidades de investimento não dependem de atos especiais do poder público; elas surgirão em grande número se o Executivo, estritamente, cumprir as normas legais, os contratos, e respeitar a independência técnica e decisória dos órgãos reguladores. Não precisam os investidores de tutores do governo para identificar e avaliar oportunidades de investimento que se abram no setor de infraestrutura; ao contrário, dispõem eles de meios e procedimentos de análise de risco econômico e jurídico desembaraçados de pressões estranhas à boa técnica de avaliação de ofertas de concessão de serviços. Essa expertise, aliás, os tem feito acentuar o seu protesto pela estabilidade normativa e a ação

---

de contratos de parceria para a execução de empreendimentos públicos de infraestrutura e de outras medidas de desestatização. (...) III – as demais medidas do Programa Nacional de Desestatização a que se refere a Lei 9.491, de 9 de setembro de 1997."

regulatória exclusivamente técnica como pressupostos inafastáveis para atrair investimentos sustentáveis em serviços de infraestrutura.[7]

> *"II – garantir a expansão com qualidade da infraestrutura pública, com tarifas adequadas; (...)"*

O que vem a ser *tarifas adequadas*? Refere a Lei de Concessões, 8.987/95, "modicidade tarifária".[8] Modicidade provém de módico, do latim *modicus*, adjetivo, significando *proporcionado*, *regulado*, cujo radical é *modu*, substantivo, significando *medida*.[9]

Qual, porém, a medida *proporcionada*, *regulada*, da tarifa a ser fixada? O debate dominou (e domina) a doutrina da regulação econômica, mas algumas referências foram fixadas para o cálculo do valor da tarifa do serviço concedido.[10] Que ela cubra os custos previstos a incorrer o concessionário na execução do serviço concedido e lhe remunere uma margem de lucro, se possível determinada em certame licitatório tecnicamente bem formulado, assumindo o concessionário os riscos econômico-financeiros decorrentes da execução do serviço. Pode-se dizer que a tarifa *medida* é a tarifa apurada da dinâmica concorrencial lisa (onde o abuso de poder de mercado seja prevenido e reprimido), verificada no âmbito do processo licitatório.

Assim CARRASCO e PINHO DE MELLO:

---

7. Em 2016, foram licitados dois lotes de rodovias, pela Agência Reguladora de Transportes do Estado de São Paulo – ARTESP. Além de expressivas alterações em relação ao modelo editalício anterior, o critério de seleção fixado foi o de maior ágio oferecido pelo licitante sobre o valor da outorga estipulado no edital. A vencedora ofertou um ágio de 103%, enquanto a segunda colocada um ágio de 53,8%. O certame licitatório, atraiu o número mínimo de licitantes: dois. Disponível em: <http://www.istoedinheiro.com.br/patria-vence-disputa-pela-concessao-da-florinea-igarapava/>.
8. Art. 11: "No atendimento às peculiaridades de cada serviço público, poderá o poder concedente prever, em favor da concessionária, no edital de licitação, a possibilidade de outras fontes provenientes de receitas alternativas, complementares, acessórias ou de projetos associados, com ou sem exclusividade, com vistas a favorecer a modicidade das tarifas, observado o disposto no art. 17 desta lei".
9. SARAIVA, F. R. dos Santos. Novíssimo dicionário latino-português. 5. ed. Paris: Garnier, s.d., e MACHADO, José Pedro. Dicionário etimológico da língua portuguesa. 1.ª ed. Lisboa: Confluência. 1952-1959. v. II.
10. Cf. PHILLIPS JR., Charles F. In: The regulation of public utilities. Arlington: Public Utilities Reports, 1993. p. 315. Uma visão mais abrangente e atual está em DECKER, Christopher. Modern economic Regulation: An introduction to theory and practice. Cambridge: Cambridge University Press, 2014. p. 103.

> *"É fundamental garantir que o desenho [do certame licitatório] induza a participação de número grande de potenciais interessados. Adicionalmente, é importante garantir que haja competição efetiva entre os participantes (...). Quando há competição, leilões são excelentes mecanismos de descoberta de qual deva ser o preço praticado e o retorno mínimo que rentabiliza o investimento aparece automaticamente."*[11]

Cabe ao poder concedente, representado até então (ver adiante) pelas agências reguladoras, organizar certame licitatório que tenha por objeto o serviço a ser concedido; e, entre as propostas formuladas, selecionar aquela que, atendendo às exigências constantes do edital, traga a tarifa melhor *medida*. Ou seja, a tarifa que, em sua formulação, tenha considerado e pesado todos os fatores a formar o custo da prestação do serviço licitado e o lucro do concessionário (*retorno* do capital por ele investido), e se mostre a mais vantajosa em relação às demais ofertadas na disputa pelo mercado, promovida pela licitação.[12]

O meio mais eficaz, no âmbito do poder público, para a melhor definição do valor das tarifas – da sua modicidade –, é a pressão competitiva que um processo licitatório, bem formulado e transparente, exerça. Como recomenda a OCDE:

> *"To ensure sound competitive processes, governments should provide clear rules, and possibly guidance, on the choice of the procurement method and on exceptions to competitive tendering. Although the procurement method could be adapted to the type of procurement concerned, governments should, in all cases, maximize transparency in competitive tendering. Governments should consider setting up procedures to mitigate possible*

11. CARRASCO, Vinícius; PINHO DE MELLO, João Manoel. Por que fracassamos na infraestrutura? Diagnósticos, remédios e um arcabouço teórico de análise. In: PASTORE, Afonso Celso (Org.). Infraestrutura: *eficiência e ética.* Rio de Janeiro: Elsevier, 2017. p. 60 e 55.
12. Note-se que nem toda disputa licitatória tem por objeto apenas a tarifa do serviço licitado. O poder concedente federal e estadual, ávidos por carrear recursos dos contribuintes aos seus tesouros exangues, vem estipulando valores cada vez mais elevados de outorga, fixando a tarifa que incorporará o custo da outorga ao concessionário, a ser cobrada ao usuário, já no edital. Assim, tem-se a disputa em torno da maior oferta de valor de outorga – ágio, em linguagem corrente. Em uma modalidade de licitação em que o licitante venceu ao apresentar o maior valor de outorga, a partir de uma tarifa já fixada no Edital, o Governo Federal comemorou ágio de cerca de 100% sobre o valor da outorga por ele inicialmente estipulado. Cf.: <http://economia.ig.com.br/2017-03- 16/aeroportos-leilao.html.> Sobre outorga, ver CARRASCO e PINHO MELLO, citados, p. 61.

risks to integrity through enhanced transparency, guidance and control, in particular for exceptions to competitive tendering such as extreme urgency or national security" (grifo nosso).[13]

Mas não só. Não deve o poder concedente perverter o processo licitatório pela intrusão, no objeto do serviço a ser concedido, de obrigações adicionais ao concessionário.[14] Assim, tanto a *outorga onerosa* – o valor a ser pago pelo concessionário ao poder concedente pelo fato da concessão – fixado em índices cada vez mais elevados, como obrigações adicionais extravagantes impostas ao concessionário, devem ser evitadas, ou cuidadosamente medido o seu impacto sobre o bolso do usuário dos serviços.

Esses fatores somam-se àqueles ordinários, próprios à execução do serviço concedido, e obviamente pesam, direta ou indiretamente, no cálculo das tarifas a serem pagas pelos usuários. Como é notório na prática política nativa, representantes do Executivo e do Legislativo, por vezes assistidos por decisões judiciais não devidamente informadas dos fatos pertinentes, protestam contra os valores das tarifas, pretendendo defender os usuários. Porém, não abrem mão de demandas extravagantes e de valores de outorgas cada vez mais elevados, especialmente gravosos à prestação dos serviços concedidos e que pesam na fixação do valor das tarifas, que por sua iniciativa são impostas às concessionárias, quando não violam deliberadamente o Contrato de Concessão, por meio de ações comandadas pelo Poder Executivo, de nítida inspiração partidária.

Não deve o poder concedente organizar certame licitatório pondo o valor da outorga como objeto da disputa entre os ofertantes, para sobre ele arrecadar um sobre preço – ágio – que não raro é anunciado como prova de sucesso do certame, mas, em verdade, é prenúncio de inadimplemento contratual, como observa GUASCH:

13. OECD. Principles for Integrity in Public Procurement. 2009. Disponível em <http://oecd.org/gov/ethics/48994520.pdf>

14. Segundo alguns editais, são impostas obrigações à prestação do serviço, além daquelas de manutenção e conservação, que acabam sendo também consideradas na fixação das tarifas. No caso de rodovias, por exemplo, o Estado de São Paulo exige o suporte financeiro ao patrulhamento policial; a ronda a cada 90 minutos em todos os pontos da rodovia, feita por frota da concessionária; cumprimento de taxas de fiscalização; e, prestação, pelo concessionário, com frota e pessoal especializado próprio, de assistência médica e mecânica em curto tempo (10 e 20 minutos respectivamente) em 85% dos chamados. São exigências relevantes, mas de altíssimo custo ao concessionário, que será, obviamente, repassado à tarifa de pedágio a ser cobrada ao usuário.

"Aggressive bidding often means that, from the start, concessions operations are not financially viable. As noted, firms may consider aggressive bidding a rational strategy if governments are unable to commit to a policy of no renegotiation. Firms are then likely to submit unsustainable bids with the intention of renegotiating better terms after the concession has been awarded. If such renegotiations is not allowed, abandonment of the concession often follows - and if it is allowed, the benefits of competitive bidding are undermined".[15]

A fixação de outorga onerosa inscrita em certame licitatório, a ser paga pelo concessionário, e, ao final, pelo usuário, acha a sua justificativa econômica razoável na cessão do uso pelo poder concedente ao concessionário de bem ou direito de sua titularidade, que o concessionário explorará na prestação do serviço objeto da concessão. Ordinariamente, o valor apurado na outorga deve ser investido em obras (no caso de concessão de rodovias, por exemplo, na abertura ou manutenção de estradas vicinais), ou na execução de serviços relacionados à concessão.

Contudo, a experiência brasileira mostra outro destino dos valores crescentes arrecadados com a outorga de concessões: o tesouro do poder concedente, ou o provimento de fundos a empresas estatais, que não mais prestam o serviço licitado.[16]

"III - promover ampla e justa competição na celebração das parcerias e na prestação dos serviços; (...)".

À *ampla e justa competição na celebração de parcerias e prestação de serviços* aplica-se o que acima é dito sobre a fixação de tarifas.

O processo licitatório - a concorrência *pelo* mercado - *competition within the field*, ou *for the market* - que CHADDWICK formulou há mais de um século e meio, é hoje um processo técnico sofisticado que obedece (ou deve obedecer) a regras econômicas e jurídicas orientadas para satisfação do interesse público.[17] A atenção às garantias de lisura e transparência na condução

15. GUASCH, J, Luis. Granting and renegotiating infrastructure concessions: doing it right. Washington: The World Bank, 2004. p. 44.
16. A INFRAERO, empresa estatal, acaba por beneficiar-se dos Programas de Concessão. Conforme noticiou o jornal Estado de São Paulo: "Novas concessões podem dar fôlego extra para a INFRAERO", referido que, no caso das concessões dos aeroportos de Congonhas e Santos Dumont, é possível que o valor das outorgas seja destinado à estatal. BORGES, André; OTTA, Lu Aiko; ARAÚJO Carla. Estado de S. Paulo, 28 jul. 2017.
17. Assim CHADWICK: "From 1838 to 1841, whilst examining the sanitary condition of town population, I found urban districts in England, where there are two

do processo de licitação, a salvo de injunções partidárias, soma-se à atenção às suas especificidades técnicas, na promoção da competição pelo mercado.

Assim podem ser cumpridos, na medida do possível, os objetivos a nortear a prestação dos serviços públicos fixados na Lei de Concessões: universalização, modicidade tarifária e atualização tecnológica. Acertadamente, observou o legislador brasileiro, ao disciplinar o processo licitatório, a experiência surgida da disputa competitiva, cujos resultados são primariamente esses.

A concorrência *pelo* mercado mira replicar a concorrência *no* mercado, para desarmar o poder monopólico decorrente da estrutura mesma do mercado relevante em questão, eventualmente detido pelo concessionário, como mostram LODGE e WEGRICH:

> *"The intellectual attraction of franchising [licitação, no caso] has re-emerged since the late 1960s with the seminal article by Harold Demsetz. The original idea, however, is much older. The 'locus classicus' by Chadwick (1859) made the case for 'competition for the field' for public utilities (such as railways) (...). From a position of skepticism regarding the performance of US regulatory commissions, Demsetz argued that the benefits of markets and competition could be met by encouraging competition for the market, under particular conditions. This argument suggests that competition for a particular monopoly license [outorga] would 'compete away' the available*

or three sets of water-pipes carried through streets which might be as well or better supplied under one establishment, and competitions ending in strict monopolies, bad and deficient supplies at high charges to the public, with low dividends to the shareholders, and an almost impracticability of improvement in their separate condition without augmenting the already excessive charges of the ratepayers od further reducing the low returns to the capitalists. These competitions are what I then designated as competitions "within the field of services." As opposed to that form of competition I proposed, as an administrative principle, competition "for the field," that is to say, that the whole field of service should be put up on behalf of the public for competition – on the only condition on which efficiency, as well as the utmost cheapness, was practicable, namely, the possession, by one capital or by one establishment, of the entire field, which could be most efficiently and economically administered by one, with full securities towards the public for the performance of the requisite service during a given period". CHADWICK, Edwin. Results of different principles of legislation and administration in Europe: of competition for the field, as compared with competition within the field, of service. Journal of the Statistical Society of London. vol 22, n. 3, Sep., 1959, p. 381-420. Disponível em:<http://www.jstor.org/stable/2338385> acesso em 21-06-2017 17:27 UTC.

> *monopoly rent, therefore leading to the same results as competition in the market".*[18]

A Lei de Licitações visa promover a concorrência *pelo* mercado. E as suas regras a esse fim têm por destinatário primeiro o poder concedente, seja ele federal, estadual ou municipal. Cabe a ele, portanto, estruturar e conduzir o processo licitatório para cumprir a sua função legal. O certame licitatório é um processo técnico, complexo e específico, em razão de seu objeto. A sua condução deve, portanto, ser entregue à órgão técnico especializado como são (e devem ser) as agências reguladoras, a salvo de injunções partidárias e de interesses corporativos e privados.

> *"IV – assegurar a estabilidade e a segurança jurídica, com a garantia da mínima intervenção nos negócios e investimentos; (...)".*

Como pode a lei *assegurar a estabilidade e a segurança jurídica com a garantia de mínima intervenção nos negócios e investimentos*, se a mesma lei põe em mãos do Poder Executivo, que é um poder que atende a interesses partidários, o comando incontrastado de todo processo licitatório e de outorga de contratos de serviços de infraestrutura no país, e a ele ainda subordina as agências reguladoras?

Essa concentração de poder em mãos do titular do Executivo, a ele assujeitando a administração pública, há várias décadas vem comprometendo a afirmação da regulação técnica e da defesa da livre concorrência, e assim a universalização, a modicidade tarifária e a atualização tecnológica dos serviços públicos concedidos no Brasil.

A Lei 13.334/2016 aprofunda a associação entre Poder Executivo e a administração pública, a qual, todavia, nas palavras de CARVALHO FILHO,

> *"...não deve ser confundida com qualquer dos Poderes estruturais do Estado, sobretudo o Poder Executivo, ao qual se atribui usualmente a função administrativa. Para a perfeita noção e sua extensão é necessário pôr em relevo a função administrativa em si, e não o Poder em que é ela exercida".* [19] *(grifo no original).*

Como referir a norma *mínima intervenção do Estado*, se ela mesma degrada a *função administrativa em si*, ao determinar a máxima concentra-

18. LODGE, Martin; WEGRICH, Kai. Managing regulation: regulatory analysis, politics and policy. London: Pelgrave MacMillan, 2012. p. 181.
19. CARVALHO FILHO, José dos Santos. Manual de direito administrativo. 28.ª ed. rev., atual. e ampl. até 31-12-2014 São Paulo: Atlas, 2015. p. 12.

ção de poder – de intervenção na ordem econômica – em mãos do titular do Executivo e de seu ministério?

> "*V – fortalecer o papel regulador do Estado e a autonomia das entidades estatais de regulação.*"

A autonomia das agências reguladoras é assegurada pelas leis que as criaram. Atendeu o legislador a experiência a dizer deverem esses órgãos ser dotados de independência técnica, hierárquica e decisória, e seus titulares investidos a termo fixo em seus cargos, para os por a salvo da ingerência político-partidária do Executivo.

É fato incontestável na experiência regulatória no Brasil a repulsa do poder Executivo à independência atribuída em lei às agências reguladoras. Nesse contexto, que a Lei 13.334/2016 enfatiza, não se promoverá o fortalecimento das agências reguladoras pela concentração de poder em mãos do Executivo. Uma vez mais, as palavras da lei desmentem o propósito que busca enunciar: o fortalecimento das agências não virá pelas palavras desta Lei, e sim pelo cumprimento pelo Executivo da lei que as criou.[20]

3. O Executivo e sua norma

O Projeto Crescer, divulgado pelo governo federal na internet, prescreve atribuições às agências em aberto confronto com aquelas dispostas nas leis que as criaram:

> "*Acompanhar os estudos técnicos e de modelagem, a pedido dos Ministérios, e realizar os estudos técnicos de empreendimentos de sua competência; fiscalizar a execução dos contratos de Concessão e de PPP em suas áreas de atuação; avaliar as revisões contratuais e as demandas de reequilíbrio econômico-financeiro nos contratos de parceria em suas áreas de atuação*" *(grifos nossos).*

Valendo-se de sua expertise técnica e da sua experiência em regular o mercado sob sua guarda, cabe às agências elaborar – e não *modelar* – editais para certames licitatórios e os conduzir. Essa atribuição foi subtraída às agências, pela lei do PPI. De então por diante, os editais de certames licitatórios serão *modelados* no recesso da Administração direta, sob o comando do titular da Secretaria do PPI, representando o titular do Executivo.

20. Sobre a reação do Executivo brasileiro, em seus diferentes níveis, à independência de agências reguladoras, ver, neste livro, Regresso Regulatório: o caso ARTESP.

A imprensa noticiou essa significativa subtração de competência de órgãos reguladores colegiados e dotados de independência técnica e decisória por órgãos da Administração Direta:

> *"Atualmente, as agências reguladoras de cada setor são responsáveis pela elaboração do edital, pela realização do leilão e pela assinatura do contrato com os vencedores. Por exemplo, os leilões para concessão de linhas de transmissão, ou para construção de usinas hidrelétricas são conduzidos pela ANEEL. Os leilões para concessões de rodovias à iniciativa privada são conduzidas pela ANTT.*
>
> *(...)*
>
> *Os próximos editais para concessão de projetos de infraestrutura para a iniciativa privada, que serão lançados pelo Governo, não deverão ser elaborados, exclusivamente, pelas agências reguladoras. A ideia do governo é que os Ministérios de cada área, de acordo com o projeto que será concedido, sejam os responsáveis, tanto pela elaboração dos editais, como pela assinatura dos contratos pelos vencedores do leilão" (grifo nosso).*[21]

Pode-se admitir a elaboração de editais por órgãos da Administração direta, tais os ministérios. Mas a experiência da administração pública brasileira, ordinariamente assediada pelos órgãos superiores do Executivo, reagindo a interesses partidários, não recomenda esse modelo, que subtrai essa função às agências reguladoras.

Não é função das agências *fiscalizar a execução de contratos de concessão*, ao contrário do que diz o texto do Projeto Crescer, citado. A função das agências, como visto acima, é cumprir a lei que as criaram, fixando-lhes o objetivo de regular o mercado sob sua jurisdição; e o exercício dessa função inclui verificar a devida execução de Contrato de Concessão, por parte tanto do poder concedente quanto por parte do concessionário. Entre essas cláusulas estão as de reajuste das tarifas e do eventual reequilíbrio econômico-financeiro do contrato, cláusulas que exigem maior atenção e apuro técnico do regulador na verificação de seu cumprimento.

Igualmente, as agências reguladoras não *avaliam* revisões contratuais e demandas de reequilíbrio econômico: elas verificam se tais revisões e demandas estão conforme as estipulações contratuais. O subsequente ato decisório expedido pela agência reguladora, nesses casos, é vinculado: sendo procedente o pleito da concessionária, porque amparado nos termos do contrato,

21. CRAIDE, Sabrina. Agências Reguladoras não vão mais elaborar editais de concessão.. Agência Brasil. 15/09/2016, 17h54. Disponível em: <http://agenciabrasil.ebc.com.br/economia/noticia/2016-09/agencias-reguladoras-nao-vao-mais-elaborar-editais-de-concessao>.

não pode a agência negar-lhe curso; o contrário, não pode a agência deixar de negar o pleito da concessionária. E a agência, constatando que se alteraram significativamente as condições circunstantes ao contrato e assim ele se mostra estruturalmente desequilibrado, deve propor a sua revisão para o trazer ao equilíbrio econômico-financeiro devido.

Como se sabe, as cláusulas de revisão e de reequilíbrio atraem a atenção e respondem majoritariamente pela intromissão indevida do Poder Executivo, e, em parte, do poder Legislativo, na órbita das agências, por vezes buscando representantes seus ajustar o valor das tarifas aos seus interesses partidários imediatos.

A elaboração dos editais e a condução do processo licitatório, a redação e a celebração dos contratos de concessão, feitos pelas agências reguladoras, passam a ser atribuídas aos ministérios. E, ainda, conforme o esclarecedor texto do Projeto Crescer, poderão esses órgãos requerer às agências *acompanhar os estudos técnicos e de modelagem*, que os ministérios realizem, no âmbito das concessões. São, assim, as agências convertidas em eventuais acompanhantes de *processos de modelagem* – valha o termo – em curso no recesso de ministérios.

A subtração de competência às agências reguladoras determinada pela Lei 13.334/2016 – de duvidosa legalidade, aliás – despreza a expertise técnica desses órgãos. Os ministérios não detêm a mesma experiência e expertise técnica que as agências reguladoras já acumularam. Estas lidam diretamente com a execução de contratos de concessão e, portanto, são continuamente informadas das questões que afligem a execução ordinária desses contratos e assim recolhem os dados que melhor podem orientar a elaboração de certames licitatórios.

Todavia, não é este o único efeito relevante das regras da Lei 13.334/2016 sobre os quais se deve refletir detidamente.

4. PPI e *Compliance*

Não terá o legislador, ao editar a Lei 13.334/2016, atentado também às expressivas transformações que vêm ocorrendo ao longo das duas últimas décadas nas grandes economias democráticas; o relacionamento entre agentes da iniciativa privada e agentes da administração pública, tanto no plano local, quanto internacional, é hoje pautado por uma série de diretrizes externas e internas às empresas que lhes conformam a conduta.

Os programas de conformação – *compliance* – da conduta às diferentes regras, que as empresas (e seus empregados) devem observar, disseminam-se celeremente; em especial, entre empresas cuja atividade exige um contato permanente com o setor público e que figuram no mercado de capitais e têm vínculos permanentes com o mercado financeiro. Maior o porte dessas empresas, maiores as exigências de conformação por parte delas às regras, de natureza pública e privada, que se sucedem cada vez mais minudentes em suas especificações e limitações da conduta corporativa.[22]

O legislador ignorou esse novo contexto e o fato de que os órgãos da Administração direta – tais os ministérios – não atendem ordinariamente às exigências de publicidade e transparência fixadas e cumpridas pelas agências reguladoras.

O debate e a decisão das questões significativas, relativas aos serviços de infraestrutura, deixam o âmbito das agências reguladoras, órgãos independentes e colegiados, e são deslocados para o vértice do Poder Executivo. A esse poder, portanto, deverão necessariamente acorrer os representantes da iniciativa privada, no trato ordinário de seus negócios com a administração pública superior. Essa ríspida transposição de competência, cujo desfecho é a subtração do poder regulatório das agências para o poder (político-partidário) do Executivo, compromete um dos requisitos essenciais da regulação, nas palavras de DECKER:

> *"Although difficult to define precisely in the abstract, an independent regulatory agency can be thought of as one which has a degree of autonomy from government, is not under the direct control of politicians or other interested parties, and is responsible for pursuing specific goals and objectives (often established in a governing statute). (...) An important characteristic of independent regulatory agencies is that they to be (to varying degrees) organizationally and operationally distinct from governmental bureaucracies or ministries and are specialized in focus" (grifo nosso).*[23]

4 1. O novo fluxo de decisões

A desinibição do Poder Executivo em relação ao direito público brasileiro é absoluta: ignora seus fundamentos, seus institutos, sua doutrina e jurisprudência, e dispara, de sua frenética usinagem legislativa (de medidas provisórias, sobretudo) normas subversivas complacentemente sancionadas por um Legislativo atento a questões de variada ordem.

22. Cf. Variações sobre Compliance. Neste livro.
23. DECKER, Christopher. Modern economic regulation: an introduction to theory and practice. Cambridge: Cambridge University Press, 2015. p. 190.

Os dois primeiros artigos da Lei 13.334/2016 soam como uma resolução enfática do Governo em remediar o estado da infraestrutura do país, e o Programa de Parcerias de Investimentos, por ela criado, é apresentado como sendo um instrumento a realizar tal propósito. Como vimos, as suas prescrições não aviam, contudo, essa proposta.

O Projeto Crescer sintetiza o real propósito do PPI:

> *"a ideia [do PPI] é ter <u>um novo fluxo de decisões</u> para priorização e o acompanhamento dos projetos que serão executados por meio de concessões, parceria público-privada, privatizações". (grifo nosso)*

Qual o fluxo antigo de decisões? e o que vem a ser o *novo fluxo de decisões*?

A incoerência dessa expressão é, todavia, aparente, pois o seu significado é outro; por *novo fluxo de decisões*, entenda-se: o alinhamento, subordinado, dos órgãos envolvidos na outorga de concessões e respectivas licitações; na celebração de Parcerias público-privadas; e na Privatização, ao comando do Presidente da República e de seu braço operacional, a Secretaria do Conselho.

A Lei 13.334/2016 subtrai competência àqueles órgãos, em favor do vértice do Executivo. E esse novo estado de sujeição – o *novo fluxo de decisões* – estende-se às agências reguladoras.

Subalterna a manifestação das agências reguladoras, ela não será plenamente eficaz frente às considerações a serem feitas pelos ministérios, órgãos subordinados ao Governo. Assim a experiência, mostra GUASCH:

> *"Governments also hold some blame for many problems with concession. Governments have often behaved opportunistically and interfered with contract clauses – forcing renegotiation, cutting tariffs unilaterally, not authorizing tariff increases allowed in the contract, and so on. (...). Although envisioning the eradication of government influence on regulatory decisions is hard, properly designed concessions and regulations should deter such behavior"*[24]

O *novo fluxo de decisões* suscitará um intenso e variado tráfego de opiniões, nem sempre fundamentadas em critérios exclusivamente técnicos, por parte de órgãos com vínculos partidários, como são naturalmente os ministérios.

Esse contexto, agrava a dificuldade, senão a impossibilidade, de se enformar tais opiniões (e sugestões), de origens e motivações diversas, em

24. GUASCH, J, Luis. Granting and renegotiating infrastructure concessions: doing it right. Washington: The World Bank, 2004. p. 40.

ações regulatórias eficazes e atentas às prescrições legais. Dentre estas, avulta o dever de publicidade, a transparência que deve imantar o processo regulatório, cujo cumprimento ainda encontra núcleos refratários no Executivo.

5. Conclusão

A Lei 13.334/2016, não enfrenta efetivamente nenhuma das questões que hoje desestimulam, quando não previnem, investimentos privados em serviços de infraestrutura no Brasil.

Ela arremata um longo processo de concentração de poder singular e arbitrário em mãos do vértice do Executivo, e designadamente marginaliza e degrada a regulação técnica e independente, afrontando a lei e a experiência.

Onde não há regulação na forma da lei, exclusivamente técnica e independente do Executivo, não há um fluxo de investimento a estimular uma oferta qualificada e sustentável de serviços de infraestrutura.

(2016-2017)

II – CONCORRÊNCIA

UM CARTEL NO IMPÉRIO*

> *"No Brasil não se sentiu sempre, como em outros países, a necessidade de instituir o estudo de História do Direito Nacional".*[1]

Sumário: 1. A denúncia. 2. A providência. 3. O Conselho de Estado. 4. O cartel. 5. Conclusão: a saudável concorrência na doutrina jurídica.

1. A denúncia

Em abril de 1874, "Sua Majestade o Imperador" expediu Resolução, cuja ementa diz: "são proibidas as coligações de mercadores destinadas a afastar a concorrência, e encarecer arbitrariamente os gêneros de primeira necessidade".[2]

Subscrevia o Imperador resposta à Consulta expedida pela Seção de Negócios de Justiça, do Conselho de Estado, datada de 19 de setembro de 1873, firmada pelos Conselheiros José Thomaz Nabuco de Araújo, relator, Visconde

* Este artigo não poderia ter sido escrito não fosse o extraordinário trabalho do prof. José Reinaldo Lopes, profícuo e atilado pesquisador da história do nosso Direito, sobre o Conselho de Estado, reunido em seu livro clássico *O Oráculo de Delfos*. Nele, o Autor identifica a questão concorrencial citada, com exatidão, ao revelar a riqueza, em qualidade e extensão, dos trabalhos daqueles conselheiros. LOPES, José Reinaldo de Lima. *O Oráculo de Delfos:* o Conselho do Estado no Brasil-Império. São Paulo: Saraiva, 2010. Publicado, em sua versão original, na *Revista do IBRAC*, n. 25, 2014.

1. Parecer – Comissão de Ensino e Recursos. Conselho Universitário, da Universidade do Rio de Janeiro. San Tiago Dantas, relator. Rio de Janeiro, 12 de julho de 1938.

2. Sala das Conferências da Secção de Justiça do Conselho de Estado, em 19 de setembro de 1873 – José Thomaz Nabuco de Araújo – Visconde de Jaguary – Visconde de Nictheroy. Resolução como parece. (*) Paço, em 18.04.1874. com a rubrica de Sua Magestade o Imperador. Manuel Antônio Duarte de Azevedo". As citações a seguir foram extraídas desta Consulta.

de Jaguary e Visconde de Nictheroy,[3] "sobre um negócio, que, prejudicando terceiros, por isso merece o cuidado da administração".[4]

Esse "negócio" fora denunciado ao Conselho de Estado pelo presidente da província de Pernambuco, e a ele eram referidos "defeitos arguidos ao contrato em conta de participação, [empresa] estabelecida na capital daquela província para venda de carne verde...". Dava nota o presidente da província de que

> *(...) "tenho ouvido geral clamor sobre a venda de carne verde que, sendo de péssima qualidade, é talhada na razão de 800 a 1,000 réis o quilograma. Tratei de investigar as causas desse fato e se havia fundamento no que se dizia de ser antes isso o produto de uma especulação, do que o resultado de causas naturais e circunstâncias do tempo".* [5]

A denúncia focou inicialmente uma questão de natureza comercial: seria a referida sociedade em conta de participação, denominação que lhe deram seus instituidores, ou seria ela uma sociedade anônima, à qual seus instituidores deveriam ter requerido a indispensável autorização do governo e registro no Tribunal de Comércio, nos termos da lei (art. 295, do Código Comercial)?[6] Mas não descurou a denúncia do real objeto do contrato:

---

3. José Thomaz Nabuco de Araújo (1813-1878), uma das figuras mais representativas da vida pública no Império brasileiro, foi deputado geral, presidente de província, ministro da Justiça e senador do Império, nos últimos vinte anos de sua vida. Seu filho, Joaquim Nabuco, o grande abolicionista e primeiro embaixador do Brasil nos Estados Unidos, escreveu a biografia de seu pai, obra entre as mais notáveis do gênero, *O Estadista do Império*, publicada em 1899. Sobre Nabuco de Araújo, cf. DUTRA, Pedro. *Literatura jurídica no Império*. Rio de Janeiro: Padma, 2004. p. 85. Francisco de Paula Sayão Lobato (1815-1884), Visconde de Nichteroy, foi juiz, ministro da Justiça, deputado federal e senador do Império. José Ildefonso de Souza Ramos, 2.º Visconde de Jaguary (1812-1883), foi deputado, presidente de província e ministro da justiça. Nesse cargo, foi precedido por Saião Lobato em 1871.
4. Sobre o Conselho de Estado, v. RODRIGUES, José Honório *Introdução histórica*. In: Atas do Conselho de Estado. Senado Federal, Brasília: 1973, p. XII.
5. Ver nota 2.
6. Lei 556, de 25 de junho de 1850. "Art. 295. As companhias ou sociedades anônimas, designadas pelo objeto ou empresa a que se destinam, sem firma social, e administradas por mandatários revogáveis, sócios ou não sócios, só podem estabelecer-se por tempo determinado, e com autorização do Governo, dependente da aprovação do Corpo Legislativo quando hajam de gozar de algum privilégio: e devem provar-se por escritura pública, ou pelos seus estatutos, e pelo ato do Poder que as houver autorizado."

> *"(...) este contrato, que a princípio passou despercebido, atualmente merece a mais séria consideração, em razão do monopólio e descomunal encarecimento das carnes verdes que são talhadas e expostas ao consumo da população, e ainda mais pelos infalíveis resultados que parecem dever seguir-se em relação à alteração de ordem pública".*[7]

E, atento, ao papel da imprensa, o presidente da província enviou à Seção de Justiça, do Conselho de Estado, um exemplar do *Diário de Pernambuco*, onde se lia:

> *"Há no Recife geral clamor sobre a carne verde...".*

À denúncia foram trazidos pareceres do fiscal e do presidente do Tribunal de Comércio da corte.

Em sua manifestação, a Seção de Justiça, pelo seu relator, concordou com o Tribunal do Comércio de que não se tratava de "companhia ou sociedade anônima", como entendia o tribunal, mas, tampouco, se tratava de uma sociedade em conta de participação, como supunha o governador da província. E o relator desvela a verdadeira natureza da associação:

> *"ressumbra do contrato e regimento interno respectivo que a suposta participação não é tal senão no nome e, na definição, copiado do art. 325 do Código do Comércio; mas é uma simulação, sendo que não tinha outro fim senão que a coligação desses mercadores do gado, para manter o exclusivo da compra dele, e a regulação e a unidade do preço da carne verde".* [8]

e essa associação,

> *"de fato, monopoliza esse gênero de primeira necessidade; arredando por impossível toda a concorrência e elevando o preço da carne como lhe apraz".*[9]

2. A providência

"Qual a providência" a ser tomada, indaga a seguir o relator, da Seção de Justiça do Conselho de Estado? Difícil encontra-la no ordenamento jurídico de então, diz. Que era nula a associação não havia dúvida "no sentir da Seção", pela voz do relator Nabuco de Araújo, sobrelevando essa nulidade "por seu objeto, manifestamente ofensivo da sã moral (art. 129, § 2.º, do Código

7. Ver nota 2.
8. Ver nota 2.
9. Ver nota 2.

Comercial)".[10] Contudo, a decretação da nulidade dependia de ação judicial, e quem a deveria propor, "no interesse público, se algum ou alguns sócios ou terceiros a não propuserem?".

Não existia um Ministério Público perante a jurisdição civil no que diz "respeito às coisas públicas, senão nos casos expressos nas leis", o que impedia o promotor público e o procurador da Coroa, a tanto incompetentes, proporem a ação. Dependesse sociedade em conta de participação do registro, ou não pudesse existir sem ele, a sua proibição ou anulação seria decretada pela autoridade habilitada ao registro, mas este não era o caso.

Ação popular,

> *"isto é, proposta por qualquer pessoa do povo", oriundas do direito romano, e "admitida por nossos praxistas (Correa Teles e Lobão) e aplicáveis à conservação e defesa das coisas públicas, não tem sido modernamente usadas entre nós".*[11]

No âmbito do direito penal, o "fato ilícito de que se trata está fora da compreensão da lei criminal". E, sobre este ponto,

> *"(...) cumpre ao presidente da província, por intermédio do chefe de polícia, promova uma postura municipal proibindo estas coligações tendentes a impedir a concorrência e elevar arbitrariamente os gêneros de primeira necessidade, tendo em vista o citado art. 66, § 8.º, da Lei de Primeiro de Outubro de 1828".*[12]

E diz o citado artigo:

> *"Art. 66. Terão a seu cargo tudo quanto diz respeito à polícia e economia das povoações e seus termos, pelo que tomarão deliberações, e proverão por suas posturas sobre os objetos seguintes:*
>
> *(...)*
>
> *§ 8.º Protegerão os criadores e todas as pessoas que trouxerem seus gados para os venderem, contra quaisquer opressões dos empregados dos Registros, e currais dos Conselhos aonde os haja, ou dos marchantes e mercadores deste gênero, castigando com multas e prisão, nos termos do Titulo Terceiro, art. 71, os que lhes fizerem vexames e acintes para os desviarem do mercado."*

10. Lei 556, de 25 de junho de 1850. "**Art. 129.** São nulos todos os contratos comerciais (...) § 2.º Que recaírem sobre objetos proibidos pela lei, ou cujo uso ou fim for manifestamente ofensivo da sã moral e bons costumes.
11. Ver nota 2.
12. Ver nota 2.

Por fim, "conclui a Seção de justiça sobre essa questão, que conviria uma providência legislativa".

Mas discrepa o Visconde de Nictheroy. Em seu "conceito, o fato de uma simulada associação comercial, para o real fim de defraudar o público na venda de carne", uma vez investigado em todas as circunstâncias e correlações em processo regular,

> *"se manifestará à luz da evidência a fraudulenta extorsão que é feita aos habitantes do Recife pelos simulados sócios. Não altera e longe de minorar, agrava a natureza do crime o ser a finta lesiva levada ao público em geral".*[13]

E conclui:

> *"no caso da ardilosa associação dos mercadores de gado do Recife, a fraude da suposta empresa comercial e o esbulho da população daquela cidade se manifesta a não deixar a mínima dúvida; e é dever da administração pública promover competentemente o procedimento criminal respectivo. Vossa Majestade Imperial Mandará o que for melhor".*[14]

3. O Conselho de Estado

O Conselho de Estado, cuja Seção de Justiça apreciou a representação do presidente da província de Pernambuco, fora constituído em novembro de 1841, nos termos da Lei 284, daquele ano. Composto de doze membros ordinários, reunidos, ou em seções, estas presididas pelos ministros de Estado a que referissem os objetos das Consultas, e o Conselho, reunido, presidido pelo Imperador, sendo todos os seus membros por ele nomeados. Os conselheiros eram responsáveis pelos conselhos que dessem ao Imperador, "opostos à Constituição, e aos interesses do Estado, nos negócios relativos ao Poder moderador"[15].

Incumbia ao Conselho de Estado "consultarem todos os negócios, em que o Imperador houver por bem ouvi-lo para resolvê-los". Ouvia o Imperador o Conselho sobretudo em questões relativas a conflitos de jurisdição entre as

13. Ver nota 2.
14. "Sala de conferências da Seção de Justiça do Conselho de Estado, em 19 de setembro de 1873. Como parece. Paço, 18 de abril de 1874. Com a rubrica de sua Majestade o Imperador. Manuel Antônio Duarte de Azevedo." Mantivemos a grafia original, que ditava grafar-se em maiúscula o verbo que tivesse o Imperador por sujeito.
15. Sobre o Poder Moderador e sua doutrina no Império, ver: DUTRA, Pedro. *Literatura jurídica no Império*. 2.ª ed. Rio de Janeiro: Padma, 2004.

autoridades administrativas, e entre estas e as judiciárias; e sobre decretos, regulamentos e instruções "para boa execução das leis, e sobre propostas que o Poder Executivo tenha de apresentar à Assembleia Geral". Com a República, foi extinto o Conselho de Estado.

4. O cartel

O tratamento dado à Consulta submetida à Seção de negócios de Justiça, do Conselho de Estado, é absolutamente preciso ainda hoje.

Inicialmente, venceu a Consulta a questão de ser ou não anônima ou em conta de participação a sociedade formada pelos mercadores de gado - em verdade, nenhuma das duas -, fixando a questão a ser enfrentada: serviu a (esdrúxula) forma societária a acobertar "a regulação e unidade do preço da carne verde" no Recife.

O vocábulo cartel, no seu significado atual - uma das infrações à ordem concorrencial - não era ainda conhecido àquela altura nessa acepção, mas os elementos definidores da conduta infrativa dos mercadores de carne de gado foram exatamente identificados na Consulta.[16]

16. O vocábulo cartel inscreveu-se no idioma português proveniente do francês, significando inicialmente "carta, cujo contexto se dirige a desafiar para duelo, justas, torneios, etc., mas geralmente em sentido hostil", e, ainda, "rótulo ou papel com letra, versos ou prosas, pregado em público...", como anota MORAES Silva. *Dicionário da língua portuguesa.* 7. ed. Lisboa: 1877. p. 343.

    Em seu *Dicionário contemporâneo de língua portuguesa*, de 1921, Caldas Aulete registra cartel, proveniente do francês *cartel*, como "carta de desafio; provocação. Disco que se põe em armações para festas, solenidades religiosas ou políticas". (*Dicionário contemporâneo da língua portuguesa.* Lisboa. 1921. p. 294.) E Antenor Nascentes, em seu dicionário etimológico, de 1942, registra cartel, do italiano, *cartelo*, "cartaz, diminutivo de carta, papel, no sentido de carta de desafio, acrescentando que a Academia Espanhola reconhece a mesma origem para o espanhol e o francês, idêntico ao português (NASCENTES, Antenor. *Dicionário etimológico da língua portuguesa.* 1.ª e única edição. Rio de Janeiro 1942). Laudelino Freire, em seu *Dicionário da língua portuguesa* (Editora Noite), em 1941 já registra vocábulo cartel como "sindicatos de empresas produtores". FREIRE, Laudelino. *Grande e novíssimo dicionário da língua portuguesa.* Rio de Janeiro: 1941, vol. 1p. 1279.

    José Pedro Machado, em seu *Dicionário etimológico da língua portuguesa*, registra o vocábulo cartel, ao tratar da origem etimológica do vocábulo carta; cartel viria do francês *cartel*, este do italiano *cartelo*, significando "*affiche, placard*" (afixo, placar), carta de desafio, derivando de *carta* "papel escrito". E, dando o significado registrado por Moraes Silva, abona-o com o autor português Antonio Ferreira, do

Os mercadores de gado *coligaram* as suas ações, *associando* entre si as suas vontades, para o fim visado de *arredar* a concorrência, tornando-a *impossível*, elevando e *regulando arbitrariamente* o preço da carne verde talhada vendida à população do Recife, como lhe *apraziam*, *monopolizando*, assim, a venda desse produto naquele mercado.

O concerto de ações, para o fim de fixar preço e volume de produção – o cartel –, importa na associação de vontades específicas, advertidos os cartelistas de que, agindo individualmente, não detêm poder de mercado em índice suficiente para versá-lo arbitrariamente e assim monopolizá-lo.

Ou seja, coligar ações, liga-las por vontade e determina-las a um fim comum, embuçada ou não sob forma qualquer, somando, por esse processo,

---

século XVI: "nunca desafiei homem nenhum que vendo o meu cartel, se não rendesse". Publicado em 1956, é sintomático que esse dicionário não dê ao vocábulo cartel o significado corrente já àquela época, de infração à ordem concorrencial, pois era então Portugal uma economia fechada, na qual não havia concorrência e era estritamente controlada pelo Poder Executivo, chefiado pelo ditador António Salazar.

O *Aurélio*, em sua primeira edição, de 1975, amplia e atualiza a definição de cartel: "acordo comercial entre empresas produtoras, as quais, embora conservem autonomia interna, se organizam em sindicatos para distribuir entre si cotas de produção e os mercados, e determinar os preços, suprimindo a livre concorrência". E indica, nesta acepção, o vocábulo coalisão, em seu sentido econômico: "coligação de produtores da mesma categoria, que objetivam vantagens comuns ou lucros arbitrários, ou visam a proteger-se contra a concorrência desleal". Na acepção jurídica desse vocábulo, registra: "consórcio, convênio, ajuste, aliança ou fusão de capitais, de caráter criminoso, para impedir ou dificultar a concorrência, visando ao aumento de lucros arbitrários". FERREIRA, Aurélio Buarque de Hollanda. *Novo dicionário da língua portuguesa.* 1.ª ed. Rio de Janeiro: Nova Fronteira. 1975.

The Compact Oxford English Dictionary dá *cartel*, proveniente do latim médio *cartellus*, significando "um desafio escrito, uma carta de desafio (a *written challenge, a letter of defiance*) originário do alemão; e data, de 1902, o significado de "acordo ou associação entre duas ou mais casas comerciais para regular produção, fixar preço, etc.; também negócios assim combinados; truste ou sindicato." Oxford University Press, 2. ed. 2000.

O *Dicionário Houaiss da língua portuguesa*, em sua 1.ª edição, 2001 reproduz definições anteriores de outros dicionários da língua portuguesa, registrando a acepção, em seu sentido comercial, de "acordo comercial entre empresas, visando à distribuição entre elas das cotas de produção e de mercado com a finalidade de determinar os preços e limitar a concorrência". HOUAISS, Antônio; VILLAR Mauro de Sales; FRANCO Francisco Manuel de Melo. *Dicionário Houaiss da língua portuguesa.* Rio de Janeiro: Objetiva, 2001.

poder de mercado monopólico ou quase monopólico que permita aos "mercadores", valendo-se dessa *finta*, frustrar a concorrência, fixando preço e oferta exclusivamente a critério deles, consiste inquestionavelmente infração à ordem concorrencial, hoje definida no art. 36, § 3.º, I, da Lei 12.529/2011.[17]

5. Conclusão: a saudável concorrência na doutrina jurídica

Ao notável domínio do fato posto ao exame dos conselheiros de Estado, e à elegante simplicidade da sua descrição isenta da frondosa verborragia coalhada de jargão – o jargão hoje é formado de termos macaqueados da língua inglesa – soma-se o domínio dos conceitos jurídicos, antecipando, com sóbria maestria, aqueles próprios ao direito da concorrência cuja formulação seria apurada pelo início do século passado e, no direito brasileiro, inscrita pelo final dele.

Não tão rica quanto a doutrina da regulação de mercados no Brasil, que na primeira metade do século passado já havia consistido um notável acervo doutrinário – ainda pouco estudado –, há, mesmo assim, muito a se

17. Lei 12.529, de 30 de novembro de 2011.

"Art. 36. Constituem infração da ordem econômica, independentemente de culpa, os atos sob qualquer forma manifestados, que tenham por objeto ou possam produzir os seguintes efeitos, ainda que não sejam alcançados:

I – limitar, falsear ou de qualquer forma prejudicar a livre concorrência ou a livre iniciativa;

II – dominar mercado relevante de bens ou serviços;

III – aumentar arbitrariamente os lucros; e

IV – exercer de forma abusiva posição dominante. (...)

§ 3.º As seguintes condutas, além de outras, na medida em que configurem hipótese prevista no *caput* deste artigo e seus incisos, caracterizam infração da ordem econômica:

I – acordar, combinar, manipular ou ajustar com concorrente, sob qualquer forma:

a) os preços de bens ou serviços ofertados individualmente;

b) a produção ou a comercialização de uma quantidade restrita ou limitada de bens ou a prestação de um número, volume ou frequência restrita ou limitada de serviços;

c) a divisão de partes ou segmentos de um mercado atual ou potencial de bens ou serviços, mediante, dentre outros, a distribuição de clientes, fornecedores, regiões ou períodos;

d) preços, condições, vantagens ou abstenção em licitação pública; (...)"

pesquisar sobre os primórdios da defesa da concorrência no Brasil, ainda no Império.

É preciso opor à doutrina jurídica nativa atual a concorrência da doutrina anterior, não para se adotar esta, mas para enriquecer aquela. Pois, como sabemos, a concorrência apura, sempre, a qualidade do bem ou do serviço ofertado, evitando assim *fintas* ao interesse público.

(2014)

CARTEL E SANÇÃO

Sumário: 1. O fato. 2. Cartel, sanção e o CADE. 3. Poder de mercado, singular ou concertado. 4. "Penalidade estrutural". 5. Precedentes. 6. Fato incontroverso. 7. Objetivo institucional do CADE. 8. A alienação coercitiva de ativos e direitos. 9. Conclusão.

1. O fato

Segundo o voto - singularmente bem redigido - do Relator[1] - o "cartel de cimento" - assim nomeado no voto[2] - teria moldado o mercado onde atuou, por meio de sucessivas aquisições de concorrentes, criando assim uma "estrutura de mercado ilícita". Por essa razão, somente "alterações estruturais" nesse mercado iriam torná-lo competitivo e impedir a formação de um novo cartel. Sendo um "objetivo constitucional" a instituição de "*um cenário concorrencial nos mercados em análise*", incidiria, a esse fim, a regra do art. 38, V, à vista da "*gravidade dos fatos e pelo interesse público geral*", que determinaria a "*cisão de sociedade, transferência de controle acionário, venda de ativos, ou cessação parcial de atividade*"[3].

A imposição de tal pena em face da infração cometida e a alegada função instituidora da concorrência que seria atribuída em lei ao CADE fazem o objeto das considerações a seguir.

2. Cartel, sanção e o CADE

A livre concorrência é um dos princípios regentes da ordem econômica. E o legislador, no mesmo texto constitucional, dispôs que a lei reprimirá "o abuso do poder econômico que vise à dominação dos mercados à eliminação da concorrência e ao aumento arbitrário dos lucros".[4] A lei, ordinária, é a

1. Processo Sancionador 08012011142/2006-79
2. Itens 984 e 985, do Voto do Conselheiro Relator Alessandro Serafin Octaviani Luis, no processo administrativo citado.
3. Cf. item 986, do voto do Voto do Conselheiro Relator Alessandro Serafin Octaviani Luis, no processo administrativo citado.
4. Art. 173, § 4.º, da Constituição Federal de 1988.

de número12.529/2011, e cabe ao CADE executá-la, reprimindo e prevenindo o abuso do poder econômico.

Reprime o CADE o uso perverso do poder econômico – o seu abuso – detido por uma empresa em índice que a permita impor sua conduta, assim orientada, no mercado de bens ou serviços em que atue, ou o uso perverso do poder somado por empresas que a esse fim concertem as suas ações, em detrimento da ordem concorrencial e, ao fim, do consumidor.

Previne o CADE o abuso do poder econômico verificando se os efeitos irradiados de negócio jurídico de integração empresarial, que se vão projetar sobre o mercado onde atuam os seus figurantes, irão por qualquer forma restringir a concorrência ou consistir um domínio do respectivo mercado, por um de seus figurantes, ou por ambos.

Mostra a experiência que a excessiva concentração de poder de mercado propende o seu titular a dele abusar, e, portanto, a ação preventiva do CADE é prognóstica, ou seja, estima o CADE, avaliando a situação presente do mercado, os efeitos sobre ele recaírem irradiados do ato de concentração sob exame.

Outra é a função repressiva do CADE. Como o nome dessa função precípua da defesa da concorrência indica, ela visa, punindo o infrator, inibir a violação à Lei 12.529/2011, para que o mercado retorne ao seu curso natural, à sua dinâmica de oferta e procura de bens e serviços, possibilitando neles livremente empreender.

3. Poder de mercado, singular ou concertado

As infrações enumeradas no art. 36, da Lei 12.529/2011, referem condutas abusivas, e a ação concertada entre concorrentes é uma delas: concorrentes entre si ajustam a sua conduta no mercado para somar poder, do qual, assim conformado, abusam.

Note-se a distinção aqui especialmente significativa: ao contrário do agente monopolista, que em razão de seu poder de mercado singular e incontrastado dele pode abusar, o cartel só achará poder do qual abuse no concerto de ações dos concorrentes que o formem. Desfeito o cartel, por força de investigação instaurada ou pela ruptura espontânea do vínculo a unir seus integrantes, cessa a sua atuação, uma vez que nenhum de seus agentes individualmente detém poder de mercado em índice que dele possa seguir abusando. Já uma conduta monopólica, abusiva, pela sua natureza, pode legar efeitos residuais sobre o mercado, mesmo depois de ela haver sido extinta.

As normas de defesa da concorrência outorgam, em caráter excepcional, poder à autoridade competente para, cessada a conduta monopólica infrativa, mas subsistindo os seus efeitos, seja-lhe permitido determinar a desconstituição de estruturas negociais, das quais – provadamente – tais efeitos perversos sigam sendo irradiados sobre o mercado, para o fim exclusivo de a eles pôr termo.[5] Esse poder sancionador excepcional volta-se naturalmente ao exercício abusivo do poder monopólico. Note-se que tais medidas, excepcionais e pontuais, não incluem alienação de ativos em larga escala, senão a intervenção desconstitutiva específica, e medida, no mercado.

E, por certo, tal intervenção desconstitutiva, excepcional dada a sua natureza, não pode ser decidida sem o amparo de sua motivação específica, onde sejam devidamente expostas as razões de fato e de direito que a informem, por parte do órgão de defesa da concorrência. E, claro está, sem que seja assegurado ao destinatário de tal decisão o direito ao contraditório e à ampla defesa.

4. "Penalidade estrutural"

A Lei 12.529/2011 estabelece em seu art. 37 as penas pecuniárias a serem impostas aos seus infratores, e o art. 38 enumera sete outras "penas que isolada ou cumulativamente" podem ser impostas àquelas.

O Relator, em seu voto, invocando a regra do inciso V, do art. 38, "a cisão da sociedade, transferência de controle societário, venda de ativos ou participação de sociedade" – entendeu "razoável e necessária a aplicação de penalidade estrutural (*sic*) (...) que ocasione o desinvestimento forçado de ativos de empresas participantes do cartel".[6]

Porém, a regra do inciso V, citado, deve ser lida em conjunto com a regra do inciso VII, do mesmo art. 38, que diz: "qualquer outro ato ou providência necessários para a eliminação dos efeitos nocivos à ordem econômica":[7]

> *"Art. 38. Sem prejuízo das penas cominadas no art. 37 desta lei, quando assim exigir a gravidade dos fatos ou o interesse público geral, poderão ser impostas as seguintes penas, isolada ou cumulativamente:*
>
> *(...)*

5. E, claro está, multa pelo descumprimento da ordem de cessação de conduta infrativa.
6. Cf. item 999, do voto do Relator.
7. Lei 12.529/2011, art. 38, V e VII.

> *V - a cisão de sociedade, transferência de controle societário, venda de ativos ou cessação parcial de atividade;*
>
> *VII - qualquer outro ato ou providência necessários para a eliminação dos efeitos nocivos à ordem econômica"* (grifo nosso).

Note-se bem: *outro ato ou providência* - além daqueles enumerados no referido art. 38, sendo, todavia, todos eles voltado estritamente, à "eliminação dos efeitos nocivos à ordem econômica".

A finalidade do art. 38, V, é, portanto, e exclusivamente, a eliminação de efeitos subsistentes à ordem de cessação, ou subsistentes à cessação natural da infração, e nocivos à concorrência. E, como visto, tais efeitos residuais só podem ocorrer, materialmente, em situações infrativas monopólicas, e não em formações cartélicas.

Assim como deverá ter sido provado nos autos o cometimento da infração, os eventuais efeitos residuais dela deverão ser igualmente provados seguirem ocorrer. Ou seja, não prevê a lei imposição de sanção em face de uma estrutura de mercado, senão de efeitos dela eventualmente fluentes.

A lei anterior, Lei 8.884/1994, trazia esse comando em redação unificada, expressando o seu sentido preciso:

> *"Art. 24. Sem prejuízo das penas cominadas no artigo anterior, quando assim o exigir a gravidade dos fatos ou o interesse público geral, poderão ser impostas as seguintes penas, isolada ou cumulativamente:*
>
> *(...)*
>
> *"V - a cisão de sociedade, transferência de controle societário, venda de ativos, cessação parcial de atividade, ou qualquer outro ato ou providência necessários para a eliminação dos efeitos nocivos à ordem econômica."* *(grifo nosso)*

Claramente não se trata de "pena estrutural" *ato ou providência* referidos no citado inciso V, do art. 38, senão de medidas excepcionais, destinadas a situações excepcionais, para o fim de eliminar efeitos subsistentes à cessação da infração, quais sejam, *efeitos nocivos* à concorrência.

A imposição de "outro ato ou providência", como refere o inciso VII, do citado art. 38, da Lei 12.529/2011, visa efetivamente por cobro à irradiação residual de efeitos nocivos à concorrência. Fala a lei em eliminar tais efeitos, isto é, excluí-los do mercado, seguindo o exemplo do art. 7, do Regulamento 1/2003, da União Europeia, que dispõe sobre a "verificação e cessação da infração", admitindo *soluções* – *ato* ou *providência*, na lei brasileira – *de conduta* ou *estrutural* para o fim de fazer cessar tal conduta.[8]

A doutrina assinala o caráter remediável das soluções – *atos* ou *providências* –, sendo o caráter punitivo próprio às multas pecuniárias prescritas; assim, HELLSTRÖM, MAIER-RIGAUD e BULST

> *"In view of this, under Regulation 1/2003, the purpose of a remedy is to bring the infringement effectively to an end. Based on this understanding, a fine is not considered a remedy under Community law. In the context, remedies are not "sanctions" against undertakings in the sense of a penalty or punishment, nor do they generally compensate harmed parties. Punishment is intended to be ensured by the imposition of fines".*[9]

Assinala ainda a doutrina ser dever da autoridade de defesa da concorrência aplicar os remédios em proporção exata à eliminação dos efeitos subsistentes nocivos à concorrência – esta a finalidade dos remédios – e não acrescer a pena pecuniária já imposta ao infrator.

Assim, deve a autoridade de defesa da concorrência preferir remédios menos restritivos, e o "desinvestimento" imposto pelo Relator não é, certamente, um deles, como mostra FILIPPELLI:

> *"Quando aplicado a decisões nos termos do art. 7, do Regulamento 1/2003, o princípio da proporcionalidade exige que as autoridades tomem medidas adequadas para "para acabar efetivamente com a infração", e de escolher, entre as medidas possíveis, a menos rígida".*[10]

8. "Art. 7.º do Regulamento 1/2003 da União Europeia: – Verificação e cessação da infração:

   "Os tribunais nacionais desempenham uma função essencial na aplicação das regras comunitárias de concorrência. Ao deliberarem sobre os litígios entre particulares, salvaguardam os direitos subjetivos decorrentes do direito comunitário, nomeadamente através da concessão de indenizações às vítimas das infracções. Neste capítulo, o papel dos tribunais nacionais vem complementar o das autoridades dos Estados-membros responsáveis em matéria de concorrência. Assim, é necessário permitir-lhes que apliquem integralmente os Artigos 81.º e 82.º do Tratado".

9. HELLSTRÖM, Per; MAIER-RIGAUD, Frank; BULST, Friedrich Wenzel. Remedies in European antitrust-law. *Antitrust Law Journal*, v. 76, 2009. p. 43.

10. FILIPPELLI, Marilena. *Concorrenza e mercato*. Milano: Giuffrè 2011. p. 592.

5. Precedentes

Em seu voto, o Relator refere que "nos últimos anos, várias jurisdições aplicaram a penalidade [de] venda de ativos a agentes envolvidos em infrações contra a ordem econômica", e cita nove casos entre, 1911 e 2011. Versavam os três primeiros casos citados conduta monopólica, por parte dos infratores, e os cinco seguintes versavam mercados regulados. Como se vê, nenhum desses precedentes teve por objeto cartel, pois, como visto, essa conduta, devido a sua natureza, uma vez cessada, cessam de pronto os seus efeitos nocivos à concorrência, estes o objeto de *ato* ou *providência* que lhes ponha fim.

6. Fato incontroverso

Um fato incontroverso nos autos do processo, no qual tem lugar o voto ora comentado, é a cessação das atividades do cartel em 2006, e, por consequência, a cessação dos seus efeitos nocivos.

A "pena estrutural" fixada no voto - admitida a sua existência - não é, portanto, destinada a eliminar efeitos nocivos desse cartel, mas imposta com o propósito, expresso nos termos do voto, de alcançar "o objetivo constitucional de instituir um cenário concorrencial nos mercados em análise".

7. Objetivo institucional do CADE

Certamente não é a função do CADE, e nem de nenhum outro órgão da administração pública, instituir "cenário concorrencial" em mercados de bens e serviços: esta seria uma ação contrária à livre concorrência e contrária também à experiência em economias democráticas.

Um dos valores fundamentais da República, o princípio da livre iniciativa - estipulado de forma preambular no art. 1.º, da Constituição Federal - assegura a todo o cidadão o direito de empreender em um mercado cuja estrutura seja moldada pela concorrência a resultar da disputa lisa entre empresas, prevenido e reprimido o abuso do poder de mercado. Esta é função constitucional do Estado atribuída em lei ordinária ao CADE executar, e não, por certo, "instituir cenário concorrencial" de mercados de bens ou serviços.

É contrário à experiência, também, a tentativa de o Estado por meio do CADE, ou de qualquer outro órgão, instituir a concorrência, em mercados não regulados. Sobre ser contrária à lei tal pretensão, não seria ela realizável, uma vez não ser possível a órgão da administração pública, (e, por certo, a particular, pessoa física ou jurídica), deter informações, absolutamente exatas e em índice suficiente e apreensível pelo saber humano, capazes de afirmar qual o cenário concorrencial ideal devesse ser instituído nos diferentes mercados de bens e serviços.

Tentativas nesse sentido, mostra a História, leva ao extremo oposto: a concentração de poder discricionário nas mãos do Estado, que o permita ditar o funcionamento dos mercados. Tal regime afronta os princípios da ordem democrática e gera, sempre, nefastos e conhecidos gravames à vida econômica e social do país. Não é por outra razão que em nenhuma economia democrática é fixado em lei e atribuído a órgão público "instituir a concorrência", senão guardá-la dos abusos por parte dos agentes econômicos.

8. A alienação coercitiva de ativos e direitos

"Pena estrutural" – se admitirmos tal terminologia – se tem estipulada nas normas de defesa da concorrência editadas na ditadura do Estado Novo; por exemplo o Decreto 869/1938, que previa "a interdição da empresa":

> *"Art. 5.º Quando qualquer dos crimes definidos nesta lei for praticado em nome de pessoa jurídica, o Ministro da Justiça e Negócios Interiores poderá interditá-la, uma vez passada em julgado a sentença, sem prejuízo da sanção imposta aos responsáveis."*

E o Decreto 7.666/1945, que previa a desapropriação de empresas:

> *Art. 5.º Os atos referidos no art. 1.º serão considerados nocivos ao interesse público quando:*
>
> *a) envolverem indústrias bélicas, indústrias básicas, empresas editoriais, jornalísticas, de rádio e teledifusão ou de divulgação e publicidade;*
>
> *b) deles participarem empresas estrangeiras;*
>
> *c) resultarem da ação de empresas nacionais ou estrangeiras, notoriamente vinculadas a coalizões "trusts" ou cartéis, ajustados no estrangeiro."*
>
> *"Art. 6.º Serão desapropriadas pela União as empresas comercias, industriais ou agrícolas comprometidas ou envolvidas em atos nocivos ao interesse público.*

A regra do art. 38 da Lei 12.529/2011, citado, é uma medida extrema, admitida, como visto, em lei apenas para eliminação de efeitos nocivos à concorrência decorrentes de condutas unilaterais praticadas por empresas monopolistas, subsistentes tais efeitos negativos à cessação dessa conduta. Ainda assim, medida de caráter estrutural a esse fim é aceita em caráter excepcional e jamais aplicada a caso de cartel e em escala sequer próxima à proposta pelo Relator. E tal medida não tem caráter penal, e sim avia remédio para eliminar efeitos nocivos renitentes que se propagam residualmente pelo mercado em questão.

Uma razão de ordem objetiva, como visto, faz com que não se apliquem medidas estruturais a cartéis: porque eles se desfazem uma vez denunciados, e, como está à base de sua razão de ser, nenhum de seus membros detém poder de mercado para sozinho gerar efeitos negativos posteriormente ao seu desfazimento.

Desarticulado o cartel, cessam então os seus efeitos sobre aquele mercado relevante onde ele teve lugar. E, se foram realizados atos de concentração nesse mercado, entre empresas posteriormente acusadas de concertação entre concorrentes, caberia verificar se foram tais atos submetidos ao controle do CADE, e, em caso positivo, se este os aprovou. Em uma palavra, verificar se o CADE divisou a formação de uma "estrutura de mercado ilícita", tal veio a divisá-la, retrospectivamente, o Relator em seu voto.

9. Conclusão

A determinação de alienação de ativos, como proposta pelo Relator em seu voto, não encontra amparo na Lei 12.529/2011, pelas razões de fato e de direito acima expostas. Igualmente, não é um objetivo constitucional instituir um cenário de concorrência nos mercados em análise, e sim neles prevenir e reprimir o abuso de poder econômico – na forma da lei.

(2014)

CONTRATO ASSOCIATIVO E DEFESA DA CONCORRÊNCIA

Sumário: 1. O fato. 2. Concentração de poder de mercado. 3. Contrato associativo e controle de concentração. 4. Associação e prestação de serviço. 5. Conclusão.

1. O fato

Empresa A e Empresa B concorrem em mercado de operação de estacionamento. Empresa A quer firmar com a empresa B contrato cujo objeto é a leitura de etiquetas eletrônicas afixada em veículos, para fim de cobrança do valor de estacionamento; como contraprestação pecuniária, a empresa B pagará à empresa A importância estipulada em contrato.[1]

Quer, também, a empresa B contratar à empresa A a leitura eletrônica de etiquetas eletrônicas de veículo, para fins de cobrança de valor de estacionamento, em análogos termos daquele contrato.

A dúvida que se coloca, e que aqui se examina, é se o contrato em questão seria ou não contrato associativo. Em caso afirmativo, não caberia a consulta ao CADE,[2] devendo as Consulentes submeter ao CADE o respectivo ato de concentração.

A nosso ver, inequivocamente, o contrato aqui analisado não é um contrato associativo, e sim um contrato de prestação de serviços. As razões desse entendimento são descritas a seguir.

1. "CLÁUSULA PRIMEIRA - OBJETO:

   Este Contrato tem por objeto a prestação de serviços de leitura de Etiquetas Eletrônicas por radio frequência pela Contratada à Contratante nos Estacionamentos em que a ora Contratada já tenha firmado contrato de arrecadação eletrônica com os Estacionamentos.

2. Resolução 12/2015 do CADE, art. 1.º: "Qualquer parte interessada poderá formular Consulta ao Tribunal Administrativo do CADE, nos termos dos arts. 9.º, § 4.º, bem como do art. 23 da Lei 12.529, de 2011, solicitando-lhe seu posicionamento sobre a aplicação da legislação concorrencial em relação a hipóteses de fato específicas, nos termos da presente Resolução".

2. Concentração de poder de mercado

Dizem os artigos 88 e 90 da Lei 12.529/2011:

> *"Art. 88. Serão submetidos ao CADE pelas partes envolvidas na operação os atos de concentração econômica em que, cumulativamente".*[3]

Fixados os índices de jurisdição no citado artigo 88 a indicarem os *atos de concentração* que devem ser submetidos à função preventiva do CADE, no artigo 90, da mesma lei 12.529/11, o legislador enumerou os negócios jurídicos que importam em *ato de concentração*.

> *"Art. 90. Para os efeitos do art. 88 desta Lei, realiza-se um ato de concentração quando:*
>
> *I – 2 (duas) ou mais empresas anteriormente independentes se fundem;*
>
> *II – 1 (uma) ou mais empresas adquirem, direta ou indiretamente, por compra ou permuta de ações, quotas, títulos ou valores mobiliários conversíveis em ações, ou ativos, tangíveis ou intangíveis, por via contratual ou por qualquer outro meio ou forma, o controle ou partes de uma ou outras empresas;*
>
> *III – 1 (uma) ou mais empresas incorporam outra ou outras empresas; ou*
>
> *IV – 2 (duas) ou mais empresas celebram contrato associativo, consórcio ou joint venture (grifo nosso)."*

Por outras palavras, sob a rubrica de ato de concentração, enumerou o legislador ato de integração empresarial, isto é: ato de integração de poder econômico de mercado, que reúna, em um único centro de poder, centros de poder, antes distintos e independentes, e cujos efeitos desse ato, irradiados e projetados sobre os mercados relevantes nos quais atuam os seus figurantes, possam restringir a concorrência, resultar em domínio de mercado e em aumento arbitrário de lucros.

O traço distintivo do ato de concentração é o vínculo integrativo, qualquer a sua forma (assim, em boas letras, o art. 54 da lei anterior, de n.

3. "Art. 88: I – pelo menos um dos grupos envolvidos na operação tenha registrado, no último balanço, faturamento bruto anual ou volume de negócios total no País, no ano anterior à operação, equivalente ou superior a R$ 750.000.000,00 (setecentos e cinquenta milhões de reais); e

   II – pelo menos um outro grupo envolvido na operação tenha registrado, no último balanço, faturamento bruto anual ou volume de negócios total no País, no ano anterior à operação, equivalente ou superior a R$ 75.000.000,00 (setenta e cinco milhões de reais)."

8.884/1994), que no todo ou em parte subtrai a independência que seus figurantes exibiam, antes de firmá-lo, no mercado em que atuavam.

Verificada essa integração, um só agente passa a figurar no mercado, absorvido o anterior; ou, ainda, quando os agentes subsistem como tais, mas passam a convergir suas vontades e propósitos, articulados, por exemplo; entre essas hipóteses, está o contrato associativo (inciso IV, do art. 90, acima).

3. Contrato associativo e controle de concentração

Essa convergência de vontades e propósitos materializa-se pela cooperação a vincular as partes, relacionando-as entre si, daí surgindo um nítido vínculo de interdependência entre elas, as quais, de então por diante, passam a compartilhar riscos e resultados.

Estas, aliás, as palavras do art. 2.º, da Resolução 10/2014, do CADE, ao dizer:

> *"consideram-se associativos (para efeitos dessa norma, isto é) quaisquer contratos com duração superior a dois anos em que houver cooperação horizontal ou vertical ou compartilhamento de risco que acarretem entre as partes contratantes, relação de interpendência".*[4]

Acertadamente, a regra acima refere a interdependência, a resultar da relação estabelecida pelas partes, como sendo o elemento distintivo do contrato associativo.

A associação pressupõe a cooperação, a colaboração, a comunhão de interesses, o compartilhamento de riscos e resultados; pressupõe, enfim, partes relacionadas entre si no objeto do contrato associativo que firmaram. Essas as palavras do inciso I e II, do parágrafo 1, do art. 2.º, da Resolução 10/2014:

> *Art. 2.º Respeitados os critérios objetivos estabelecidos no artigo 88 da Lei 12.529, de 2011, e para fins do disposto nesta lei, consideram-se associativos quaisquer contratos com duração superior a 2 (dois) anos em que houver cooperação horizontal ou vertical ou compartilhamento de risco que acarretem, entre as partes contratantes, relação de interdependência. (grifo nosso)*

4. Alterado pela Resolução 17/2016, o art. citado passa a ter a seguinte redação: "Art. 2.º Considera-se associativos quaisquer contratos com duração igual ou superior a 2 (dois) anos que estabeleçam empreendimento comum para exploração de atividade econômica, desde que, cumulativamente:

   I – o contrato estabeleça o compartilhamento dos riscos e resultados da atividade econômica que constitua o seu objeto; e

   II – as partes contratantes sejam concorrentes no mercado relevante objeto do contrato."

> *§ 1.º Para fins do disposto no caput deste artigo, considera-se que há cooperação horizontal ou vertical ou compartilhamento de risco que acarretam relação de interdependência:*
>
> *I – nos contratos em que as <u>partes estiverem horizontalmente relacionadas no objeto do contrato</u> sempre que a soma de suas participações no mercado relevante afetado pelo contrato for igual ou superior a vinte por cento (20%); (grifamos).*

Note-se que o termo de duração do contrato de associação, superior a dois anos, (art. 2.º, *caput*, da Resolução 10/2014), e a soma das participações de mercado dos figurantes desse contrato, 20% e 30%, são índices de jurisdição específicos, que se somam àqueles fixados no art. 88 da Lei 12.529/2011, acima citado, a incidir, na hipótese de se tratar de contrato associativo, tal referido no art. 90, IV, da mesma lei.[5]

Os índices de jurisdição, como se sabe, deflagram às partes o dever de notificar ao CADE o ato de concentração que celebrem.

Os elementos a caracterizar o contrato associativo – e todos os demais contratos – são aqueles inexos a eles, a eles próprios; o exame da natureza jurídica deles, dirá ou não integrarem-se em um mesmo centro de poder econômico de mercado.

Os índices de jurisdição fixados em lei e em norma infra legal, Lei 12.529/2011 e Resolução 10/2014, respectivamente, referem-se aos figurantes do ato de concentração, ao faturamento deles, às frações de mercado que detém, configurando o porte econômico que exibem, e, ao referir à duração superior a dois anos do contrato associativo, (art. 2, *caput*, da citada Resolução) refere um aspecto variável desse contrato. Nenhum desses índices qualifica ou distingue a natureza jurídica dos atos de concentração; no caso em tela, do contrato de associação.

---

5. "Art. 90. Para os efeitos do art. 88 desta Lei, realiza-se um ato de concentração quando:
I – 2 (duas) ou mais empresas anteriormente independentes se fundem;
II – 1 (uma) ou mais empresas adquirem, direta ou indiretamente, por compra ou permuta de ações, quotas, títulos ou valores mobiliários conversíveis em ações, ou ativos, tangíveis ou intangíveis, por via contratual ou por qualquer outro meio ou forma, o controle ou partes de uma ou outras empresas;
III – 1 (uma) ou mais empresas incorporam outra ou outras empresas; ou
IV – 2 (duas) ou mais empresas celebram contrato associativo, consórcio ou joint venture."

4. Associação e prestação de serviço

O contrato que as Consulentes querem firmar é um contrato de prestação de serviços, inequivocamente.

Nele, as partes contrapõem-se, e não se associam. Uma parte presta o serviço de leitura de etiqueta eletrônica à outra, no interesse exclusivo desta, que, em contraprestação, paga àquela. PONTES DE MIRANDA precisou esta característica:

> *"Nos sistemas jurídicos, dentre os contratos em que alguém promove atividade em serviço e em interesse de outrem (...), na primeira plana está a locação de serviços... Em sentido geral, o contrato de locação de serviços é aquele em que se prometem prestações de serviços, mediante contraprestação de remuneração".*[6]

Em mesma linha, SAN TIAGO DANTAS:

> *"Contratos bilaterais são, por exemplo, a compra e venda, a locação de coisa ou de serviços, etc. Aí se têm, claramente, duas obrigações distintas e contrapostas, nascendo do mesmo contrato" (grifo nosso).*[7]

Por outras palavras, no contrato de prestação de serviços as partes se obrigam a efetuar prestações e contraprestações direcionadas à esfera jurídica da outra parte.[8] Já no contrato associativo as prestações das partes destinam-se a um propósito a elas comum, não se destinam às partes do contrato, como se tem no contrato de prestação de serviços.

No contrato associativo surge, entre as partes, o elemento integrativo, a vinculá-las. Como registra a doutrina italiana, a comunhão do escopo do contrato revela, por si, a relação que entre as partes se forma. Assim MESSINEO:

> *"Na verdade, a comunhão de escopo informa, por si, a relação correspondente, em toda a sua explicação: ou seja, na origem, no desenvolvimento e nos resultados. Com efeito, da paridade entre as partes,*

6. PONTES DE MIRANDA. Francisco Cavalcanti. *Tratado de Direito privado*. São Paulo: Revista dos Tribunais, 1984. tomo XLVIII, p. 12.
7. DANTAS, Francisco Clementino de San Tiago Dantas. *Programa de direito civil*. Rio de Janeiro: Editora Rio, 1978. tomo II. p. 158-159.
8. Contratos Associativos – Sociedade e Consórcio. Carlos Augusto Silveira Lobo. In: *Revista de Direito Bancário e do Mercado de Capitais*. vol. 66 out. / dez. 2014.p. 97-115.

do concurso na percepção dos resultados, dessa relação singular, na qual as partes podem ser duas ou mais". [9]

No contrato aqui analisado, uma parte presta atividade, no caso, leitura de etiqueta eletrônica de veículos; a outra parte presta, contrapresta, o pagamento estipulado em contrato.

Cada parte tem atividades distintas, da qual nada partilham, nem risco, nem resultado. E entre si não cooperam economicamente, ou cooperam por qualquer forma.

O contrato não relaciona as partes na prestação a que se obrigam: a atividade contratada presta-a, exclusiva e inteiramente, a parte a tanto obrigada, sem vínculo associativo qualquer à outra parte, a qual só cabe pagar àquela outra o valor estipulado.

O contrato de prestação de serviços em causa não integra agentes econômicos independentes em medida qualquer; ao contrário, o contrato associativo: este os vincula, necessariamente, a objetivo comum.

5. Conclusão

As partes contratantes remanescem independentes; entre elas não se forma vínculo de integração empresarial. Jamais cooperam ou colaboram entre si, na execução do contrato em causa. Tampouco, na prestação de arrecadação eletrônica de preço de estacionamento, em que as partes concorrem entre si, e com as demais prestadoras destes serviços.

Em toda a cadeia negocial do contrato aqui analisado, não há cooperação, colaboração, compartilhamento de risco ou de resultado entre as partes.

O Contrato trata de uma atividade absorvida na oferta de serviços de arrecadação eletrônica de preço de estacionamento de veículo ao usuário final – ao usuário de estacionamento.

Pela preferência desse consumidor, disputam entre si as Consulentes, e todos os demais prestadores desses serviços.

Na verdade, a prestação dos serviços aqui referida permite fluir a concorrência existente entre os serviços prestados aos usuários de estacionamento.

O contrato firmado pelas partes A e B é, inequivocamente, um contrato de prestação de serviços, e não um contrato associativo. Portanto, não deve ser ele notificado no controle de concentração exercido pelo CADE.

(2015)

9. MESSINEO, Francesco. Contratto plurilaterale e contratto associativo. In: CALASSO, Francesco (dir. e coord.) *Enciclopedia del Diritto*. Milano: Giuffrè Editore, 1958. v. XVI, p. 151.

VARIAÇÕES SOBRE O *COMPLIANCE*

Sumário: 1. O vocábulo. 2. A noção e seu curso. 3. A conduta ilícita. 4. Cultura empresarial. 5. *Compliance* e concorrência. 6. Conclusão.

1. O vocábulo

O verbo *to comply* tem seu emprego corrente datado no século XVI, pelo maior dicionário da língua inglesa. Seu radical latino - *complere* - traz o sentido de completar, mas também de satisfazer. O substantivo *compliance* guarda, com maior ênfase ao longo dos séculos, essa última acepção, de satisfazer a algo estabelecido, de satisfazer "requerimento de forma e costumes", significando a ação, a prática - note-se - de satisfazer regras estabelecidas.[1]

Em *Hamlet*, Shakespeare emprega o verbo *to comply* referindo uma boa acolhida: "A demonstração de uma boa acolhida é a cortesia e a cerimônia", na excepcional tradução de Millôr Fernandes.[2] Em outra de suas tragédias, *Othelo*, este personagem emprega o mesmo verbo, com o sentido de não atender ao reclamo (o que seria de se esperar, mas ao qual o personagem já não se acha a tanto habilitado).[3]

Satisfazer, *atender* e *completar* são significados que se aproximam, e aos quais o vocábulo *cumprir*, de mesmo étimo, pode ser somado.

---

1. *The compact edition of the Oxford English dictionary*. New York: Oxford University Press, 1971. p. 302.
2. "Let me comply with you in this garb, lest my extent to the players which I tell you must show fairly outwards should more appear like entertainment than yours." *Hamlet* Act 2, scene 2. In: ORGEL, Stephen; BRAUNMULLER, A. R. (ed.). *William Shakespeare*: the complete works. London: Penguin Books, 2002. p. 1363. SHAKESPEARE, William. Trad. Millôr Fernandes. Porto Alegre: L&PM. 1997
3. "Let her have your voices. Vouch with me, heaven, I therefore beg it not To please the palate of my appetite, Nor to comply with heat-the young affects In me defunct-and proper satisfaction". *Othelo* Act 1, scene 3. In: ORGEL, Stephen; BRAUNMULLER, A. R. (ed.). *William Shakespeare*: the complete qorks. England: Penguin Books, 2002. p. 1409.

Esses significados deduzem-se diretamente do vocábulo *compliance*; mas ele acha significado mais preciso no vocábulo *conformação*, a exemplo do que ocorre em língua francesa, onde tem sido traduzido por *conformité* – conformidade. Conformação traduz a ideia precisa de ajustamento permanente, que conformidade não exibe. Conformação, ou seja, adaptações específicas feitas pela empresa e por seus empregados para que se conduzam seguindo as regras, a conformação da conduta empresarial (e de seus empregados) a regras, de extração variada.

O cumprimento de uma prescrição, pressupõe uma obediência estrita, eventualmente servil, à norma. Esta sobrepõe à conduta a sua dicção. Já a conformação deixa espaço, não para relativizar o comando da norma, mas para que possa ser encontrado o melhor ajuste da conduta (da empresa e de seus empregados) à norma. Em uma palavra, a conduta é conformada à prescrição da norma; esta não dita, simplesmente, a conduta. O cumprimento da norma não deve, ordinariamente, enrijecer a conduta empresarial, e esta, a sua vez, não pode deixar de observá-la. Daí conformar-se a sua conduta, à norma. Há, nesse contexto, um processo contínuo de adaptação, seja porque o evolver dos negócios suscita e exige novas condutas, ou reorientação das existentes, seja porque as regras que fazem objeto de conformação de conduta não cessam de ser editadas.

O sentido maior dos dois vocábulos se soma, porém. Há no *compliance* o sentido de cumprimento, assentimento à regra, que se alcança pela *conformação* da conduta ao seu comando.

O vocábulo *compliance*, no original inglês, entrou no léxico jurídico nativo, tão permeável, sôfrego mesmo, por estrangeirismos. O CADE editou um guia empregando o vocábulo em inglês, para nomeá-lo – "Programas de *Compliance*" (*sic*) – "orientações sobre estruturação e benefícios da adoção dos programas de *compliance* concorrencial".[4]

2. A noção e seu curso

A noção de *compliance* ganhou notoriedade e impulso com a grande crise financeira de 2008, precedida e em boa parte determinada por uma

4. Na introdução desse Programa se diz que "a expressão *compliance* vem do inglês, *to comply*, que significa exatamente cumprir, estar de acordo com". Como vimos, o vocábulo comporta outra acepção, além de apenas cumprir. Não nos parece a tradução ali referida – "acordo com" – transmitir o sentido exato do vocábulo inglês; afinal, pode-se cumprir e conformar-se à normas sem se estar de acordo com o comando delas. *Guia para programas de compliance*. Gabinete da Presidência do CADE.

crise de regulação, ou, mais precisamente, de uma desídia regulatória, à conta, sobretudo, da postura regulatória – ou do laxismo regulatório, como dizem os economistas[5] – Desde então, a prevenir a ocorrência de novas crises financeiras (ou de regulação) foram criados, sobretudo nos Estados Unidos, novos órgãos reguladores, e alguns dos existentes tiveram suas funções e jurisdição ampliadas. Esses órgãos vêm gerando um grande número de regras a serem atendidas por seus destinatários, instituições financeiras (ou instituições cuja atuação abale, ou possa abalar a ordem financeira) sob jurisdição daqueles órgãos. O atendimento a essas regras expedidas por órgãos reguladores demanda uma soma considerável de recursos humanos e materiais e suscitou novos estudos no âmbito do direito e das finanças públicas e privadas.

A partir do final de 1980, já deflagrada a revolução das comunicações, o processo de globalização viu a expansão de atividades dos grandes conglomerados transnacionais aos países do leste europeu, com a desintegração da União Soviética e de seu regime econômico, e à Ásia, com a admissão de práticas capitalistas na China, e a ampliação do mercado interno da Índia. Nesse contexto assim transformado, verificou-se o acirramento de uma concorrência que se globalizou em razão do porte econômico e da extensão territorial da atuação de um grande número de empresas. Esse processo, velocíssimo em termos históricos, incorporou diferentes padrões culturais, afetando condutas e práticas comerciais.

Os atos de corrupção envolvendo agentes públicos e empregados de empresas privadas cresceram em número e relevância, atraindo a atenção de estudiosos de várias áreas.[6] Uma característica chamou a atenção das autoridades de diferentes países: não se tratava, muitas vezes, de ações isoladas, de iniciativa de empregados, de determinada empresa; o exame de casos mostrou que a prática de corrupção não raro inscrevia-se como um dos vetores da política comercial de grandes empresas, atuantes em diversas partes do globo.

Atos de corrupção praticados por indivíduos já se achavam havia muito tipificados como crimes, aos quais são cominados pena de privação de liberdade e multas pecuniárias; mas as empresas permaneciam à margem de qualquer sanção, gerando graves distorções nos diferentes mercados nacionais e internacionais.

5. Ver, nesta obra, *Invariantes regulatórias*.
6. Cf. GRECO FILHO, Vicente; ROSSI, João Daniel. *O combate à corrupção*: e comentários à Lei de Responsabilidade de Pessoas Jurídicas. Saraiva: São Paulo, 2015.

Essa situação mobilizou, sucessivamente, organismos internacionais, entre os quais a Organização das Nações Unidas, a Organização para Cooperação e Desenvolvimento Econômico, a Organização dos Estados Americanos, bem como chamou atenção de órgãos internos de diferentes governos, tal o ministério da justiça dos Estados Unidos. Evidenciou-se em larga escala a necessidade de se reprimir atos de corrupção praticados por empresas e não apenas por seus empregados. Foram celebrados tratados e acordos internacionais dos quais foram deduzidas regras específicas de processo sancionador, inscrevendo no plano administrativo a repressão a atos de corrupção praticados por empresas privadas. Estabeleceu-se, assim, a responsabilização administrativa dessas empresas e de seus empregados pela prática de atos de corrupção, somando-a à responsabilização penal e civil.

3. A conduta ilícita

Os atos ilícitos devem ser reprimidos, e devem ser prevenidos também. Contudo, a prevenção desses ilícitos em uma economia transnacional não será eficaz sem que se internalize, no âmbito das empresas, a noção e o sentido das regras sancionadoras da atividade empresarial ilícita.

Tal objetivo não é, todavia, de fácil execução. Pois, as regras legais, como se sabe, não dizem diretamente a conduta a ser adotada, o que deve ser feito; mas estipulam sanção à violação delas. Por outras palavras, é preciso deduzir dessas regras a prescrição de uma conduta a ser observada. Nesse sentido, a lição de REALE:

> *"A regra representa, assim, um módulo ou medida da conduta. Cada regra nos diz até que ponto podemos ir, dentro de que limites podemos situar a nossa pessoa e a nossa atividade. Qualquer regra, que examinarem, apresentará esta característica de ser uma delimitação do agir; regra costumeira, de trato social, da ordem moral ou jurídica, ou religiosa, é sempre medida daquilo que podemos ou não podemos praticar, do que se deve ou não se deve fazer".*[7]

A noção de *compliance* liga-se ao conhecimento das regras e por consequência ao discernimento entre condutas lícitas e condutas ilícitas. O *compliance* consiste, portanto, em um processo de educação, de ilustração de empresas e indivíduos, sobre a conduta a ser observada no curso da atividade empresarial. A conduta a ser seguida, que se deduza, como orientação a ser observada, de regras legais.

7. REALE, Miguel. *Lições preliminares de direito*. São Paulo: Edusp, 1973. p. 55.

Mas o *compliance* não se resume na orientação de uma conduta a seguir, e sim na afirmação de uma cultura interna às empresas que as permitam, conhecendo a lei, evitar transgredi-la.

4. Cultura empresarial

Evidentemente, por meio do *compliance* não se pretende transformar as empresas e seus colaboradores em profundos conhecedores das regras legais penais e administrativas, nem os converter em expertos no combate à corrupção, ou na defesa da concorrência, por exemplo; mas a eles dar orientação consistente de como se conduzirem no exercício de sua atividade, evitando que incorram em condutas ilícitas.

Em que consiste, objetivamente, o esclarecimento aos agentes privados do que sejam atos de corrupção, tais os capitulados na Lei Anticorrupção e na Lei de Defesa da Concorrência? Essa educação deve considerar dois planos. O primeiro, a descrição dos atos que o legislador entendeu e os tipificou como infrativos e cuja prática deve ser evitada. O segundo plano refere os benefícios decorrentes do exato cumprimento da lei, isto é, da sua não violação, além de escusarem-se, empresa e seus empregados, à imposição de sanções.

Os atos ilícitos capitulados na Lei Anticorrupção envolvem situações bem conhecidas. Já as infrações à livre concorrência dizem respeito a todas as empresas, atuantes ou não próximas ao poder público, e dentre as condutas infrativas ali capituladas o cartel, inclusive o cartel atuante em licitações públicas, é a mais conhecida e a mais nociva.

A experiência provê inúmeros exemplos, bem descritos, desses atos administrativos, que permitem, no âmbito de um programa de *compliance*, o exame de sua natureza e forma.

Importa aqui ressaltar o segundo plano da função preventiva do *compliance*, quase sempre esquecida nos manuais e guias de condutas quotidianas e rotineiras. É certo que a atenção às regras legais, a não adoção de condutas ilícitas, é em si um fato auspicioso à ordem pública e à ordem privada. O cumprimento da lei é um estado de civilização e um fator de desenvolvimento econômico. Porém, o não cometimento de atos infrativos não opera efeitos benéficos apenas no âmbito público ou no âmbito geral onde atuam diretamente os agentes privados. A conduta lícita opera benefícios, diretos e imediatos, à empresa que assim procede, e que se estendem a seus colaboradores e acionistas.

Essa afirmação pode causar a alguns certa estranheza, à vista da experiência na qual a relação próxima e por vezes informal entre agentes públicos e agentes privados está, historicamente, associada à evolução econômica do País, em razão da expressiva presença do Estado na sua vida econômica, quase sempre de forma coativa, impondo diretrizes, por vezes formuladas sob influência de interesses partidários e não sobre uma base técnica reconhecida e bem fundamentada.

Esse quadro é bem conhecido, e é também objeto de estudos especializados. Não há na vida econômica brasileira área em que o setor privado se mova sem o contato próximo com autoridade do setor público, e muitas vezes esse processo registra um curso acidentado, devido a ações vincadas por interesses peculiares ao sistema político nacional.

Neste momento, vive o Brasil uma situação inédita. As relações entre setores do poder público e setores da iniciativa privada estão sob severo escrutínio do Judiciário. Talvez se possa ver nesse processo, uma demanda crescente, em diferentes setores da sociedade, por uma transformação radical na relação entre agentes públicos e agentes privados.

O estrito cumprimento da lei converte-se, na experiência brasileira a se abrir daqui por diante, no fator preponderante e transformador da atuação empresarial, ajustando-a a padrões avançados de competitividade.

5. Compliance e concorrência

Os atos de corrupção infringem, todos eles, direta ou indiretamente, a ordem concorrencial, frustrando-a. Ou seja, o infrator colhe uma vantagem competitiva ilícita ao fraudar a lei, porque se avantaja, indevidamente, em relação a seu concorrente, que a cumpre; o lucro que nasce dessa conduta é um lucro arbitrário. O ato ilícito não se limita ao dano imediato; ele se irradia perversamente, alcançando todas as empresas cumpridoras da lei e seus acionistas.

E essa irradiação não se esgota no âmbito da empresa, depois de atravessar por todos os seus planos. Os efeitos do ato ilícito afetam todo o mercado onde o ato tem lugar, rompendo a dinâmica concorrencial existente nesse mercado, que deve ser ditada pela disputa lisa entre os seus figurantes. Vulnerada a dinâmica do mercado, todos os que dele participam ou por ele são afetados somam perdas. O prejuízo das empresas importa em prejuízo dos seus acionistas, de investidores que lhe comprem títulos, dos que lhe deem crédito, e dos usuários ou consumidores finais de bens e serviços por ela ofertados nos mercados onde atuam.

Além das perdas generalizadas, verifica-se em um mercado eivado de ilicitudes uma reação, inevitável, de desinteresse das empresas em buscar investimentos para aperfeiçoar, por meio de inovação e pesquisa, os produtos e serviços que ofertem.

Já no mercado no qual os ilícitos concorrenciais são prevenidos e reprimidos pela autoridade estatal, assistido por uma disseminada cultura de *compliance*, verifica-se o processo inverso, e nele os resultados positivos são distribuídos de forma equânime: aquele que conquistar a preferência do consumidor por mérito próprio, terá a compensação que o mercado fixar.

Mas não só o não cometimento de atos ilícitos, prevenido por um rigoroso programa de *compliance* outorga à empresa o direito de reclamar conduta idêntica a seus concorrentes, ao percebê-la infrativa no mercado em que atua, ou em mercado conexo. Antes, gera um dever à empresa de reclamar a lisura da conduta de seus concorrentes, pois, caso contrário, será ela conivente com ilícito que se pratique no mercado onde ela concorra.

A empresa que age e se conduz licitamente está melhor predisposta a criar valor, em medida duradoura, a seus acionistas e colaboradores, porque nela existirá um ambiente propício, nutrido por uma cultura fundada no mérito, e o mérito é justamente o elemento primordial que a disputa concorrencial sintetiza.

6. Conclusão

O benefício real, a resultar da afirmação de um programa de *compliance* se traduz em uma sólida vantagem competitiva, a se refletir por todos os planos da empresa.

Hoje, já se pode falar em uma "cultura de *compliance*", que se dissemina por várias economias. Seu objeto não é apenas o cumprimento de leis – tais as da Defesa da Concorrência e da Anticorrupção – mas a conformação a regras em geral, expedidas por órgãos reguladores, fiscalizadores, e mesmo de regras internas, vigentes apenas no âmbito de determinada empresa.

Dissemina-se a percepção, na cultura empresarial global, de que a lisura nos mercados, a pautar a conduta de seus agentes, é um valor cujo contorno e densidade ganharam uma nova dimensão nas relações econômicas. Esse processo ainda em curso deverá afirmar um novo estágio na ordem econômica brasileira, fixando o *compliance* entre os seus imperativos.

(2016)

CARTEL, CONFISSÃO E LENIÊNCIA

"Inimiga declarada da arbitrariedade, a forma é a irmã gêmea da liberdade". [1]

Sumário: 1. A questão. 2. Forma, confissão, acordo de leniência. 3. A confissão e o histórico da conduta. 3.1. A confissão/delação ausente nos autos: execução imparcial da Lei. 3.2. A confissão/delação ausente nos autos: conhecimento privativo. 3.3. A confissão ausente nos autos: prejulgamento. 4. Repressão e defesa. 5. A confissão/delação e a Superintendência-Geral. 6. Conclusão.

1. A questão

Signatário de Acordo de Leniência deve, necessariamente, confessar o cometimento de infração à Lei 12.529 e colaborar com a autoridade da defesa da concorrência *identificando* coautores da infração.[2] Contudo, a Superintendência-Geral não junta aos autos de processo sancionador, que

1. JHERING, Rudolf von. *O espírito do direito romano.* Tradução Rafael Benaion. Rio de Janeiro: Alba, 1943. vol. 3, p. 115.
2. Diz o artigo 86, da Lei 12.529/2011:

"O CADE, por intermédio da Superintendência-Geral, poderá celebrar Acordo de leniência, com a extinção da ação punitiva da administração pública ou a redução de 1 (um) a 2/3 (dois terços) da penalidade aplicável, nos termos deste artigo, com pessoas físicas e jurídicas que forem autoras de infração à ordem econômica, desde que colaborem efetivamente com as investigações e o processo administrativo e que dessa colaboração resulte:

I – a identificação dos demais envolvidos na infração; e

II – a obtenção de informações e documentos que comprovem a infração noticiada ou sob investigação.

§ 1.º O acordo de que trata o *caput* deste artigo somente poderá ser celebrado se preenchidos, cumulativamente, os seguintes requisitos:

I – a empresa seja a primeira a se qualificar com respeito à infração noticiada ou sob investigação;

tenha por objeto a apuração de ação concertada entre concorrentes, o termo extraído do depoimento de confidente/delator signatário de Acordo de Leniência.[3]

Aos autos, junta a Superintendência-Geral um documento, elaborado e firmado por seus representantes, denominado Histórico da Conduta, não previsto na Lei 12.529/2011, e que conteria a "infração relatada".[4]

Negando aos demais Representados no processo sancionador o acesso ao inteiro teor da confissão/delação feita pelo signatário do Acordo de Leniência, violaria a Superintendência-Geral o devido processo legal, subtraindo aos demais Representados o direito ao contraditório e à ampla defesa.

Esta a questão analisada a seguir

2. Forma, confissão, acordo de leniência

Leniente confessa o cometimento de ato infrativo e aponta os demais autores da infração, em depoimento prestado perante a Superintendência-Geral. A confissão e a delação são atos processuais e, assim, acham, na forma própria, que os revestem, o meio pelo qual o "*ato humano deve necessariamente exteriorizar-se, a fim de assegurar relevância jurídica*".[5]

II – a empresa cesse completamente seu envolvimento na infração noticiada ou sob investigação a partir da data de propositura do acordo;

III – a Superintendência-Geral não disponha de provas suficientes para assegurar a condenação da empresa ou pessoa física por ocasião da propositura do acordo; e

IV – a empresa confesse sua participação no ilícito e coopere plena e permanentemente com as investigações e o processo administrativo, comparecendo, sob suas expensas, sempre que solicitada, a todos os atos processuais, até seu encerramento". (grifo nosso).

3. "Art. 13. Compete à Superintendência-Geral:

   V – instaurar e instruir processo administrativo para imposição de sanções administrativas por infrações à ordem econômica, procedimento para apuração de ato de concentração, processo administrativo para análise de ato de concentração econômica e processo administrativo para imposição de sanções processuais incidentais instaurados para prevenção, apuração ou repressão de infrações à ordem econômica; (...)" (grifo nosso).

4. Cf. *Guia Programa de Leniência Antitruste do CADE*, item 53.
5. GIORGIANNI, Michele. Forma degli atti (dir. priv.). In: *Enciclopedia del diritto*. Varese: Giuffrè Editore, 1968. v. XVII. p. 989.

O ato processual da confissão/delação ganha a forma legal, que lhe *assegura relevância jurídica*, pela redução a termo da narrativa feita pelo confitente/delator à autoridade competente. O termo, inscrito no processo, conserva o ato – documenta-o. O termo, diz PONTES DE MIRANDA,

> *"no sentido de Direito processual, é o escrito no processo, pelo qual se exprime e se conserva o ato. Os atos ocorridos, como são, na dimensão do tempo, passam; os termos têm a função de fixa-los pela escrita em linguagem articulada. (...). O termo é forma. Como forma está sob o domínio daquele princípio, já referido, de serem relevantes, em direito processual, todas as formas. (...) O termo apenas exprime, no processo, a irrupção do ato".*[6]

Como observa JHERING, o termo dá forma ao ato, e esta dá visibilidade ao seu conteúdo:

> *"A forma é o conteúdo, sob o ponto de vista da sua visibilidade. Supõe sempre o conteúdo, porque não existe forma sem conteúdo, nem conteúdo sem forma".*[7]

A visibilidade que a forma confere ao ato indica existir uma vontade jurídica que a ele deu impulso, e esta vontade jurídica só pode ter a sua existência reconhecida se a sua manifestação exterior assim o permitir, nas palavras de JHERING:

> *"Neste sentido, pois, não existe ato de vontade sem forma; uma vontade sem forma é como a espada de Lichtenberg, não fura nem corta".*[8]

Não apenas visibilidade a forma dá ao conteúdo, exteriorizando-o; ela permite que o valor deste seja conhecido – e avaliado. Igualmente, a forma, no processo, disciplina-o, pois repele o arbítrio de parte e as iguala em um mesmo plano, como registra OLIVEIRA:

> *"O formalismo processual contém, portanto, a própria ideia do processo como organização da desordem, emprestando previsibilidade a todo o procedimento. (...) Não se trata, porém, apenas de ordenar, mas também de disciplinar o poder do juiz, e, nessa perspectiva, o formalismo processual atua como garantia de liberdade contra o arbítrio dos órgãos que exercem o poder do Estado. O formalismo processual controla, por outro lado, os eventuais excessos de uma parte em face da outra, atuando*

6. PONTES DE MIRANDA. *Comentários ao Código de Processo Civil.* 3.ª ed. Rio de Janeiro: Forense, 1996. t. III, p. 18-19.
7. JHERING, Rudolf von. *O espírito do direito romano.* Tradução Rafael Benaion. Alba. Rio de Janeiro, 1943. vol 3. p. 115.
8. Ob. cit.

> *por conseguinte como poderoso fator de igualação (pelo menos formal) dos contendores entre si"* (grifo nosso).[9]

A confissão é uma manifestação, espontânea e designada, que tem por objeto, nas palavras de PIMENTA BUENO, "*o reconhecimento ou declaração por que alguém que manifesta ato próprio*".

A confissão deve ser feita, segundo BADARÓ, por quem seja

> *"suspeito ou acusado de um crime, voluntária, expressa e pessoalmente, diante da autoridade competente, em ato solene e público, reduzida a termo, a prática de algum fato criminoso".* [10] (grifamos)

Igualmente, no âmbito do processo civil, observa DINARMACO:

> *"Outro requisito geral de primeira grandeza, alusivo ao como o ato deve ser, é o da assinatura do sujeito que o realiza (CPC, art. 209). Assinar um papel significa atestar a vontade de exarar a declaração que ele contém. Sem assinatura, as declarações ali lançadas não chegam sequer a existir perante o direito, porque não atestada pelo autor a vontade de prestá-las. Essa regra compreende todos os atos e termos do processo, a saber, atos realizados pelos advogados das partes, eventualmente por elas mesmas, pelo juiz ou por auxiliares da Justiça de toda ordem. Os atos realizados oralmente serão reduzidos a termo pelo escrivão ou escrevente e o documento escrito assim elaborado contará com a assinatura de todos os que houverem participado do ato"(grifos nossos).*[11]

Não se pode supor, portanto, que a confissão e a delação, feitas no âmbito da Lei 12.529/2011, possam não ser um ato formal, do qual não tome a autoridade competente – a Superintendência-Geral – o seu respectivo termo.

Como fixar no tempo a narrativa feita pelo confitente/delator, que refere ato que a autoridade vê e o diz infrativo, senão registrando-a, dela extraindo um termo, documentando-a, formalizando-a, para que se lhe meça a relevância jurídica?

A Lei 12.850/2013, que trata da colaboração premiada, estabelece que,

> *"Sempre que possível, o registro dos atos de colaboração será feito pelos meios ou recursos de gravação magnética, estenotipia, digital ou técnica*

9. OLIVEIRA, Carlos Alberto de. *Do formalismo no processo civil.* São Paulo: Saraiva, 1997. p. 7 e 8.
10. BADARÓ, Gustavo Henrique. *Processo Penal.* 3.ª ed.. São Paulo: Revista dos Tribunais, p. 450.
11. DINAMARCO, Cândido Rangel. *Instituições de Direito Processual Civil.* 4ª ed. São Paulo: Malheiros, 2004. vol. II, p. 538.

> *similar, inclusive audiovisual, destinados a obter maior fidelidade das informações"(grifo nosso).*[12]

O direito norte-americano, menos formal em tantos aspectos em relação ao nosso, não dispensa, todavia, essa forma essencial, como mostra SCHWARTZ:

> *"Sem dúvida, confunde-se com o Direito a exigência do registro – do termo – das oitivas no âmbito administrativo. Quando os órgãos administrativos conduzem uma oitiva sem a registrar, expõe-se imediatamente a serem desafiados no Judiciário" (grifo nosso).*[13]

3. A confissão e o *histórico da conduta*

Porém, segundo o *Guia-Programa de Leniência Antitruste do CADE*, a

> *"Confissão de Participação na Conduta Reportada: cada signatário confessa ter participado da infração relatada <u>conforme descrito no Histórico da Conduta</u>" (grifo nosso).*[14]

Como visto, a confissão é voluntária e importa na "declaração *livre* por alguém que manifesta ato próprio". Como pode a confissão – o seu teor, os fatos nela narrados – estarem *conforme* um documento redigido pela Superintendência-Geral e firmado por seus titulares?

Confissão e delação "conforme o Histórico da Conduta", confissão e delação não são.

A confissão e a delação, requisitos inafastáveis do Acordo de Leniência, acham-se previstas na Lei 12.529/2011. Mas a lei não prevê o Histórico da Conduta. Esse "documento" acha-se descrito no *Guia de Leniência Antitruste do CADE*, elaborado pela Superintendência-Geral:

> *"O Histórico da Conduta é um documento elaborado pela Superintendência-Geral do CADE que contém a descrição detalhada da conduta anticompetitiva, <u>conforme entendimento da Superintendência-Geral CADE</u>, com base nas informações e nos documentos apresentados pelo proponente do Acordo de Leniência. Trata-se de documento elaborado*

12. Lei 12.850/2013, art. 4.º § 13.º.
13. SCHWARTZ, Bernard. *Administrative law*. Boston: Little Brown and Company, 1991. p. 286.
14. CARVALHO, Vinicius Marques; RODRIGUES, Eduardo Frade; MARTINS, Amanda Athayde Linhares (coord.). *Programa de leniência antitruste do CADE*. maio 2016. item 13. p. 16.

> *e assinado pela Superintendência-Geral CADE, o qual não é assinado pelo proponente do Acordo de Leniência ou por seus advogados"* (grifo nosso).[15]

À margem da lei, o Histórico da Conduta surge como um ato de vontade, particular e exclusivo, da Superintendência-Geral. A qual, inclusive, se reserva o direito de fazer a "descrição detalhada da conduta anticompetitiva conforme seu entendimento" (sic)! Ou seja, o fato infrativo, objeto da confissão e da delação, não é reduzido a termo (e este trazido aos autos) – ele é submetido ao "entendimento" da Superintendência-Geral. E nesse contexto, a Superintendência-Geral já qualifica a conduta dos Representados como "anticompetitiva" ao início do feito, como diz o *Guia*.

Sobre não ser previsto em lei, é o Histórico da Conduta contrário à lógica, também.

Histórico é uma narração cronológica, circunstanciada, de fatos, de eventos passados, ensinam os dicionários.[16] Histórico, ao início do processo, é uma contradição insuperável, que lhe fulmina o sentido. Como se ter Histórico ao início de um processo – processo cuja finalidade é, precisamente, apurar ter ocorrido, ou não, a conduta que se alega infrativa?

A narrativa do fato supostamente infrativo, confessado e identificada a coautoria de terceiro, é ato do confidente/delator; ele não pode ser deduzido de narrativa elaborada pela autoridade a qual cabe tomar, em depoimento, a confissão/delação e reduzi-la a termo.

Confissão/delação são narrativas de fatos cuja ocorrência, e materialidade serão verificadas no curso do processo que se vai iniciar, conduzido, – note-se – pela mesma Superintendência-Geral, o órgão encarregado da instrução do processo sancionador.

O *Guia*, ao referir *a infração relatada*, sugere já ter a Superintendência-Geral por certo o fato (infrativo), cuja determinação da sua ocorrência faz objeto da investigação, que se inicia e será conduzido pela mesma Superintendência-Geral. Ao início do processo, antes de se ter o contraditório, sentenciaria a Superintendência-Geral ter havido infração à Lei.

Segundo a Superintendência-Geral, o Histórico da Conduta conteria a *conduta infrativa relatada*. Qual a forma processual desse relato, e como tal relato, que conteria a narrativa feita pelo confitente/delator, informaria a elaboração do Histórico da Conduta?

---

15. *Guia de Leniência Antitruste do CADE.* Item 53.
16. Assim MORAES SILVA, Antônio de. *Dicionário da língua portuguesa.* Lisboa: Tipografia de Joaquim Germano de Souza Neves, 1878. vol. I, p. 122.

Se a Superintendência-Geral se vale do relato de conduta e de delação feitas pelo leniente, onde o termo desse relato?

Por certo, não se pode admitir que a confissão/delação do leniente informe o Histórico da Conduta, e este a absorva, subtraindo-a. A confissão/delação é um ato processual formal, meio de prova distinto, previsto na Lei 12.529/2011 e requisito essencial do Acordo de Leniência; não pode o seu teor, que deve permanecer incólume, ser manipulado pela autoridade de defesa da concorrência, para elaborar documento sequer previsto em lei.

Note-se, a propósito, que a confissão e a delação feitas no âmbito de Acordo de Leniência, trazem, nesse caso, indeléveis, as marcas do interesse do confitente/delator em haver o benefício que a Superintendência-Geral lhes oferece.

Não pode existir confissão/delação que não seja tomada a termo, documentada; e, assim formalizada, não seja trazida aos autos, e possa ser examinada pelos demais Representados, para se defenderem da imputação que a eles é feita pelo órgão acusador. Especialmente quando se trata de confissão e delação feitas em troca de concessão de benefícios ao depoente.

3.1. *A confissão/delação ausente dos autos: execução imparcial da Lei*

A sonegação dos termos da confissão/delação do Leniente ao conhecimento dos demais Representados, pessoa física ou jurídica, não garante *a execução imparcial da Lei*. Evidentemente, não podem os demais Representados exercerem o seu amplo direito de defesa, sem conhecerem o inteiro teor do depoimento do leniente, que a Superintendência-Geral lhes subtrai, não o anexando aos autos.

É indispensável à defesa dos demais Representados conhecer o inteiro teor do depoimento do confidente/delator, para verificar a lógica e a coerência de suas declarações: a articulação dos fatos narrados, o contexto em que eles ocorreram, a posição que então se encontrava o confidente/delator, se poderia ele conhecer e em que extensão o fato que narrou, ou fosse capaz de identificar coautores, e o seu interesse direto na narrativa que fez.

Nesse contexto, é razoável, inclusive, que a defesa dos demais Representados se acautele de fabricações na narrativa, as quais podem passar despercebidas por parte da Superintendência-Geral.

Note-se, por oportuno, que a disciplina do Acordo de Leniência, nos termos da Lei 12.529/2011, é oblíqua; cuida de regular o processo de obter a confissão e a delação do signatário de Acordo de Leniência, e da ação nesse sentido da Superintendência-Geral, cegando, porém, aos limites da sua atuação.

Por certo, tal omissão, ainda que reprovável, não isenta a Superintendência-Geral de respeitar a regra constitucional do devido processo legal e da garantia ao contraditório e à ampla defesa, assegurados ao Representado.

Assim, a lição bicentenária de PIMENTA BUENO:

> *"As formalidades dos atos e termos do processo são frutos da prudência e razão calma da lei. É de muita importância que a luta que se estabelece entre o acusado e o poder público não sofra outra influência ou direção que não seja a dela. Os termos e condições que a lei prescreve são meios protetores que garantem a execução imparcial da lei, a liberdade e plenitude da acusação e da defesa (...). O seu fim é conciliar o interesse da justiça repressiva com a proteção devida à inocência que pode existir"* (*grifo nosso*).[17]

3.2. *A confissão/delação ausente dos autos: conhecimento privativo*

Quando é negado ao Representado conhecer o teor da confissão/delação feita pelo leniente, só a Superintendência-Geral o conhece. Ou seja, o teor dessas confissões/delações é, pois, conhecimento privativo da Superintendência-Geral.

Contudo, não pode existir conhecimento privativo à autoridade condutora do processo sancionador, ou a Representado. Não se respeita o devido processo legal em processo sancionador em que se subtrai a uma parte o que à outra é dado a conhecer. Sobretudo se a parte a quem é dado conhecer o que à outra é negado, é a parte à qual incumbe conduzir o feito – no caso, a Superintendência-Geral.

Analisando a prova produzida em inúmeros casos de cartel, GUILHERME RIBAS conclui:

> *"não haver incentivo à efetiva instalação de contraditório (...) no processo administrativo de investigação de cartel, em prejuízo à busca da verdade - ao menos da verdade atingível no processo. Verificou-se, ainda, a existência de disparidade de armas entre a Administração Pública e os administrados e de incentivos ao desempenho inadequado das funções de acusação, instrução e decisão".* [18]

O direito à *comunicação*, como ensina o Direito francês, estende-se a todas as jurisdições administrativas, mesmo se não especificamente prescrito

17. PIMENTA BUENO. *Apontamento sobre o processo criminal brasileiro*. 5.ª ed. Rio de Janeiro: Jacintho Ribeiro dos Santos, 1922. p. 82.
18. RIBAS, Guilherme Favaro Corvo. *Processo administrativo de investigação de cartel*. Ed. Singular. São Paulo: 2016, p. 200.

em lei, pois se trata de uma regra processual de natureza geral e de fonte constitucional. Em processo, fazem objeto da comunicação às partes os atos e as peças processuais todos, em sua forma íntegra.

Conhecendo o que só ela conhece porque nega aos demais Representados conhecê-lo, a Superintendência-Geral projeta sobre o feito a sua ação arbitrária, ensombrecendo-o. Essa ação arbitrária frustra a possibilidade de o acusado defender-se, de forma útil, isto é, de forma eficaz, exercendo plenamente o direito do contraditório. Assim DEBBASCH e RICCI:

> *"Trata-se de um dos princípios fundamentais do princípio do contraditório. As partes devem poder se defender utilmente. A tanto, devem eles conhecer a argumentação e suas peças que a parte contrária invoque, assim como aqueles dos quais o juiz se valha. A esse fim, é assegurado às partes o direito de comunicação".*[19]

Ao sonegar aos demais Representados o conhecimento do teor da confissão/delação de acordo de leniência, mantendo-o só seu, a Superintendência-Geral ignora a lição multicentenária, de que, sobretudo em processo sancionador, "*o que a outrem não ousa comunicar, nunca lhe faça seu*".[20]

3.3. *A confissão ausente dos autos: prejulgamento*

Ao sonegar aos autos o teor da confissão/delação do signatário do Acordo de Leniência, a eles juntando um Histórico da Conduta que já tem por infrativa a conduta que descreve, antes mesmo de ser apresentada aos autos a defesa dos demais Representados, a Superintendência-Geral pré-julga o feito, em seu início.

O termo da confissão/delação não se acha nos autos. Mas, diz a Superintendência-Geral, "essa confissão está contida na a "descrição detalhada da conduta anticompetitiva", conforme "entendimento" da Superintendência-Geral".

Na voragem desse labirinto processual, da conduta da Superintendência-Geral surge, inafastável, a ofensa ao devido processo legal, ao contraditório e ao direito à ampla defesa, dos demais Representados.

---

19. DEBBASCH, Charles; RICCI, Jean-Claude. *Contentieux administratif.* 6.ª ed. Paris: Dalloz, 1994. p. 358.
20. In: Jorge Ferreira de Vasconcellos. Eufrosina. Ano, 1555. Edição de 1919, p. 24. Apud MACHADO, José Pedro. *Dicionário etimológico da língua portuguesa.* 1ª ed. Lisboa: Confluência, 1952. p. 648 [Verbete "comunicar"]. tomo I.

4. Repressão e defesa

Não é livre em sua ação persecutória a Superintendência-Geral, órgão do Conselho Administrativo de Defesa Econômica. Seu campo normativo não se contém nas regras que lhe descrevem a ação ordinária; no exercício de sua função legal, ela se submete ao rigor das regras constitucionais que lhe determinam observar o devido processo legal. No longo alcance com que projetou as garantias constitucionais do contraditório e da ampla defesa aos investigados em processos administrativos e judiciais, não cuidou o legislador constitucional de facilitar, ou de dificultar, a ação repressiva, no âmbito da defesa da concorrência inclusive, mas de torná-la justa.

No plano das garantias processuais, o processo administrativo foi trazido ao mesmo plano constitucional de seus congêneres civil e penal. A maior latitude admitida ao processo administrativo sancionador na busca da verdade real não conferiu ao Estado uma liberdade de ação incontrastada. Ao contrário, é nesse plano, no âmbito do processo administrativo sancionador, que o Estado se vê contido no limite traçado em normas processuais, que se deduzem diretamente das garantias constitucionais.[21]

Não por outra razão, inclusive no âmbito da defesa da concorrência, a jurisprudência e a doutrina reconhecem a natureza quasi-penal de seu processo sancionador, a acentuar as garantias asseguradas às Representadas em processo de apuração de cartel, como mostram BUHART e MAULIN:

> *"Inexistente um direito codificado, a jurisprudência preencheu as lacunas existentes nos princípios gerais, exigindo das autoridades de defesa da concorrência atender 'a um alto nível de exigência probatória' devido à natureza penal ou quasi-penal dos processos de defesa da concorrência, fato agora amplamente reconhecido. Mr. Bo Vesterdorf, agindo como advogado geral, registrou enfaticamente em seu parecer no caso Rhone-Poulenc 'o fato que casos de cartel são na realidade de natureza penal, o que sugere um alto nível de prova a ser produzida para sua condenação".*[22]

A doutrina vê que, no âmbito do processo administrativo sancionador, não se tem regras de direito penal infiltradas no direito administrativo, mas regras que, devido a sua extração constitucional, entre si coeriram, for-

21. Diz a Lei 12.529/2011, Art. 69: "O processo administrativo, procedimento em contraditório, visa a garantir ao acusado a ampla defesa a respeito das conclusões do inquérito administrativo, cuja nota técnica final, aprovada nos termos das normas do CADE, constituirá peça inaugural." (grifo nosso).

22. In: BUHART, Jacques ; MAULIN, Romain. *Proof in cartels: state of play and perspectives. Concurrences*, n. 4/2011, p. 51-64.

mando um corpo autônomo de "princípios comuns da repressão", conforme DELLIS:

"A fim de impor respeito às garantias em Direito Administrativo repressivo, o juiz constitucional, depois de haver "constitucionalizado" esses princípios, alterou o seu campo de aplicação. Não se trata mais de regras de Direito Penal, mas de 'princípios comuns da repressão'. Sem ignorar a sua origem penal, deve-se reconhecer que essas regras, de ora por diante, constituem um campo normativo autônomo que MODERNE chama de 'Jus puniendi' do Estado".[23]

No âmbito da União Europeia, pela mesma linha registra WHELAN:

> *"Irrespective of whether it is pursing the objective of deterrence or of retribution, any given European antitrust enforcement action must respect the fundamental rights of the accused, including those concerning due process. This remains the case regardless of the nature of the enforcement regime at issue. Indeed, human rights must be respected by the EU authorities when national-level enforcement is undertaken. Likewise, human rights protections exist in the contest of both administrative intervention and criminal intervention, and they extend not only to natural persons, but also to legal persons".*[24]

Por outras palavras, superou-se objetivamente a repartição entre regras processuais penais, civis e administrativas, ante às garantias processuais constitucionais, expressas ou implicitamente fixadas, que se estenderam – e coeriram – ao processo sancionador.

Precisamente no âmbito do processo administrativo sancionador, que busca reprimir conduta concertada entre concorrentes, a atenção às garantias da ampla defesa e do devido processo legal asseguradas aos investigados deve ser redobrada, pois nele não figura um "averiguador da verdade das circunstâncias em que se produziram determinados fatos", isto é, um juiz de direito a comandá-lo, como registra COUTURE, [25] comanda-o o órgão administrativo de defesa da concorrência, que, em razão da sua estrutura funcional, soma poderes distintos – de investigação, persecução e de julgamento, tal

23. DELLIS, Georges. *droit pénal et droit administratif* : l'influence des principes du droit pénal sur le droit administratif répressif. Paris: LGDJ, 1997. p. 18-19.
24. WHELAN, Peter. *The criminalization of European cartel enforcement. Theorical, legal, and practical challenges.* Oxford. 2014.
25. COUTURE, Eduardo J. *Fundamentos do direito processual.* São Paulo: Livraria Saraiva e Cia, 1946. p. 137.

como é o caso da Superintendência-Geral, e do Tribunal, ambos órgãos do CADE.[26]

Assim, EIZIRIK:

> *"No processo administrativo sancionador, a Administração é "autora" e "juíza". O órgão do Poder Executivo, no caso, participa da situação litigiosa numa dupla qualidade: como parte interessada e como julgador. Daí a necessidade de rigor absoluto na obediência, por parte do ente administrativo - parte e julgador ao mesmo tempo - aos princípios que permitem o pleno atendimento ao devido processo legal".* [27]

5. A confissão/delação e a Superintendência-Geral

A garantia ao devido processo legal, ao contraditório e à ampla defesa asseguradas aos Representados estende-se a todas as fases do processo sancionador, e à incorporação a ele de novos institutos - o Acordo de Leniência, por exemplo. Essas garantias tem nas formas processuais, fixadas em lei, o caminho seguro à sua execução. O órgão repressor - a Superintendência-Geral e o Tribunal do CADE - a essas garantias devem estrito cumprimento. Na feliz expressão da doutrina francesa, as garantias constitucionais ao Representado em processo sancionador coeriram, formando "os princípios comuns da repressão", condicionando esta aos limites da lei.

Não pode, portanto, a Superintendência-Geral inovar a sua ação repressiva, fazendo diversamente ou deixando de fazer o que lhe prescreve a lei. A confissão do agente infrativo e a sua colaboração "plena e permanente com as investigações e processo administrativo" da qual resulte "a identificação dos demais envolvidos na infração", só podem se dar nos termos da lei.

---

26. A Lei 12.529/2011 DO CONSELHO ADMINISTRATIVO DE DEFESA ECONÔMICA - CADE

    Art. 4.º O CADE é entidade judicante com jurisdição em todo o território nacional, que se constitui em autarquia federal, vinculada ao Ministério da Justiça, com sede e foro no Distrito Federal, e competências previstas nesta Lei. (...)

    Seção I - Da Estrutura Organizacional do CADE:

    Art. 5º O CADE é constituído pelos seguintes órgãos:

    <u>I - Tribunal Administrativo de Defesa Econômica;</u>

    <u>II - Superintendência-Geral; e</u>

    III - Departamento de Estudos Econômicos. (grifo nosso)

27. EIZIRIK, Nelson. *Reforma das S.A. e do mercado de capitais*. Rio de Janeiro: Renovar, 1997. p. 152.

A confissão e a colaboração do confidente, que leve à identificação de coautor ou coautores (ação concertada entre concorrentes), tomada em depoimento à Superintendência-Geral, é requisito inafastável à celebração do Acordo de Leniência.

E, portanto, indisponível: não haverá Acordo de Leniência válido sem que a confissão observe a forma prescrita em lei, que a ela dê relevância jurídica, reduzida a termo que a preserve no tempo; em forma que dê visibilidade ao seu conteúdo permitindo valorá-lo, e possibilite aos demais Representados conhecer-lhe o conteúdo no exercício de sua ampla defesa.

Os atos e termos do processo devem ser assinados pelas "pessoas que nele intervieram", diz a lei (art. 209, do Código de Processo Civil). A confissão é um ato incólume, o seu termo reproduz a narrativa do confitente, sobre ato próprio. E a identificação de coautores, a delação, que, ao lado da confissão, é requisito do Acordo de Leniência, é igualmente uma narrativa incólume, isto é, espontânea, não induzida ou conduzida pela autoridade repressora.

Nenhum outro "documento" pode substituir o termo íntegro e hábil da confissão/delação. Tendo havida a confissão/delação, o seu termo não pode ser subtraído aos autos, e por conseguinte não pode informar a redação de documento que a venha substituir, ou mesmo a seu lado eventualmente venha figurar, mesmo sob o argumento de que o "relato da infração" esteja nele contido.

Não podem os demais Representados exercer plenamente o contraditório sem conhecer a fonte de imputação a eles feita, sem conhecer o inteiro teor da confissão/delação do leniente. Note-se não caber à Superintendência-Geral deliberar sobre o significado, para a defesa dos Representados, dos documentos os quais ela deve, obrigatoriamente, dar conhecimento, o termo da confissão/delação entre eles.

O contraditório exige uma situação de paridade entre as partes do processo, na qual o acusado conheça os atos e termos processuais para ter a possibilidade de os contestar. Ou seja, a informação ampla ao acusado, possibilita que ele reaja, defendendo-se. Como ensina CANUTO:

> *"O contraditório é, pois, em resumo, ciência bilateral dos atos e termos processuais e possibilidade de contrariá-los. A contrariedade é ação das partes. Tem suas raízes naturais no conflito de interesses e se manifesta processualmente na representação do conflito diante do juiz.*
>
> *É por isso que os processualistas vêem na oposição de interesses a força motriz do procedimento, forma que, disciplinada pelo juiz, para que*

> *funcione do melhor modo possível, conduz à consecução do escopo processual".* [28]

A violação ao devido processo legal e ao direito à ampla defesa acha o seu repúdio nas palavras do constitucionalista do Império:

> *"Quem não conhece bem o (...) valor das formas, estranha que se anule um processo só por omissão delas; mas quem reconhece que sem a sua fiel observância o processo pode tornar-se um caos objeto de capricho e arbitrariedade do juiz, não pode pensar assim. Se o processo criminal [e o sancionador] fosse entregue à vontade dos tribunais, a justiça marcharia sem rumo certo, ao acaso ou discrição dos juízes. Não haveria acusação e defesa possível se não a que aqueles consentissem. E, em vez de sujeito às leis, eles as decretariam" (grifo nosso).* [29]

6. Conclusão

Ou há confissão/delação tomada a termo, revestida de sua forma legal, ou confissão/delação não há. Não havendo confissão/delação válida, não há Acordo de Leniência válido, por faltar a este requisito essencial, fixado em lei. Tendo havido confissão/delação tomada em sua forma devida, o termo desta não pode ser subtraído aos autos e assim negado conhecer à defesa dos demais Representados em processo sancionador.

Ao sonegar o conhecimento da confissão/delação, de signatários de Acordo de Leniência, aos demais Representados em processo sancionador, a Superintendência-Geral do CADE viola regra processual fundamental: assegurar ao acusado a "ampla defesa, com os meios e recursos a ela inerentes", prescrita no artigo 5.º, inciso LV, da Constituição Federal.

(2015)

---

28. ALMEIDA. Joaquim Canuto de Almeida. *Princípios fundamentais do processo penal.* São Paulo: Revista dos Tribunais. 1973.

29. PIMENTA BUENO. *Apontamento sobre o processo criminal brasileiro.* 5ª ed. Rio de Janeiro: Jacintho Ribeiro dos Santos, 1922. p. 82.

CONCORRÊNCIA: INFRAÇÃO E CONTÁGIO

Sumário: 1. O fato. 2. O controle da Empresa A. 3. A defesa da concorrência. 4. Das penas. 5. Aplicação de sanções no direito administrativo. 6. Conclusão.

1. O fato

A Empresa A é uma companhia aberta, inscrita no segmento especial de listagem da BM&FBovespa, designado "Novo Mercado", e tem por objeto social a

> *(...) "exploração no Brasil e/ou no exterior, direta ou indiretamente, e/ou através de consórcios, de negócios de concessões de obras e serviços públicos, especificamente a prestação de serviços de operação de estradas de rodagem, vias urbanas, pontes, túneis, e infraestruturas metroviárias e aeroportuárias".*

As sociedades que compunham o bloco de controle de A firmaram, em 18.10.2001, acordo de acionistas para o fim de regular o relacionamento entre elas e o processo de deliberação sobre determinadas matérias de interesse da Companhia.

Refletindo as alterações verificadas na composição do bloco de controle, o Acordo de Acionistas veio sendo aditado, e atualmente mostra que 49% das ações de emissão de A encontram-se dispersas no mercado, e os 51% remanescentes são detidos por empresas integrantes dos Grupos: B (17%) - *Empresas B1 e B2*; Grupo C (17%), - *Empresas C1 e C2*; e Grupo D (17%) - *Empresas D1 e D2*.

Todas as empresas integrantes desses três grupos empresariais, acionistas de A, têm por objeto social a participação acionária em empresas; a saber, são elas empresas *holding* e nessa qualidade formam o bloco controlador de A, nos termos do Acordo de Acionistas que firmaram.

Recentemente, chegou ao conhecimento de A que outras empresas - que são as empresas *holding* aqui referidas - integrantes de dois dos grupos empresariais acima referidos estariam por ser investigadas por suposto abuso de poder econômico. Diante de tal fato, indaga-nos A se sanção, eventualmente imposta pelo Conselho Administrativo de Defesa Econômica - CADE a qualquer uma dessas outras empresas, por infração à ordem concorrencial, poderia por alguma forma alcançá-la.

A resposta é negativa. Eventual condenação, por abuso de poder econômico, de outras empresas integrantes de qualquer um dos grupos acima citados, em hipótese alguma pode alcançar A, pelas razões a seguir expostas.

2. O controle da Empresa A

Em bem lançado parecer, que nos é apresentado, eminente jurista demonstrou claramente que A tem o seu controle compartilhado por empresas de participação, (*holdings*) integrantes de três grupos distintos, detendo cada conjunto dessas empresas aproximadamente 17% do capital social de A.

Portanto, nenhuma das empresas integrantes do bloco de controle de A pode ser considerada sua controladora, ou sua sócia majoritária.

Ainda em seu Parecer, destaca o eminente jurista que A tem estabelecidas "regras claras de governança cooperativa e acordo de acionistas que impedem que qualquer dos acionistas integrantes do bloco de controle venha a controlar isoladamente a companhia".

Em uma palavra, nenhuma das acionistas de A, que integra os grupos empresariais acima citados, compartilha o controle de A, pode isoladamente ditar à A sua política comercial e, portanto, a sua conduta nos mercados em que A atua.

3. A defesa da concorrência

Desdobrando o princípio constitucional regente da ordem econômica, tem a Lei 12.529/2011 - Lei de Defesa da Concorrência - por finalidade guardar a livre concorrência por meio da repressão e prevenção ao abuso do poder econômico nos mercados de bens e serviços.

Em consequência, fazem objeto da Lei 12.529/2011 a conduta dos agentes econômicos atuantes nos mercados de bens ou serviços e os atos jurídicos de integração empresarial que entre si celebrem, à vista do poder econômico que exerçam nesses mercados.

Não atribuiu o legislador ao Estado a função de promover a concorrência diretamente, senão propiciar, pela repressão e prevenção ao abuso do poder econômico, o ambiente em que agentes econômicos ofertem e procurem produtos e serviços em disputa lisa entre si.

Por conseguinte, não cabe ao Conselho Administrativo de Defesa Econômica – CADE, a quem incumbe aplicar a Lei de Defesa da Concorrência, dizer qual grau ou modo que a livre concorrência deve exibir e quais os meios, atos e estratégias que devem os agentes econômicos empregar na exploração da sua atividade econômica, senão assegurá-la livre, pelo exercício da sua função legal de reprimir e prevenir o abuso do poder econômico.

Concorrer é disputar a preferência de quem procura bens ou serviços ofertados. Esta disputa deve-se dar sem estorvo, livre, diz a Constituição Federal, e a este fim dispõe em seu art. 173, § 4.º, citado:

> *"a lei reprimirá o abuso do poder econômico que vise à dominação dos mercados, à eliminação da concorrência e ao aumento arbitrário de lucros".*

Poder econômico é a soma de meios materiais e não materiais, de expressão econômica, de que o agente dispõe e emprega no exercício de sua atividade ordinária, no mercado de bens ou serviços onde atua.

A titularidade e o uso desse *poder econômico de mercado* são legítimos; todos os agentes que exploram atividade econômica, atuantes em mercado de bens e serviços, são estimulados, pela própria dinâmica dos mercados, a aumentar a sua capacitação, o seu *poder econômico de mercado*, pois é pelo emprego dele que o concorrente haverá a sua participação no mercado, em disputa com os demais pela busca da preferência do consumidor.

A reprimir, porém, o *abuso do* poder econômico, – *do*, porque identificado ao seu titular, que o detém e exerce – ou seja, o seu uso perverso, para o fim de subtrair ao concorrente fração do mercado que este legitimamente haja conquistado, em disputa com o infrator, ou em mercado conexo, à montante ou à jusante.

O uso do poder econômico é legítimo; todo agente atuante em mercado detém certa medida de poder, exibe determinada soma de meios que o habilitaram a entrar e a permanecer no mercado, e o seu emprego arma-o à disputa pela preferência do consumidor; assim, o uso do poder de mercado de que se vale o agente não é apenas legítimo, senão indispensável à sua subsistência competitiva, na busca pela preferência do consumidor.

Não o abuso do poder; abuso, diz a Lei, que vise à "dominação dos mercados, à eliminação da concorrência e ao aumento arbitrário dos lucros" (art. 173, § 4.º, citado),[1] formas primárias de infração à ordem concorrencial,

1. Sobre a origem da fórmula legal de abuso do poder econômico, inscrita inicialmente na Constituição Federal de 1946, veja-se a minuciosa exposição de SHIE-

corruptoras do equilíbrio desta ordem, que a disputa lisa entre agentes econômicos ordena.

Abusa do poder que detém quem dele assim se vale em sua conduta no mercado de bens ou serviços em que atua. O abuso do poder econômico – sempre, como visto, referido ao seu titular – pode tomar variadas formas ofensivas à Lei de Defesa da Concorrência.

Reprimir o abuso do poder econômico é, portanto, sancionar conduta abusiva, de agente que assim se conduz no mercado relevante em que atua. Promove o CADE processo administrativo sancionador, cumprindo a sua função legal de guardar a livre concorrência.

A conduta monopólica infrativa é individual, ou articulada por concorrentes, em um dado mercado relevante. Infração perpetrada por um único agente econômico, ou perpetrada por concorrentes entre si agindo articuladamente.

Os agentes econômicos atuam em um determinado mercado de bens ou serviços, geograficamente determinado. Mercado é o local, atual ou virtual, onde, ofertando e procurando determinado bem ou serviço, agentes econômicos conduzem suas atividades.

Cada agente econômico é um centro de poder, titular dos recursos que detém em sua atividade, e a forma de os empregar, de exercer esse poder econômico de mercado – o poder versado no mercado – irá distingui-lo. Legítimo, isto é, não abusivo o exercício do poder de mercado, ele pode levar o seu titular à liderança do mercado onde atua.

O exercício abusivo do poder econômico é uma infração à lei – a conduta abusiva do seu titular infringe a lei, rompendo o equilíbrio concorrencial do mercado relevante onde ele atua. E nesse mercado são sentidos os efeitos corruptores da infração sobre a sua dinâmica concorrencial, vulnerando o interesse público, de haver uma concorrência livre de agravos.

Diz-se relevante o mercado – e assim produto relevante, serviço relevante – pois o produto ou o serviço distingue o mercado no qual é ele objeto de oferta e procura. Produtos e serviços distinguem os mercados onde são ofertados e procurados, e igualmente distinguem os agentes econômicos neles presentes. Determinado agente econômico atua em tal mercado, de determinado bem ou serviço, ofertando-o ou procurando-o.

BER, Benjamin M. *Abusos do poder econômico*: direito e experiência antitruste no Brasil e nos EUA. São Paulo: Revista dos Tribunais, 1966.

Portanto, o poder de mercado objetiva-se uma vez versado por seu titular no mercado de bens ou serviços onde ele atua, procurando-o ou ofertando-o. O abuso do poder de mercado, que configura infração à ordem concorrencial, é cometido por determinado agente, em determinado mercado relevante.

A conduta, a forma como exercem os agentes econômicos o poder econômico de que dispõe e versam-no, faz o objeto da investigação promovida pelo CADE.

As sanções que A Lei de Defesa da Concorrência prevê, todas de natureza administrativa, incidem sobre o infrator, singularmente, reprimindo a sua conduta no mercado em que se acha.

4. Das penas

Enumerada entre os direitos e garantias fundamentais, inscritos na Constituição Federal, está a regra a dizer que "nenhuma pena passará da pessoa do condenado" (art. 5, XLV).[2] A pena, imposta, ao termo de um processo regular, recairá apenas sobre o condenado, não podendo estender-se a terceiro.[3]

Esse preceito já se achava na Constituição do Império, como mostra PIMENTA BUENO, o grande comentarista dessa Carta:

> *"Um outro abuso de nossas antigas leis, é por ventura ainda mais revoltante, era de não contentar-se em punir o delinquente, de estender a pena sobre seus filhos, ou família inocente! Eram punidos sem que tivessem cometido crime algum! O patrimônio da família era confiscado, e uma geração nascente entregue à desmoralização e à miséria! Era combater o crime por um meio feroz, por outro crime!*

2. "Art. 5.º da Constituição Federal: "Todos são iguais perante a lei, sem distinção de qualquer natureza, garantindo-se aos brasileiros e aos estrangeiros residentes no País a inviolabilidade do direito à vida, à liberdade, à igualdade, à segurança e à propriedade, nos termos seguintes:

   (...)

   XLV – nenhuma pena passará da pessoa do condenado, podendo a obrigação de reparar o dano e a decretação do perdimento de bens ser, nos termos da lei, estendidas aos sucessores e contra eles executadas, até o limite do valor do patrimônio transferido; (...)"

3. BUENO, José Antônio Pimenta. *Direito publico brasileiro e analyse da Constituição do Império*. Rio de Janeiro: Typographia Imp. e Const. de J. Villeneuve E C., 1857. p. 418.

> *Não ha coração algum bem formado, que recordando essas leis dracónicas, filhas da ignorância e da tirania, não bendiga os nobres esforços da razão filosófica e o triunfo do sistema constitucional, que veio reivindicar os foros humanos barbaramente ignorados, ou vilipendiados!*
>
> *Estes atos de barbaridade não se reproduzirão jamais contra os Brasileiros, essa é a norma sagrada da nossa lei fundamental, que para sempre os prescreveu"* (grifo nosso).

No Estado moderno – no qual "triunfa o sistema constitucional" – não se pode admitir o contágio da pena, a alcançar terceiros, ainda que integrantes do núcleo familiar do condenado. Não se admitem mais as penas infamantes, que irradiavam, da pessoa do sentenciado, opróbio a sua família, marginalizando-a também.

O Direito Penal moderno, como observou CARLOS MAXIMILIANO,

> *"encerra um princípio, universalmente aceito: ninguém responde pelos males para os quais não concorreu; nenhuma pena passará da pessoa do delinquente"* [4].

A regra constitucional contém a pena na pessoa do infrator, barrando a transmissão de seus efeitos a terceiro. Daí PONTES DE MIRANDA referir a incontagiabilidade da pena, isto é, a limitação de seus efeitos à pessoa do infrator, quem, portanto, deve expiá-la.[5]

A resposta estatal ao ato infrativo é a punição do seu autor, não admitindo a lei, sem exceção, a sanção a terceiro, por ato de outrem, como mostra CRISAFULLI, comentando a vigente Constituição italiana. [6]

> *"a disposição contida no 1, art. 27, [da constituição italiana] foi claramente adotada em reação à experiência histórica precedente. (...) Ela destina-se a assegurar e garantir o princípio da pessoalidade de responsabilidade penal. O escopo da garantia é absoluto. A proibição de responsabilidade penal pelos atos de outra pessoa tem, necessariamente um alcance muito amplo, e tem uma eficácia igualmente ampla a não permitir exceções".*

Ou seja, a pena imposta não passará da pessoa, física ou jurídica, a que se destine. Não se pode combater o crime por "meio feroz – por outro crime".

---

4. MAXIMILIANO, Carlos. *Comentários a Constituição Brasileira.* Porto Alegre: Edição da Livraria do Globo, 1929. p. 777.
5. PONTES DE MIRANDA. *Comentários à Constituição de 1946.* 2ª edição (revista e aumentada). São Paulo: Max Limonad, 1953. vol. IV (Art. 141-156) p. 485-486.
6. CRISAFULLI, Vezio; PALADIN, Livio. *Commentario breve alla Costituzione.* Padova: CEDAM, 1990. p. 192.

5. Aplicação de sanções no direito administrativo

A regra achou abrigo nas Constituições modernas, e se viu estendida à toda ordem jurídica, não podendo o Direito Sancionador Administrativo a ela se subtrair. Assim, sobre agente econômico infrator, – e só sobre ele – recairá a sanção imposta pelo órgão administrativo a tanto competente.

Há muito, as garantias afirmadas no âmbito do Direito Penal foram estendidas ao Direito Administrativo Sancionador. Ou seja, os princípios a nortear a repressão penal, extraídos do texto constitucional, aplicam-se não somente aos litígios de natureza penal, mas, igualmente, à ação repressiva administrativa, como mostra DELLIS.[7]

Nessa linha, a Carta Constitucional espanhola entendeu não haver "qualquer distinção ontológica entre sanção (administrativa) e pena".[8] Tal identidade evidência, como aponta FÁBIO MEDINA OSÓRIO,

> *"Direito penal e Direito Administrativo obedecem a comandos constitucionais e, nesse sentido, submetem-se a princípios constitucionais que norteiam o poder punitivo estatal".*[9]

CELSO DE MELLO viu no "postulado da intranscendência" a limitação a que não somente penas e sanções, mas também "restrições de ordem jurídica" de outra origem, não excedam a "dimensão estritamente pessoal do infrator". E, em virtude desse princípio, entendeu que "limitações jurídicas", legitimamente impostas a autarquias, empresas governamentais ou a entidades paraestatais, só a estas alcançam, não podendo Estados-membros e o Distrito Federal sofrer limitações em "sua esfera jurídica motivadas pelo só fato de se acharem administrativamente vinculadas, a eles, às autarquias, às entidades paraestatais, às sociedades sujeitas a seu poder de controle e as empresas governamentais".[10]

---

7. DELLIS, Georges. *Droit pénal et droit administratif*: l'influence des principes du droit pénal sur le droit administratif répressif. Paris: L.G.D.J., 1997. Cf. Cartel, confissão e acordo de leniência p.
8. "El artículo 25 de la Constitución donde se reconoce implícitamente la potestad administrativa sancionadora, tiene como *soporte teórico la negación de cualquier diferencia ontológica entre sanción y pena. RJ* 1996/4480, Sentencia de 147.05.1996, Recurso 5810/1992, Tribunal Supremo español, Sala 3ª, Sección 4ª, rel. D. Rafael Fernandez Montalvo. Apud. OSÓRIO, Fabio Medina. *Direito Administrativo Sancionador*. São Paulo: Revista dos Tribunais, 2000. p. 106.
9. Ob. cit., p. 135.
10. AC 1.033-AgR-QO, Rel. Min. Celso de Mello, j. 25-5-2006, Plenário, *DJ* de 16-6-2006.

Na síntese do ministro do Supremo Tribunal Federal, a "intransmissibilidade da pena traduz postulado de ordem constitucional",[11] e essa qualidade refere-se às penas e às sanções administrativas.

Afaste-se, por oportuno, eventual referência à prescrição do art. 12, da Lei de Improbidade Administrativa, como exceção à intransmissibilidade da pena. Nessa regra, entre outras sanções, é estipulada a:

> *"(vi) proibição de contratar com o poder público ou receber benefícios ou incentivos fiscais ou creditícios, direta ou indiretamente, ainda que por intermédio de pessoa jurídica da qual seja sócio majoritário".*

Não cuida a regra do citado art. 12 da extensão da pena imposta, como a sua má redação poderá sugerir em uma primeira leitura, mas sim de prevenir fraude ao cumprimento da pena, por parte do condenado que se escude em uma empresa cujo controle absoluto e indisputado ele detenha.

No Parecer que nos foi apresentado, seu autor precisou esse ponto:

> *"Ao instituir esta norma, o legislador teve por objetivo garantir a efetividade da referida punição, impedindo que indiretamente, mediante outra pessoa jurídica de que seja sócio majoritário, o condenado pudesse contratar com o poder público ou receber benefícios ou incentivos fiscais ou creditícios dele advindos. (...).*
>
> *O legislador, no art. 12, da Lei de Improbidade Administrativa, optou por estender os efeitos da sanção às pessoas jurídicas da qual o condenado seja "sócio majoritário", evitando que o responsável pelo ilícito se beneficie de forma oblíqua."*

E conclui o citado autor afastando a incidência do referido art. 12, da Lei de Improbidade:

> *"No caso de A, é notório que não há um sócio majoritário, uma vez que nenhum dos seus acionistas é titular direta ou indiretamente de mais de 50% (cinquenta por cento) do capital social."*

6. Conclusão

Sanção eventualmente imposta pelo CADE à empresa integrante dos grupos acima citados não pode alcançar A, por nenhuma forma. Tal sanção, por força de norma constitucional, não excederá ao âmbito à empresa a qual foi imposta.

(2015)

---

11. (HC 68.309, Rel. Min. Celso de Mello, j. 27-11-1990, Primeira Turma, *DJ* de 8-3-1991.).

ARTIGOS

I – REGULAÇÃO

A REGULAÇÃO DO PENSAMENTO*

O atual governo deixará ao próximo projeto de lei instituindo a regulação do setor de mídias, cuja ideia central é outorgar a uma agência poderes para fiscalizar o setor, informou o ministro-chefe da Secretaria de Comunicação Social da Presidência, Franklin Martins. Seriam várias as razões a recomendar a edição de uma nova lei, e não só a idade da atual. Entre elas, a disciplina da convergência das mídias para evitar abuso de poder econômico possível a ocorrer devido ao desequilíbrio de porte entre as empresas de telecomunicações e de radiodifusão. E a proteção à geração de conteúdo, indispensável, pois, a estrutura da mídia impressa e televisiva seria excessivamente concentrada, o que afetaria a sua capacidade de difundir, com a amplitude devida, os muitos aspectos da vida do país. Negando o ministro ser a proposta uma ameaça à liberdade de imprensa, pediu que se "deixassem de lado os fantasmas e preconceitos", que perturbariam o debate do tema.[1]

Devemos esperar que o projeto do governo respeite o direito à liberdade de expressão. Mas o ministro há de convir que ações do próprio governo, sem dúvidas concretas, não cessam de gerar inquietações. À parte o que seja a função social da mídia, a multiplicidade social do país e a forma devida de tratá-la e divulgá-la, um fato é incontestável: a estrutura desses setores não é concentrada, pois neles vêm ingressando novos concorrentes, que ao lado dos existentes disputam a preferência do consumidor. A televisão viu surgir um vigoroso competidor, que segue os passos da líder de mercado e assim vem se consolidando. A imprensa escrita ganhou novos jornais e revistas e os existentes aperfeiçoam e diversificam seus serviços, em uma disputa cada vez mais intensa entre si, e entre outros segmentos, sobretudo a internet, que com eles concorrem. Monopólios ou oligopólios cerra dos barram a entrada ou a subsistência de novos competidores e não investem na melhoria de seus negócios. Justamente o oposto vem ocorrendo, e por pressão de uma demanda cada vez mais ampla e exigente por parte dos consumidores.

* Artigo publicado no jornal *Valor Econômico*, em 30 nov. 2010. Este artigo, sob o título de Controle do pensamento, foi publicado no jornal *O Globo* em 1 dez. 2010.

1. LEO, Sérgio. Para a Unesco, Teles e radiodifusão devem ter uma única agência. *Valor Econômico*, p. A12, 10 nov. 2010.

O mesmo se verifica no setor conexo ao de mídia, a reunir a telefonia, fixa e móvel, televisão por assinatura e internet banda larga. Em todos eles, a concorrência e portanto a oferta são crescentes, e, apesar do porte desse setor, o seu relacionamento com o setor de mídia harmoniza-se uma vez que são eles serviços convergentes.

Todos esses setores já são regulados e a Lei de Defesa da Concorrência se aplica a todos eles. As normas recentes vieram disciplinar um mercado privatizado, que não para de crescer. Claro está, subsistem antigos e surgem novos problemas, e as leis defasadas devem ser atualizadas a esse fim, assim como para atender à constante inovação tecnológica.

Nesse ponto, porém, há uma rude inflexão, e ela se deve às ações do governo, responsáveis pela insegurança existente entre as empresas e os cidadãos mais atentos às discussões em curso. Essas ações não se referem a um anteprojeto redigido por uma comissão de especialistas e aberto ao público, como devem ser redigidas as normas mais complexas, mas a seminários capitaneados por integrantes do Executivo, que neles avançam seus pontos de vista e rebatem, por vezes com um vigor despropositado, opiniões contrárias.

As recentes intervenções do governo no setor de telecomunicações e mídia vêm criando um clima de justificada inquietação, como mostram a recriação da Telebras e a instituição do Plano Nacional de Banda Larga, por um simples decreto, sem audiência do Congresso.

A Telebras, em sua primeira ação, contrariou o seu propósito de implantar rede de internet em municípios carentes, preferindo despejar seus recursos públicos onde esta já existe, ofertada pela iniciativa privada. O PNBL sequer é um plano: é uma lista breve de intenções, presas a definições inexistentes.

A ANATEL, a quem cabe regular o setor de telecomunicações, fecha-se em reuniões e decisões secretas, o que lhe permite sofrer a aberta pressão de novos e desembaraçados centros de formulação da política de telecomunicações, localizados na assessoria da presidência da República e expressa nas ações da Telebras. A ANCINE, que deveria limitar-se a fomentar a produção audiovisual, ganha poderes continuamente, e avança na disciplina da produção de conteúdo.

A isso tudo se soma o fato de o atual governo já ao seu início haver declarado ser contra o regime de agências reguladoras dotadas de independência hierárquica e decisória, mesmo tendo ele a si assegurada a prerrogativa de fixar a política para o setor por meio de decretos do presidente da República.

Nesse contexto, qual será a agência reguladora proposta pelo governo para fiscalizar mídias, inclusive mídias que não são "boas", como observou o ministro?[2] A possibilidade, assustadora e fantasmagórica nesse contexto, é essa agência extravasar os limites técnicos a que deve ser vinculada e vir-se tentada a regular não o setor de mídia, mas o seu conteúdo. Isto é, regular o pensamento.

2. MILAESI, Daniela. Franklin defende agência reguladora para a mídia. *O Estado de S. Paulo*, 8 out.2010, p. A20.

GESTÃO SIGILOSA*

Nos regimes democráticos, o titular do poder do Estado é o povo. A Constituição diz: *todo o poder emana do povo, que o exerce por meio de representantes eleitos ou diretamente.* Mas a experiência brasileira, exposta a recorrentes assaltos autocráticos, mostra que a identificação formal da titularidade do poder estatal no povo e o desdobramento formal desse poder nas funções legislativa, executiva e judiciária, que devem ser exercidas em seu interesse, não bastam à afirmação do Estado democrático. Por isso, é indispensável que o poder estatal seja exercido publicamente - na plenitude do dia, visível ao povo, ao seu titular, sem ocultar nem se fazer oculto. A tanto, é indispensável que os atos dos poderes estatais sejam dados a conhecer ao público, sejam divulgados - a eles seja dado *publicidade.*

Essa é a razão de a lei obrigar a administração pública direta e indireta à publicidade de seus atos. Publicidade é a qualidade do que é público, do ato ou fato público, ou tornado público. Público é o que pertence ao povo, em oposição ao privado, circunscrito à singularidade de seu titular. Não é o órgão ou o agente administrativo que atribui publicidade a seus atos: é a lei, que diz serem públicos os atos da administração.

A publicidade imanta a administração, em todos os níveis, pelos quais ela se prolonga. Cumprida a lei, cessa o paradoxo de uma administração pública que não divulga seus atos - administração pública não pública, não transparente. A redundância em se falar de publicidade em relação à administração pública dá a medida do desentendimento sobre a natureza da publicidade, da sua fonte e, sobretudo do seu valor político.

Dois, entre muitos exemplos no âmbito do Executivo, ilustram uma administração pública não pública. Regulando um mercado a girar cerca de duzentos bilhões de reais ao ano, a ANATEL realiza reuniões secretas de seu conselho - onde são decididos desde multas às empresas reguladas até políticas públicas, como a universalização da banda larga.

O público e a imprensa são proibidos de presenciar os debates entre os conselheiros da agência, os advogados assistir a seus clientes e esses de verem ser tomadas as decisões que os vão punir, por exemplo. O mesmo acontece com a regulação da prestação de serviços bancários, um mercado de porte

* Artigo publicado no jornal *O Globo*, em 29 de março de 2011.

ainda maior. Em segredo, funcionário do Banco Central, monocraticamente, decide sobre infrações imputadas aos bancos, na relação deles com seus clientes, ou com outros bancos. Sequer há um conselho a decidir. O público e a imprensa nada veem, nada sabem sobre esse processo decisório. E dele não há registro aberto ao público.

Porém nem tudo é assim. A ANEEL, o CADE e a CVM abrem suas decisões colegiadas ao público. O CADE e a ANEEL as transmitem via internet, em tempo real, medida que a CVM cogita seguir. Não está em questão a lisura ou a qualidade das decisões tomadas em segredo, embora a publicidade apure, sempre, a qualidade dos atos administrativos. Mas sim o valor político da publicidade, que é benéfico ao cidadão e ao governo. Ao cidadão, que poderá acompanhar a defesa de seus interesses por servidores públicos dedicados. E ao governo por ter no cidadão, no povo, um fiscal atento, aliado à boa gestão que pretenda executar.

A transparência é um formidável instrumento de governo. Se a nova presidente reclamar aos órgãos de intervenção do Estado na economia dar a devida publicidade a seus atos, um grande contingente de técnicos qualificados será motivado a colaborar nesses órgãos e os que neles já trabalham verão reconhecido o seu esforço, hoje oculto do público, a quem ele se destina. E, com o custo de apenas fazer cumprir a lei, o governo terá o apoio do público e criará um ambiente regulatório seguro, capaz de atrair maiores investimentos para infraestrutura do país.

A NORMA, O RISCO E O FUTURO DAS TELECOMUNICAÇÕES*

Mais de 300 milhões de acessos fixos, móveis, internet e TV por assinatura: este é o saldo da privatização das telecomunicações, que fez desse serviço uma exceção positiva no dramático quadro da infraestrutura no Brasil. A revista *Teletime* acompanha e analisa essa trajetória vitoriosa, mas hoje exposta a risco perturbador, deduzido de medidas e situações distintas, mas que se inter-relacionam: entre outras, planos ambiciosos do governo, cultura regulatória, assédio à ANATEL e decisão de investimento.

A identificação do conceito de política pública à política de governo afirmou a presença do Executivo nas agências reguladoras e inclinou a ação dessas à formulação normativa e à execução de planos definidos no âmbito daquele poder. Essa relação, contudo, vem se desenvolvendo, nessa administração, no sentido de um entrosamento harmônico entre o Executivo e a ANATEL, que se traduz na saudável ampliação e qualificação do debate entre os setores público e privado.

Merecer maior discussão a configuração, que se percebe nas regras infralegais, nas estipulações licitatórias e nas obrigações fixadas pela agência, de um regime de investimento obrigatório às operadoras, que busca ampliar a oferta "pelo mercado", substituindo a sua dinâmica concorrencial de mercado regulado pela imposição a ele de uma pauta de metas exógenas.

A ANATEL vem promovendo uma particularização de conceitos; grupo econômico, poder de mercado significativo, qualidade de serviços, metas de competição e reajuste de preços privados ganham sentidos peculiares. Essa distorção abre flanco a disputas judiciais futuras, cria insegurança jurídica e contribui para o insulamento da Agência, ao lidar com conceitos próprios em desfavor daqueles afirmados pela experiência jurídica e econômica.

Até há pouco, manteve-se a ANATEL fechada à sociedade – por mais de uma década suas reuniões de Conselho Diretor, secretas; e seguem vedadas a advogados de defesa. Hoje a agência se vê questionada por órgãos da sociedade que dela tudo exigem. O Tribunal de Contas da União, no lugar do Congresso, tornou-se árbitro da regulação – algo inédito no mundo – e dita conduta à agência, enquanto órgãos de defesa do consumidor, cegando ao fato

* Artigo publicado na revista *Teletime* n. 57, em maio de 2013.

de que serviços de telecomunicações exibem complexidade diversa da venda de utilitários domésticos, cobra uma repressão cada vez mais enérgica às empresas de telecomunicações.

Mesmo contando com uma equipe técnica bem formada e tendo seus dirigentes com o Executivo uma relação sem os traumas passados, afirmar ação regulatória técnica é uma tarefa árdua, e desafia a Anatel. Entre outros desafios está a revisão do processo de fiscalização, cujos números mostram deva ser feito não só pelo valor individual das multas impostas e das cifras provisionadas pelas operadoras, mas sobretudo pelos critérios (ou a falta deles) de instauração de processos sancionadores. Igualmente, a análise criteriosa a ser discutida publicamente das razões das reclamações dos usuários, que permita atribuir, com equidade, a responsabilidade (e a justa sanção) pelas falhas na prestação dos serviços.

Não se pode deixar cristalizar na sociedade a noção de que a efetividade da regulação mede-se pelas sanções impostas pela Anatel aos seus jurisdicionados. A questão central, a exigir uma ampla reflexão de todo o setor, é o deslocamento do centro decisório de investimentos – das operadoras para o governo – que normas editadas pela agência, para dar curso à política do Executivo, promovem.

Esse deslocamento importa em outro: o do titular da fonte de recursos, que, seguindo àquele, move-se também para o Executivo. Uma regra inexorável da experiência regulatória, já vivida entre os anos 1940 e 1950, diz que aquele que tudo regula, por tudo é responsável.

Será a Anatel cobrada dos resultados das normas recentes que editou. Há sinais a indicar ser ela capaz de executá-las com a perícia necessária. Mas, a tanto, será preciso que a ela sejam conferidos os meios, pelo Executivo inclusive, e que ela apure os seus, como já vem fazendo, ao ampliar a discussão da sua ação junto à sociedade, com crescente abertura e intensidade.

PENSAR, SEGUNDO MILLÔR*

Ao fim do regime militar, cogitou o governo criar um conselho superior de censura. Indagado a respeito, Millôr Fernandes observou: "se é de censura, não pode ser superior". Em oito palavras, o recorte exato do contraste, e da perversa relação a existir entre a inferioridade da censura e o valor supremo da liberdade de pensamento. E essa liberdade Millôr explica também, em mais uma síntese: "livre pensar é só pensar".

A síntese é perfeita porque remete a proposição à sua essência. O ato de pensar é desadjetivado, é bastante em si, dispensa o amparo de qualificativo; na verdade, rejeita-o, pois a sua expressão contém o traço individual e único do seu emissor, que o distingue singularmente.

A liberdade está no ato, desobrigado, de pensar. Ou de não pensar. A lei só deve servir a essa faculdade do homem para assegurar-lhe o direito de não pensar, de não ter opinião sobre qualquer assunto, e, respectivamente, de garantir-lhe o direito de pensar, de projetar seu pensamento sobre qualquer tema, sob qualquer orientação. Se o não pensar encerra-se em uma inação, o ato de pensar, a sua vez, pede a sua expressão. E esta a ele deve corresponder, e assim ser, igualmente, livre, achando o seu limite apenas na mesma liberdade assegurada a terceiro. A preceituação da liberdade só pode atender à sua proteção para preservar-lhe a integridade e expressão.

Não há arma mais poderosa à disposição do homem do que o ato de pensar, cuja expressão transmuda-o nas formas superiores da inteligência, em palavras, imagens, formas e sons, como admiravelmente mostra Millôr em sua obra.

Se a expressão do pensamento é reprimida – e é contra ela que se dirige diretamente a censura –, o pensamento é coarctado, recalcado violentamente à sua fonte, para secá-la. A censura atinge, sempre, o ato de pensar; atinge, portanto, a manifestação da inteligência, que o processa, e gera o conhecimento que ergue e singulariza a cultura de um povo.

Não por acaso tirano e tiranetes se voltam contra o livre pensar, buscando logo, por diversos meios, silenciar a imprensa independente, que amplifica o pensamento livre, não apenas para suprimir críticas que se lhes façam, mas para extrair louvores de indivíduos que submetem.

* Artigo publicado no Blog de Pedro Dutra, em 9 mar. 2015

Sobretudo na imprensa, mas também no teatro, nos livros e na internet, ao longo de sete décadas Millôr revelou cotidianamente ao seu imenso público que a sua obra, múltipla e universal, só conheceu o ânimo da sua liberdade – a qual, como poucos entre nós, soube viver.

CELERIDADE*

O promotor francês foi rápido: o copiloto alemão recusou-se abrir a porta da cabine ao piloto e precipitou o avião nas escarpas dos Alpes franceses, matando todos os passageiros e tripulantes. O promotor teria ouvido as gravações da caixa-preta e concluído haver o copiloto cometido o tresloucado gesto de trágicas consequências.

O célere promotor divulgou à mídia mundial, que roda notícias ininterruptamente, não uma hipótese, forte que fosse, de um aturado trabalho investigativo, mas um veredicto áspero, pronto, inapelável.

Porém um experiente piloto lançou uma dúvida singela: como sabe o célere promotor que o manche do avião (que o inclinou decisivamente) foi intencionalmente acionado pelo suicida (e assassino) copiloto, se esse movimento, silencioso, não pode, por essa razão, ser captado e registrado pela caixa-preta da aeronave?

Aviões caem, homens e (eventualmente) pilotos se suicidam. Mas pilotando avião de passageiros, e não sendo ato terrorista ou de guerra, é ato raro, senão inédito.

Um outro acidente, e este nativo: um jato da antiga Vasp chocou-se contra uma montanha. A torre não conseguiu contato com piloto e copiloto (ambos na cabine) antes do acidente.

A celeridade em apontar culpados revela, sempre, má técnica de investigação – quando não parcialidade, movida a interesses inconfessáveis, sempre.

A propósito, a caixa-preta do avião é vermelho-laranja.

* Artigo publicado no Blog de Pedro Dutra, em 27 mar. 2015.

CELEBRIDADE*

PRIVILÉGIO*

Caminhoneiros bloquearam as estradas, e o Governo Federal, sentindo-se acuado, reagiu: cedeu, pressuroso, às exigências dos manifestantes.

O produto dessa célere submissão foi a Lei 13.103/2015 que, entre outras regras vazadas no já afirmado estilo pobre e de pouca técnica que caracteriza as normas jurídicas nas últimas décadas, criou dois absurdos.

O primeiro raia o inacreditável ao determinar que caminhão não pagará pedágio quando trafegar vazio, isto é, sem carga. Não ocorreu ao legislador esclarecer quem, como, quando e onde será feita a tal verificação, se muitos caminhões têm carroceria fechada (caminhão-baú, de gás etc.).

A outra regra é absurda não pela sua inexa contradição, como a regra anterior, que supõe exame do veículo (na praça de pedágio) para, então, decidir-se sobre o pagamento ou não do pedágio.

A outra regra é absurda em sua perversidade, pois o privilégio outorgado – o não pagamento de pedágio – a uma categoria (ou seria melhor dizer corporação?) importa em obrigatório aumento de pedágio, a ser pago pelos demais usuários das rodovias, inclusive carros de passeio.

Esta regra, que abre uma injustificada exceção, é ilegal.

A lei não pode servir a privilégios que se queira dar a corporações ou a categorias profissionais.

Exceções, e não privilégios, são admitidas para remediar situações por outra forma intransponíveis.

Evidentemente, não é o caso da situação que faz objeto dessas regras tão absurdas quanto perversas.

Economias verdadeiramente democráticas não convivem com privilégios.

* Artigo publicado no Blog de Pedro Dutra, em 17 abr. 2015

PRIVILÉGIO

JUÍZO DE ADVERTÊNCIA*

Confiando em análise feita pelo Tribunal de Contas da União, que apontou o que entendeu serem equívocos no cálculo de reajuste de tarifa de energia elétrica, feita pela ANEEL, o Ministério Público recorreu ao Judiciário requerendo a revisão da tarifa fixada por aquela agência reguladora. O juízo de primeiro grau negou o pedido de suspensão liminar, sendo, porém, contrariado pela juíza Salete Nascimento, do Tribunal Regional Federal, de São Paulo, que concedeu o pedido liminar, proibindo o reajuste de tarifa em benefício da Eletropaulo, enquanto se discutiria a "regularidade do cálculo".

Indo a questão ao Supremo Tribunal Federal, o ministro Gilmar Mendes derrubou a medida liminar concedida, observando essa decisão "impedir o exercício da competência reguladora da ANEEL no setor elétrico". E expressamente registrou o ministro: "a possibilidade de quebra reiterada do equilíbrio econômico financeiro do contrato por decisão judicial impõe elevado ônus não só à concessionária e ao poder concedente (ANEEL), mas também aos consumidores, pois coloca em risco a adequada prestação dos serviços públicos".

A decisão do ministro Gilmar Mendes data de 2008[1], antes, portanto, de o governo anterior ao atual, que traz a mesma titular, subverter toda a estrutura regulatória do setor elétrico sob o argumento de que iria fixar tarifas módicas, em benefício do usuário, o que, alegava aquele governo, até então não ocorrera.

Há setenta anos San Tiago Dantas já advertia que as leis e as decisões judiciais não são meros exercícios de técnica legal. Aquelas como estas devem ser infundidas de doses maciças da realidade circunstante para poderem enfrentar, disciplinando e decidindo, questões que se põe à sociedade.

A decisão do ministro Gilmar Mendes é absolutamente precisa do ponto de vista técnico, mas vai além ao somar, como forte traço distintivo de sua qualidade, a atenção do julgador à experiência, que ele não pode deixar de ouvir. Essa decisão converteu-se, tristemente, em uma advertência não ouvida, mas que de ora por diante não pode ser ignorada.

---

* Publicado no Blog de Pedro Dutra, em 03.06.2015.

1. BASILE, Juliano. STF mantém tarifa da Eletropaulo e fortalece atuação da ANEEL. *Valor Econômico*, 02 jul.2008.

Todo experimento que despreze os meios de revisão de tarifas e de serviços já fixados nos contratos para esse fim, e viole o equilíbrio econômico-financeiro de contratos de concessão, que foram devidamente firmados, resulta sempre em prejuízo ao consumidor. Pois não há possibilidade, material, de um serviço concedido (e mesmo qualquer serviço), seguir sendo prestado, se a sua remuneração ajustada não for cumprida.

A eloquente decisão do ministro Gilmar Mendes fica como prova de um erro anunciado por parte do governo e o qual, passados seis anos, ele emenda pela forma mais rude e injusta: a pretensa modicidade, buscada violando contratos, terminou na imposição de um reajuste de cerca de 40%, em um único ano, no valor das tarifas de energia elétrica, penalizando toda a sociedade brasileira.

INCONTINÊNCIA VERBAL*

Um diretor do Banco Central antecipou à imprensa – publicamente, portanto – o voto que iria proferir no Comitê de Política Monetária, que decidiria sobre a elevação ou não da taxa básica de juros. Juros que o governo credita aos títulos que lança no mercado, em busca de recursos para financiar o crescente débito que ele próprio gera e nutre em suas contas.

Imediatamente, o anúncio ganhou destaque. Pode o diretor do Banco Central antecipar decisão sua, a ser ordinariamente colhida no ambiente próprio de uma reunião específica, regida por normas especiais?

Não pode, evidentemente. O diretor errou. Mas erradas também algumas das manifestações que se seguiram. Notadamente uma, expendida pelo líder do Governo no Senado Federal, criticando-o – este crítico pressuroso é o mesmo cujo genro, aos 28 anos de idade, vem de ser nomeado Conselheiro de outro órgão regulador, não o Banco Central, mas a ANAC, Agência Nacional de Aviação Civil, que regula o transporte aéreo.

O também senador José Serra criticou o diretor do Banco Central, sem dúvida com razão. Mas, deve-se notar, o ilustre senador é contra a independência hierárquica e decisória do Banco Central. Ou seja, esse banco, no entender do senador, deve estar, como hoje formalmente está, submetido ao comando singular do presidente da República.

A incontinência verbal do diretor do Banco Central pode achar um atenuante na desabrida loquacidade de titulares de diferentes órgãos do poder público, do Judiciário inclusive, hoje disseminado em nossa cultura política.

Há uma demanda, saudável, em ouvir a administração pública, e um crítico mais irônico diria haver também uma oferta desabrida de declarações por parte de setores da administração pública.

Não há dúvida, melhor seria funcionário público guardar silêncio, e falar institucionalmente. A transparência está nos órgãos públicos, divulgando o trabalho de seus agentes, e não na fala pública de seus agentes, fora de seus círculos profissionais ordinários.

---

* Artigo publicado no Blog de Pedro Dutra, em 31 jun. 2015.

A outra questão está na independência hierárquica e decisória dos órgãos reguladores. Só o vezo autoritário, de direita e de esquerda, explica essa independência não ter sido ainda conferida ao Banco Central.

Em 1931, a convite do governo brasileiro, Otto Niemeyer, ex-presidente do Banco Central inglês, veio ao Brasil e sugeriu a criação de um Banco Central; não foi atendido, e a função que esse banco hoje desempenha foi, até a sua criação em 1964, executada por uma superintendência do Banco do Brasil.

A independência decisória e hierárquica foi excluída da proposta de criação do Banco Central em 1964. Então já triunfava a onisciência do Poder Executivo, de seu titular, a dominar a vida econômica do país.

O que vemos é uma reiteração de erros e equívocos, generalizada. O episódio protagonizado pelo diretor do Banco Central foi uma pequena contribuição a esse estado. Aliás, a solução dada homenageia também a cultura de nossa administração pública: o diretor, que antecipou publicamente o seu voto, não participou da reunião do Comitê de Política Monetária, onde ele teria sido colhido.

Nos setenta anos da sua morte, precoce, não há como não recordar a feliz expressão de Mário de Andrade: tão Brasil!

II – CONCORRÊNCIA

CONCORRÊNCIA NO TRANSPORTE RODOVIÁRIO DE PASSAGEIROS*

A Agência Nacional de Transportes Terrestres deverá realizar até março de 2011 licitações de outorgas para prestação de serviços de transporte rodoviário interestadual de passageiros (TRIP). Essas outorgas substituirão as permissões relativas a quase 1.900 linhas cujos prazos expiraram em outubro de 2008. Sem dúvida uma tarefa difícil: a agência precisará estimar a demanda dos cerca de 1.700 mercados atendidos por essas linhas. E uma tarefa frustrante, pois reafirmará uma norma legal que impede que se instale a concorrência nesses mercados, em benefício do consumidor.

A Lei 10.233/2001, que disciplina os transportes aquaviário e terrestre, estipula que o transporte rodoviário coletivo regular de passageiros será prestado sob a forma de permissão definida em licitação pública, seguindo o art. 175 da Constituição Federal, que diz incumbir ao poder público a prestação de serviços públicos, diretamente ou sob regime de concessão ou permissão, sempre através de licitação.

Mercados potencialmente competitivos, onde não existem barreiras significativas à entrada de novos concorrentes, prescindem de ação regulatória específica – é o caso do TRIP. Contudo, ao vincular qualquer serviço público à licitação pública em tais mercados, a lei impede a livre entrada de novos concorrentes, tornando não competitivos mercados potencialmente competitivos. Além disso, impõe a criação de um aparato regulatório em parte prescindível. Esse não era certamente o propósito do art. 175 da Constituição, que busca moralizar a outorga a terceiro de serviços públicos, impedindo – em casos em que existem restrições à entrada, como no monopólio natural – que o acesso privilegiado resulte do arbítrio exclusivo do Poder Executivo.

O efeito negativo desse regime legal é particularmente significativo no caso do TRIP, no qual o objeto da permissão (e, portanto, da licitação) é a ligação viária caracterizada por um par origem-destino. Ora, é impossível a uma agência reguladora identificar e responder, com a necessária agilidade, às mudanças das centenas de mercados de TRIP, o que dá origem a um sistema

* Artigo publicado no jornal *Valor Econômico.*, em 09 fev. 2010. Eduardo Augusto Guimarães e Pedro Dutra.

regulatório rígido, incapaz de assegurar a concorrência e consequentemente uma alocação eficiente de investimentos.

A experiência de regulação do transporte aéreo de passageiros (TAP) no Brasil mostra como os problemas associados à regulação vigente no mercado de TRIP podem ser superados. Os contratos de concessão de serviços de TAP sempre permitiram mudanças do plano básico de linhas e o ingresso em novos mercados. Em 2005, novo dispositivo legal assegurou às empresas concessionárias a exploração de quaisquer linhas aéreas mediante prévio registro na Agência Nacional de Aviação Civil (ANAC), observada exclusivamente a capacidade operacional de cada aeroporto e as normas regulamentares de prestação de serviço adequado.

A incorporação dessa diretriz às normas que regulam o TRIP contribuiria para minorar o engessamento regulatório do sistema de transportes. A outorga de permissão qualificaria o permissionário a prestar serviços no território nacional, sendo-lhe permitido operar, mediante prévio registro na Agência Nacional de Transportes Terrestres (ANTT), em qualquer ligação entre duas localidades.

Mais importante ainda é a experiência dos reguladores do TAP no tocante à exigência de licitação. Os órgãos reguladores (o DAC, no passado, e a ANAC, desde 2005) têm permitido a entrada de novos prestadores de serviço de TAP sem licitação. Essa liberdade de entrada, associada à desregulamentação desse mercado ao longo dos anos 90, determinou o dinamismo experimentado pelo setor e o significativo aumento do volume de passageiros transportados ao longo das duas últimas décadas.

O Tribunal de Contas da União (TCU) viu aí um desatendimento à letra formal da lei. Reconheceu, no entanto, que a contratação direta, sem licitação, para concessões de serviços públicos é possível ser estipulada legalmente, citando o exemplo a Lei Geral de Telecomunicações. Nesse sentido, o TCU determinou ao Conselho de Aviação Civil (CONAC) que avaliasse se o instituto da concessão é o mais indicado para o transporte regular de passageiros ou se deve ser proposta alteração na legislação pertinente. Em resposta, o CONAC, em julho de 2009, encaminhou projeto de lei à Presidência da República que substitui o regime de concessão pelo de autorização.

Essa substituição deve ser contemplada também no caso do TRIP. O regime de autorização está previsto na lei que regulamenta o transporte terrestre, já sendo adotado no caso do transporte rodoviário de passageiros sob regime de afretamento. Segundo esse texto legal, a autorização independe de licitação; é exercida em liberdade de preços dos serviços, tarifas e fretes, e em ambiente de livre e aberta competição; e não prevê prazo de vigência ou termo final.

A opção pelo regime de autorização, ao viabilizar a livre entrada de empresas nas ligações interestaduais, instituirá um mecanismo eficaz de adequação da oferta de serviços de transporte à demanda existente e de promoção de concorrência capaz de assegurar a modicidade tarifária e, portanto, acesso a maiores estratos da população. Por outro lado, não excluirá a existência de normas que assegurem a continuidade e a qualidade do atendimento da demanda e a estabilidade da oferta. De resto, essa reforma assegurará que as empresas que vêm prestando TRIP de forma adequada continuem a fazê-lo e expandam suas atividades, agora em um ambiente de concorrência que beneficiará a população.

Este momento – em que todas as outorgas têm prazo vencido e os permissionários estão operando, em caráter precário, em regime de "autorização especial" – é o ideal para se adaptar a lei à nova realidade da economia e à crescente demanda por um transporte popular mais eficiente, no qual a disputa concorrencial seja fator efetivo em benefício do consumidor.

O ARBÍTRIO DO SOBERANO*

Sequer o Exército foi chamado; pela manhã, a polícia do Rio de Janeiro cercou e impediu a entrada dos parlamentares nos prédios do Senado e da Câmara. No palácio do governo, Getúlio Vargas convocou os ministros a assinar a nova Constituição e a seguir, em discurso no rádio, informou o país da imposição do Estado Novo. À noite, o ditador foi jantar na embaixada da Argentina, compromisso aprazado para aquela data, 11 de novembro de 1937. De então por diante, notícias só as favoráveis ao governo. Três meses depois o presidente refinou a censura, regulando a importação de papel-jornal e disciplinando "as atividades da imprensa": além de não ter papel para imprimir seus exemplares, a folha insubmissa ficava sujeita "à aplicação de penalidade à transgressão ou inobservância de instruções oficiais vedando, por motivo de interesse público, a divulgação de determinados assuntos, fatos, acontecimentos ou medidas administrativas".

Os juristas de Getúlio seguiram o exemplo de Mussolini, que em 1923, pouco depois de assumir o poder, determinara a intervenção em jornais que publicassem notícias que prejudicassem a imagem do governo ou o "interesse dos italianos", a critério do Poder Executivo, aplicado com a "maior imparcialidade possível".

A arbitrária concentração de poder em mãos do Executivo é própria dos regimes autoritários, mas se insinua também nas democracias de instituições frágeis – como são as latino-americanas – pelos desvãos de normas jurídicas perversas, despidas dos valores democráticos que à primeira vista a forma deles sugere conter. Sob o pretexto de ampliar a "oferta pelo mercado", aumentar-lhe a "acessibilidade", nele desfazer supostos "monopólios" e, sobretudo, para "democratizá-lo", assiste-se, nesses regimes, ao retorno de um dirigismo coativo na economia sob o comando do Executivo atendido por um Legislativo servil, cujo epílogo sinistro é o assédio aos meios de comunicação. Afinal, nas democracias verdadeiras, são estes a fonte, atenta e imediata, de informação à sociedade.

A lei que "declara de interesse público a fabricação, comercialização e distribuição" de papel de jornal editada pelo governo da Argentina ilustra esse processo. Seu objetivo é intimidar os principais jornais do país, *Clarín* e

* Artigo publicado no jornal *O Globo*, em 3 jan. 2012.

La Nación, aumentando a participação que o governo detém na fábrica daquela matéria-prima, hoje sob controle desses jornais. E também, por iniciativa do governo argentino, foi aprovada uma lei cujas regras intencionalmente amplas e fluidas permitiram enquadrar como ações terroristas a divulgação pelos meios de comunicações, por exemplo, da redução de divisas estrangeiras ou de movimentos especulativos, situações comuns aos mercados financeiros. Repetindo o modelo Mussolini-Vargas, a censura não se faz nas redações, mas ao exercício de uma atividade empresarial legítima.

Nas democracias, toda liberdade é preceituada por lei para evitar a concentração arbitrária de poder político e de poder econômico, que leva sempre a abusos nocivos à sociedade. O debate sobre normas a prevenir tais abusos é indispensável. Contudo, é preciso aprofundá-lo para verificar se algumas das normas propostas expressam valores verdadeiramente democráticos, ou se abrigam propósito oposto, a concentração arbitrária de poder, como acarretam as leis ora editadas na Argentina. Antes que se reacenda "no espírito público a opinião de que a norma jurídica é de uma fragilidade que a torna inútil e de uma versatilidade que a identifica como o arbítrio do soberano", como advertiu San Tiago Dantas.

UMA QUESTÃO DE QUALIDADE*

Privatizar é transferir a titularidade de empresa estatal a acionista privado. Concessão é a exploração por terceiro, empresa privada ou estatal, de serviço que a lei atribuiu à União prestar. E controle é o poder de o acionista dirigir o destino da empresa, exercido isoladamente ou em conjunto. O Executivo retirou da INFRAERO concessões de três aeroportos, leiloou-as, e as outorgou a empresas privadas a esse fim constituídas, das quais, todavia, a mesma INFRAERO detém 49% do capital. No novo modelo de concessão reponta o dirigismo estatal, redivivo em outros mercados.

O fundo autoritário de nossa cultura política, que articula o mando do Executivo na vida nacional, atraiu aos seus quadros tradicionais fração dos herdeiros do socialismo vencido, irmanados todos no exercício largo do poder. Nesse contexto singular, o dirigismo estatal, impositivo ao investidor privado e tutelar do consumidor, é identificado à defesa do int000000000eresse público, desacreditada a ação do Estado, por meio de órgãos técnicos e independentes do governo, para regular os mercados e neles reprimir o abuso do poder econômico.

Em outra perspectiva, a presidente da República quer nomear apenas técnicos para dirigir aqueles órgãos, e esse propósito surge como um facho de racionalidade na administração federal. E amparado pelos números da experiência: desde a privatização em 1998, foram investidos cerca de 250 bilhões de reais nas telecomunicações e, em regime de crescente concorrência entre prestadores, o número de acessos a esses serviços pulou de 14 para mais de 140 por 100. Hoje, o sucesso desse modelo impõe aos prestadores, todos privados, o saudável desafio de ampliar a oferta dos serviços a preços mais competitivos. De outro lado, os serviços aeroportuários, cujos usuários sequer dispõem de um *call center* junto à concessionária estatal deles, desvelam, dramaticamente, a situação da infraestrutura do país.

Os empedernidos defensores do dirigismo estatal deveriam indagar ao usuário desses dois serviços qual melhor os atende: o privado, sob a (reforçada) intervenção regulatória do Estado na forma da lei, ou a prestação estatizada desses serviços; em resumo: indagar aos 250 milhões de donos de

* Artigo publicado no jornal *O Globo*, em 24 fev. 2012.

celulares se eles prefeririam contar com o padrão de qualidade dos serviços aeroportuários.

Não entre partidos, hoje o debate se trava entre a racionalidade administrativa e o regressismo político.

ESQUECERAM DO CADE*

Uma nova Lei de Defesa da Concorrência entrará em vigor em junho próximo, mas o governo, que a defendeu no Congresso, até o momento não assegurou recursos ao Conselho Administrativo de Defesa da Economia (CADE), a quem caberá executá-la.

A defesa da livre concorrência se dá pela prevenção e repressão ao abuso do poder de mercado; isto é, ao uso perverso desse poder, em proveito de um e em detrimento dos demais, concorrentes e consumidores. Assim, deve ser proibida a excessiva concentração de empresas e punidas suas condutas anticompetitivas, tais como acordo de concorrentes, fixação de preços, manipulação de licitações públicas etc. A lógica da concorrência é simples: prevenido e reprimido o abuso do poder de mercado, conquista mercado a empresa que oferta melhor preço, qualidade e volume de produto ou serviço, beneficiando o consumidor e premiando o melhor investimento em capital financeiro e humano. A soma dessas vantagens incrementa o desenvolvimento do país. A concorrência (e a sua defesa efetiva pelo Estado) é um dos fatores decisivos da resiliência exibida pela economia norte-americana em meio à crise atual, em nítido contraste com a situação europeia.

A volúpia dirigista do Executivo nativo é o grande óbice à repressão ao abuso do poder de mercado e, portanto, à afirmação da livre concorrência e seus benefícios no Brasil. A simples ascensão a um posto graduado na administração pública do país libera o seu titular a intervir nos mercados de bens e serviços, tutelando a iniciativa privada e o consumidor, quase sempre segundo critérios corporativos.

Esse processo afronta a ordem jurídica e inibe investimentos; e não tarda a voltar-se contra o administrador ao qual cabe a responsabilidade maior de regular a economia na forma da lei.

Mas é o que hoje se vê. Tendo os instrumentos legais para atrair investimentos privados, nacionais e estrangeiros, para obras de infraestrutura, aperfeiçoar a regulação desse setor e efetivamente reprimir o abuso do poder nos demais mercados, impondo por essa forma um choque competitivo na economia nacional, parte do governo cuida de isenções fiscais seletivas e subsídios setoriais. Repete-se, ainda uma vez, o padrão dos anos trinta, quando a

* Artigo publicado no jornal *O Globo*, em 8 mai. 2012.

esquerda rejeitava a concorrência, dizendo-a beneficiar apenas os empresários, e a direita a recusava em favor do dirigismo estatal, arguindo ser este o único meio de se desenvolver o país. Entre nós, sequer nas ideias há concorrência.

RENDIÇÃO IDEOLÓGICA*

Anunciou o governo federal o propósito de outorgar concessões no setor de infraestrutura. Pode ser uma boa notícia, se forem vencidos preconceitos de parte de seus integrantes. Toda a infraestrutura de serviços públicos no Brasil foi implantada pela iniciativa privada, pelo final do século XIX e início do XX, seguindo o modelo francês, que chamou ao Estado a titularidade desses serviços, denominando-os públicos. Ao contrário o modelo norte-americano, que diz serem privados os serviços de qualquer natureza, devendo, todavia, ser regulados, por órgãos técnicos independentes do governo, os serviços que afetem o interesse público. Ou seja, o interesse transindividualizado, que deixou a órbita individual e alcançou a de toda coletividade.

Entre nós, a questão sempre foi a regulação dos serviços públicos concedidos: a definição da sua política, a lisura na outorga a empresas, a fiscalização dos serviços, a indicação dos reguladores. Na década de trinta, uma tentativa de se criar agências independentes foi fulminada pela ditadura Vargas, e a prestação privada de serviços de infraestrutura acabou inteiramente estatizada na ditadura militar, o que levou ao seu esboroamento, em meio à malversação de recursos e a inépcia administrativa. A reprivatização dos anos noventa buscou afirmar um modelo de regulação técnica e independente, logo acoimado de "terceirização do Estado".

O resultado dessa crítica equívoca está agora à vista dos usuários desses serviços. E o governo federal quer reagir a essa situação, outorgando concessões. Nesse sentido, uma boa sugestão é a leitura da Constituição. Ela estabelece o regime de livre-iniciativa para atrair investimentos privados à prestação dos serviços públicos, mas os submete à regulação do Estado para neles impedir o abuso do poder econômico. Ou seja, há um modelo de negócio estabelecido; bem aplicado, provê segurança jurídica aos usuários, aos empresários e ao governo. E há recursos, tecnologia e demanda a reclamar as concessões.

Porém, a certos setores do governo, executar a Constituição equivale a uma rendição ideológica inaceitável. Daí decorrem a atual paralisia do governo e a perplexidade da sociedade, carente de serviços. O desafio está posto à presidente da República. Ela pode vencê-lo, se mostrar a setores de seu governo, como vem de fazer com a Lei de Acesso à Informação, que cumprir a lei é essencial para democracia – e traz prestígio político.

* Artigo publicado no jornal *O Globo*, em 9 ago. 2012.

PODER ECONÔMICO DE FATO*

O que move um titular do Executivo a alterar, por ato seu, estrutura administrativa criada por lei ou indicar titular de agência reguladora sob critério partidário, e não técnico, como exige a lei? Impor ou desautorizar decisão dessas agências, violando a independência técnica e hierárquica a elas assegurada em lei ou desrespeitar índice de reajuste de tarifa fixado em Contrato de Concessão? Enfim, o que move esses agentes públicos a intervir na economia não na forma da lei, como expressamente lhes determina a Constituição, mas de acordo com a vontade pessoal deles, como diariamente dá nota a imprensa?

A resposta é simples: o fastígio da onipotência, que irmana os titulares do Poder Executivo de diferentes níveis e colorações partidárias e imanta agentes administrativos de nível inferior, criando feudos de ação discricionária de governo na economia do país. Esse fenômeno antigo, e ora renovado com vigoroso desembaraço, é próprio do mandonismo que distingue, negativamente, a nossa cultura política dominante.

O poder é o poder diziam os caciques da República Velha. Isto é, só o poder, exercido pelo grupo partidário instalado no governo, é poderoso, porque age acima da norma legal, que resta dormente nos códigos. Nesse contexto, ergue-se o governo em senhor de um saber único que lhe permite fixar o preço dos serviços, em lugar daqueles contratados, ou alterar norma legal vigente por ato singular seu, proclamando-se defensor exclusivo do consumidor e armado de uma particular cultura jurídica a justificar seus atos.

É natural ao consumidor querer satisfazer o seu interesse imediato, e, assim, o preço reduzido dos serviços públicos é sempre atraente, mas é dever do governo cuidar da sua adequada prestação de modo permanente.

Ao destinatário de ato administrativo coativo, que altera uma situação jurídica afirmada – norma legal ou Contrato de Concessão – só resta apelar ao Judiciário, e o faz, certo, porém, de que o seu pleito dependerá de uma medida liminar. E esta é uma medida extrema que o juiz vê com natural cautela conceder sem maior análise do tema, hipótese bastante a afastá-la. Seguem-se recursos, e a questão é engolfada pelo lento processo judiciário nativo, embora, ao final, os abusos de governo venham sendo, em sua maioria, coibidos pelos tribunais superiores.

* Artigo publicado no jornal *Folha de São Paulo*, em 13 ago. 2014.

Nesse cenário, empresas reguladas, privadas ou não, irão transferir os prejuízos e os custos sofridos pela ação de governo aos preços dos serviços que vierem a prestar, as estatais transferirão ao Tesouro o valor que se viram forçadas a absorver e os investidores irão se retrair, receando a insegurança jurídica criada – sempre em prejuízo ao consumidor.

Aperfeiçoamento de norma legal e revisão de preço fixado em Contrato de Concessão são promovidos, respectivamente, por meio de debate parlamentar e acionando-se o mecanismo de revisão já previsto nos contratos de concessão. Se o governo age contornando a lei e o contrato, essa conduta, além de reprovável, sobrecarrega o Judiciário. Este pode, apurando e ampliando a defesa do consumidor, tornar mais estrito e sistemático o controle da legalidade dos atos de intervenção de governo na economia. Assim procedendo, não deixará margem para ser usado como instrumento, ainda que involuntário, de má política pública, que figura defender o consumidor, mas, em verdade, circunscrevendo a lei, nega-lhe uma prestação adequada de serviços públicos.

DESESTATIZAR O DEBATE*

O assunto tem sido amplamente abordado pela mídia e as propostas aparecem com a sugestão de novas leis, sanções, fórmulas e métodos de controle das empresas estatais.

Ao exame das propostas para facilitar o controle das companhias estatais, três perguntas devem ser feitas: *a*) Quais são as estatais eficientes e que atendem ao interesse público? *b*) As propostas ora feitas foram precedidas do exame de outras feitas anteriormente com igual propósito? *c*) As propostas atuais verificam se as leis existentes e aplicáveis às estatais estão sendo devidamente cumpridas?

A primeira indagação é raramente feita, tendo tomado, nos últimos anos, ares de delito intelectual. Nesse contexto, a existência de empresas estatais é tomada como um dado inerente à vida nacional, mesmo registrando a história o fato de toda a infraestrutura do país ter sido primeiro implantada pela iniciativa privada. Além disso, não se tem em conta que a maioria dessas empresas é deficitária e ineficiente, a sangrar o bolso do povo.

À segunda indagação responde-se: certamente não foram analisadas as propostas anteriores para ampliar o controle das estatais, pois a questão não é recente e evidencia o hábito cultural de se considerar a questão a partir do início do seu exame, ignorando a experiência.

Já a resposta sobre a aplicação das leis de controle interno das estatais é negativa. Basta ver a pouca transparência em que operam essas empresas e os critérios dominantes na seleção de muitos dos seus dirigentes, partidários e pessoais.

A questão admite, contudo, outras linhas de análise. A primeira consistiria em avaliar o desempenho das empresas estatais que em suas atividades concorrem em empresas privadas, empregando os instrumentos ordinariamente utilizados para avaliar estas ultimas.

A seguir, promover um amplo debate sobre o interesse para a sociedade brasileira em manter essas empresas estatais, sendo a alternativa a privatização, não como meio de arrecadação de recursos privados, e sim de poupança de recursos públicos, uma das formas efetivas de atender ao interesse público.

* Artigo publicado no jornal *Folha de S. Paulo*, em 1.º jun. 2015.

O segundo caminho seria submeter as empresas estatais à maior transparência possível em suas atividades, resultados e pessoal.

Ceder à iniciativa privada o controle das estatais que atuam em mercados competitivos significa desarmar economicamente parte expressiva do poder partidário no país. Tornar transparente a atuação, contas e pessoal dessas empresas será expor as entranhas desse poder.

A reação à proposta dessa natureza dará a dimensão do interesse político-partidário a recobrir a existência e a ação das estatais no Brasil. Essa relação, que o hábito fez perversa e que o tempo revelou em números assustadores, está na base dessa crise sem precedentes.

Essa crise só será vencida se as lideranças no Executivo e no Legislativo fixarem a si mesmas o firme propósito de desfazerem o vínculo entre a atividade econômica estatal e os seus interesses partidários.

O desassombro necessário à execução de tal medida, radical na experiência parlamentar brasileira, estará à altura da demanda, crescente e nítida, da sociedade por reformas estruturais.

UM PERIGO PARA A NAÇÃO*

"Dar concessão é um dos maiores perigos que uma nação pode criar a si mesma... Abramos os olhos contra tudo que tiver aparência de concessão, quer a nacionais, quer a estrangeiros". Primitivo e autoritário, o autor da advertência, Arthur Bernardes, governou o país sob estado de sítio durante quase todo o seu mandato, de 1922 a 1926.

Entre o final do século XIX e o início do XX, toda a infraestrutura de serviços essenciais foi implantada pela iniciativa privada, sob o regime de concessão, nos grandes centros urbanos brasileiros – transporte, eletricidade, gás, telecomunicações, urbanização etc. A desídia do governo em regular tecnicamente esses serviços determinou o primeiro colapso financeiro das ferrovias paulistas, que levavam o café do interior do estado ao Porto de Santos, e a seguir das demais concessões à iniciativa privada.

Ao final dos anos 30, a estatização da prestação de serviços públicos (aí incluída a compra pela União de concessionárias falidas) passou a ser vista e defendida por inevitável. Apoiada pelas forças armadas e por expressiva parcela da elite empresarial nativa, afirmou-se a noção de que as riquezas naturais do país (e os serviços públicos por extensão) constituíam o patrimônio redentor do nosso subdesenvolvimento crônico, e a sua preservação, em mão do Estado, seria indispensável à soberania do país.

A exploração dessas riquezas não poderia ser deixada ao capital privado estrangeiro, que iria delas se beneficiar abusivamente, desprezando o interesse nacional. Mesmo o capital privado local não afastaria a solução estatal.

Sobre o conúbio que então se formou – e iria durar, entre a direita, à qual nada na sociedade deveria fugir ao seu controle, ainda que remanescesse em mãos privadas parte do capital, e a esquerda, que via no avanço do Estado a resposta à prédica ideológica – dominava, na verdade, a ignorância, nem sempre intencional, da realidade econômica e jurídica do país.

Aureolado por uma onisciência de si próprio outorgada, que lhe nutre um incontido voluntarismo, o Estado brasileiro – de fato, o governo – converteu-se no tutor das forças econômicas, no árbitro do interesse público, no senhor do desenvolvimento econômico e no guardião máximo da soberania

* Artigo publicado no jornal *O Globo*, em 9 nov. 2015.

nacional, cego à experiência mundial, sobretudo à verificada ao final do século passado.

No momento em que o país dramaticamente busca recursos, abundantes no exterior, para investir em nossa obsoleta infraestrutura, em editorial *O Globo* (24 de outubro de 2015) mostra a resistência dessa cultura. Recente proposta, elaborada para atrair investimentos privados, sugere a criação de uma – mais uma – empresa estatal, para conduzir esse processo.

A nossa cultura política está ainda muito próxima ao ideário do presidente Bernardes.

BIBLIOGRAFIA

ABREU, Marcelo Paiva. Missão Niemeyer. In: BELOCH, Israel; ABREU, Alzira Alves de (coord.). *Dicionário histórico-biográfico brasileiro: 1930-1983.* Rio Janeiro: Forense Universitária, 1984.

ALTIERI, Andrea. Le autorità amministrative indipendenti. In: MIRABELLA, Maurizio; ALTIERI, Andrea; ZERMAN, Paola Maria. *Manuale di diritto amministrativo*. Milano: Giuffrè, 2012.

ANDRADA E SILVA, José Bonifácio de. *Projetos para o Brasil.* São Paulo: Cia das Letras, 2000 (textos reunidos e comentados por Miriam Dolhnikoff – Coleção Grandes nomes do pensamento brasileiro).

ANHAIA MELLO, Luiz de. *O problema econômico dos serviços de utilidade pública*. 2. ed. São Paulo: Subdivisão Gráfica da Prefeitura Municipal de São Paulo, 1940.

ANHAIA MELLO, Luiz de; SOUSA, Antônio José Alves de; PINTO, Bilac; BRANCO, Plinio A. Declaração de princípios apresentada à Comissão constituída pelo ministro da Justiça, para fazer sugestões ao Governo Federal sobre a Regulamentação dos Serviços de Utilidade Pública. Art. 147 da Constituição Federal. *Revista Forense,* v. 87, p. 18-20, jul. 1941.

ARAGÃO, Alexandre Santos. *Agências reguladoras.* Rio de Janeiro: Forense, 2002.

BADARÓ, Gustavo Henrique. *Processo penal.* 3. ed. São Paulo: Revista dos Tribunais, 2015.

BALDWIN, Robert. *Rules and government.* New York: Clarendon Press, 1996.

BALDWIN, Robert; CAVE, Martin. *Understanding regulation*: theory, strategy, and practice. New York: Oxford University Press, 1999.

BANDEIRA DE MELLO, Celso Antonio. *Curso de direito administrativo*. 16. ed., São Paulo: Malheiros, 2003.

______. *Natureza e regime jurídico das autarquias.* São Paulo: Revista dos Tribunais, 1968.

______. Poder de polícia da economia e princípio da legalidade. *Revista de Direito Público*. São Paulo: Revista dos Tribunais, n. 67, jul./set. 1983.

BANDEIRA DE MELLO, Osvaldo Aranha. Aspectos da regulamentação dos serviços públicos. Rio de Janeiro: Revista Forense, v. 87, jul. 1941.

______. Oswaldo Aranha. *Princípios gerais de direito administrativo*. Rio de Janeiro: Forense, 1979.

BARBOSA, Rui. *Cláusula do enquanto bem servir*. (1913). *Obras completas*. v. XLVIII, t. I, 1921, MEC, 1966.

______. *Commentários à Constituição Federal Brasileira*, 6 v. Coligidos e ordenados por Homero Pires. São Paulo: Saraiva 1932.

______. Pareceres e razões: contrato entre a administração pública e o particular. *Revista Forense*, v. 5, fasc. 25, jan./jun. 1906.

______. Privilégio de serviço público dado em concessão à São Paulo Tramway Light & Power CO. LTD. In: *Obras Completas*. 1911. v. XXXVIII, t. II.

______. Privilégio municipal – sua duração. Parecer. *Obras Completas*. v. XL, t. III, 1913.

______. *Privilégios exclusivos*. Rio de Janeiro: Empresa Foto Mecânica do Brasil, 1911.

BARRETO, Vicente (org.), *O liberalismo e a Constituição de 1988*: textos selecionados de Rui Barbosa. Rio de Janeiro: Nova Fronteira / Fundação Casa de Rui Barbosa, 1991.

BARROSO, Luís Roberto. Agências reguladoras, Constituição, transformações do Estado e legitimidade democrática. In: BINENBOJM, Gustavo. *Agências reguladoras e democracia*. Rio de Janeiro: Lumen Juris, 2006.

BASILE, Juliano. STF mantém tarifa da Eletropaulo e fortalece atuação da ANEEL. *Valor Econômico*, 02 jul. 2008.

BESOUCHET, Lídia. *Mauá e seu tempo*. Rio de Janeiro: Nova Fronteira. 1978.

BINENBOJM, Gustavo. *Agências reguladoras e democracia*. Rio de Janeiro: Lumen Juris, 2006.

BOBBIO, Norberto. *Estado, governo, sociedade*: para uma teoria geral da política. Trad. de Marco Aurélio Nogueira. 4. ed. Rio de janeiro: Paz e Terra, 1987.

______. *Teoria geral da política*: a filosofia política e as lições dos clássicos. Rio de Janeiro: Campus, 2000.

BORGES, André; OTTA, Lu Aiko; ARAÚJO, Carla. Novas concessões podem dar fôlego extra à INFRAERO. *O Estado de S. Paulo*, 28. jul. 2017.

BRAGA, Odilon. Serviços públicos concedidos. *Revista de Direito Administrativo*. Edição Histórica. Rio de Janeiro: Renovar, 1983.

BRANCO, Plínio A.; PINTO, Bilac; SOUZA, Antônio José Alves de; MELO, Luiz de Anhaia. *Regulamentação dos serviços de utilidade pública*. Rio de Janeiro: Forense, v. 87, jul. 1941.

BUENO, José Antônio Pimenta. *Direito publico brasileiro e analyse da Constituição do Império*. Rio de Janeiro: Typographia Imp. e Const. de J. Villeneuve E C., 1857.

BUHART, Jacques; MAULIN, Romain. *Proof in cartels*: state of play and perspectives. *Concurrences*, n. 4/2011.

CALDAS AULETE. *Dicionário contemporâneo da língua portuguesa*. Lisboa. 1921.

CAMPOS, Francisco. *Direito administrativo*. Rio de Janeiro: Imprensa Nacional, 1943.

______. *Direito administrativo*. Rio de Janeiro; São Paulo: Livraria Freitas Bastos S.A., 1958. v. I.

______. Diretrizes do Estado nacional: a máquina administrativa. In: *O Estado nacional*: sua estrutura, seu conteúdo ideológico. 3. ed. Rio de Janeiro: José Olympio, 1941.

______. Natureza do ato de concessão de serviço público. Parecer datado de 1934. In: *Direito administrativo*. Rio de Janeiro: Imprensa Nacional, 1943.

______. Serviços públicos concedidos – regime da sua exploração e das tarifas. In: *Direito adminis*trativo. Rio de Janeiro: Imprensa Nacional. 1943.

CARDOSO, Antônio Carlos; QUEIROZ, Plínio de; MONLEVADE, Francisco Paes Leme de. A organização e regulamentação da produção da energia elétrica no Brasil. *Boletim do Instituto de Engenharia de São Paulo,* São Paulo, v. 11, n. 51, ago. 1929.

CARONE, Edgard. *A segunda República*: 1930-1937. São Paulo: Difusão Europeia do Livro, 1973.

CARRASCO, Vinícius; PINHO DE MELLO, João Manoel. Por que fracassamos na infraestrutura? Diagnósticos, remédios e um arcabouço teórico de análise. In: PASTORE, Afonso Celso. (org.) *Infraestrutura*: eficiência e ética. Rio de Janeiro: Elsevier, 2017.

CARVALHO, Vinicius Marques; RODRIGUES, Eduardo Frade; MARTINS, Amanda Athayde Linhares. (coord.). *Guia Programa de leniência antitruste do CADE*. maio 2016. item 53.

CARVALHO FILHO, José dos Santos. *Manual de direito administrativo*. 28.ª ed. rev., atual. e ampl. até 31-12-2014.. São Paulo: Atlas, 2015.

CAVALCANTI, Themístocles Brandão. *Curso de direito administrativo*. Rio de Janeiro; São Paulo: Livraria Freitas Bastos, 1961.

CAVE, Martin. Développement des télécommunications et service public. In : CHEVALIER, Jean-Marie; EKELAND, Ivar; FRISON-ROCHE, Marie-Anne. *L'idée de service public est-elle encore soutenable?* Paris: Presses Universitaires de France.

CHADWICK, Edwin. Results of different principles of legislation and administration in Europe: of competition for the field, as compared with competition within the field, of service. *Journal of the Statistical Society of London*. v. 22, n. 3 Sep., 1959. Disponível em: <http://www.jstor.org/stable/2338385>

CHAPUS, René, *Droit administratif général*, 14 ed.. Paris, 2000. tome 1.

CHRISTMAN, Henry M. (ed.). *Essential works of Lenin*: what is to be done? and other writings. New York: Dove Publications, 1966.

COMPARATO, Fábio Konder. Anteprojeto de Constituição. *Muda Brasil: uma Constituição para o desenvolvimento democrático*. 3. ed. São Paulo: Brasiliense, 1986.

COUTURE, Eduardo J. *Fundamentos do direito processual*. São Paulo: Saraiva e Cia, 1946.

CRISAFULLI, Vezio; PALADIN, Livio. *Commentario breve alla Costituzione*. Padova: CEDAM, 1990.

DANTAS, Francisco Clementino de San Tiago. Parecer – Comissão de Ensino e Recursos. Conselho Universitário da Universidade do Rio de Janeiro. Rio de Janeiro, 12 de julho de 1938.

______. Parecer: cassação de patente de estabelecimento bancário, nacionalidade da pessoa jurídica, ato administrativo veiculado em decreto-lei, inconstitucionalidade, "*due process of law*". *Revista Forense*, Rio de Janeiro, n. 113, out. 1947.

______. *Programa de direito civil*. Rio de Janeiro: Editora Rio, 1978. tomo II.

______. Renovação do Direito. *Jornal do Comércio,* 26 out. 1941 e *O Jornal*, 28 out. 1941.

DANTAS, Tiago. Alkmin suspende a alta do pedágio. *O Estado de S. Paulo*. 25 jul. 2013.

DEBBASCH, Charles; RICCI, Jean-Claude. *Contentieux administratif.* 6 ed. Paris: Dalloz, 1994.

DECKER, Christopher. *Modern economic regulation: an introduction to theory and practice.* Cambridge: Cambridge University Press, 2014.

DELLIS, Georges. *Droit pénal et droit administratif* : l'influence des principes du droit pénal sur le droit administratif répressif. Paris: LGDJ, 1997.

DIDIER, Jean-Pierre. *L'éthique du functionnaire civil.* Paris: Librairie Générale de Droit et de Jurisprudence/ E.J.A., 1999.

DINAMARCO, Cândido Rangel. *Instituições de Direito Processual Civil.* 4.ª ed. São Paulo: Malheiros, 2004. vol. II.

DUTRA, Pedro. Agências reguladoras: reforma ou extinção?. *Revista de Direito Público da Economia*, Belo Horizonte, ano 1, n. 3, jul./set. 2003.

______. Atividade econômica, empresa sob controle estatal e livre concorrência. *Livre concorrência e regulação de mercados*: estudos e pareceres. Rio de Janeiro: Renovar, 2003.

______. *Literatura jurídica no Império.* Rio de Janeiro: Padma, 2004.

______. *Livre concorrência e regulação de mercados*: estudos e pareceres. Rio de janeiro: Renovar, 2003.

______. O reverso da regulação. *Revista do IBRAC.* São Paulo v. 14, n. 6, 2007.

______. Órgãos reguladores: social-democracia ou neogetulismo? (1996). In: *Livre concorrência e regulação de mercados*: estudos e pareceres. Rio de Janeiro: Renovar, 2003.

______. Regulação econômica: trajetória e perspectivas. In: LIMA, Maria Lúcia Pádua (coord.). *Direito e economia:* 30 anos de Brasil. São Paulo: Saraiva, 2012.

______. *San Tiago Dantas*: a razão vencida. São Paulo: Singular, 2014.

EIZIRIK, Nelson. *Reforma das S.A. e do mercado de capitais.* Rio de Janeiro: Renovar, 1997.

ENNECCERUS, Ludwig; KIPP, Theodor; WOLFF, Martin. *Tratado de Derecho Civil*. Barcelona: Librería Bosch, 1933. Tomo II, 1.

FAGUNDES. M. Seabra. *O Controle dos atos administrativos pelo Poder Judiciário*. 2.ª ed. São Paulo: Saraiva, 1984.

FERREIRA, Aurélio Buarque de Hollanda. *Novo dicionário da língua portuguesa*. Rio de Janeiro: Nova Fronteira. 1.ª ed. 1975.

FILIPPELLI, Marilena. In: *Concorrenza e mercato*. Milano: Giuffrè Editore. 2011.

FLORES, Jorge Oscar de Mello. *Na periferia da história*: depoimento prestado ao CPDOC. D'ARAÚJO, Maria Celina; FARIAS, Ignez Cordeiro de; HIPÓLITO, Lucia. (dir.). Rio de Janeiro: Fundação Getúlio Vargas, 1998.

FREIRE, Laurentino. *Grande e novíssimo dicionário da língua portuguesa*. Rio de Janeiro: 1941, vol. 1.

FREITAS, Augusto Teixeira de. *Regras de direito*. Rio de Janeiro: B.L. Garnier, Livreiro-Editor, 1882.

GENTOT, Michel. *Les autorités administratives indépendantes*. 2. ed. Paris: Montchrestien, 1994.

GIORGIANNI, Michele. Forma degli atti (dir. priv.). In: *Enciclopedia del diritto*. Varese: Giuffrè Editore, 1968. v. XVII.

GIRAUDI, G.; RIGHETTINI, M.S. *Le autorità amministrative indipendenti*: dalla democrazia della rappresentanza alla democrazia dell'efficienza. Roma: Laterza, 2001.

GRAHAM, Cosmo. *Regulating public utilities*: a Constitutional approach. Oxford: Hart Publishing, 2000.

GRAU, Eros Roberto. As agências, essas repartições públicas. In: SALOMÃO FILHO (coord.). *Regulação e desenvolvimento*. São Paulo: Malheiros, 2002.

______. La régulation au Brésil. In: MARCOU, Gerard; MODERNE, Franck (dir.). *Droit de la régulation, service public et integration régionale*. Paris: L'Harmattan, 2005.

______. Nota sobre o anteprojeto de lei atinente às agências. *Revista de Direito Público da Economia*, Belo Horizonte, v. I, n. 4, out./dez. 2003.

GRECO FILHO, Vicente; ROSSI, João Daniel. *O combate à corrupção*: e comentários à Lei de Responsabilidade de Pessoas Jurídicas. Saraiva: São Paulo, 2015.

GUASCH, J, Luis. *Granting and renegotiating infrastructure concessions*: doing it right. Washington: The World Bank, 2004.

HABERMAS, Jürgen. *Between facts and norms*: contributions to a discourse theory of law and democracy. Massachusetts: MIT Press, 1996.

HELLSTRÖM, Per; MAIER–RIGAUD, Frank; BULST, Friedrich Wenzel. Remedies in European antitrust–law. *Antitrust Law Journal*. v. 76, 2009.

HOUAISS, Antônio; VILLAR Mauro de Sales; FRANCO Francisco Manuel de Melo. *Dicionário Houaiss da língua portuguesa*. Rio de Janeiro: Objetiva, 2001.

HUBER, Peter W.; KELLOGG, Michael K.; THORNE, John. *Federal Telecommunications Law*. 2. ed. New York: Aspen Law & Business, 1999.

JÈZE, Gaston. *Les contracts administratifs de l'État, des départements, des communes et des establissements publics*. Paris: Marcel Giard, 1927.

JHERING, Rudolf von. *O espírito do direito romano*. Tradução Rafael Benaion. Rio de Janeiro: Alba, 1943. vol. 3.

JUSTEN FILHO, Marçal. *O direito das agências reguladoras independentes*. São Paulo: Dialética, 2002.

LABATON, Stephen. U.S. regulator's 2004 rule let banks pile up new debt. *The New York Times*, Oct. 3, 2008.

LACERDA, Paulo M. de. *Princípios de direito constitucional brasileiro*: noções fundamentais, generalidades e resumo da história política do Brasil. Rio de Janeiro: Azevedo, 1936, v. 1.

LEO, Sérgio. *Para a Unesco, Teles e radiodifusão devem ter uma única agência. Valor Econômico*, 10 nov. 2010.

LICHTHEIM, George. *Thoughts among the ruins*. New York: Viking Press, 1973.

LOBO, Carlos Augusto Silveira. Contratos associativos – sociedade e consórcio. *Revista de Direito Bancário e do Mercado de Capitais*. vol. 66 out./dez. 2014.

LODGE, Martin; WEGRICH, Kai. In *Managing regulation*: regulatory analysis, politics and policy. London: Pelgrave MacMillan, 2012.

LOPES, José Reinaldo de Lima. *O Oráculo de Delfos:* o Conselho do Estado no Brasil-Império. São Paulo: Saraiva, 2010.

MACHADO, José Pedro. *Dicionário etimológico da língua portuguesa*. 1.ª ed. Lisboa: Confluência. 1952-1959. vol. II.

MARCOU, Gerard; MODERNE, Franck (Dir.). *Droit de la regulation, service public et integration regionale*. Paris: L'Harmattan, 2006.

MARQUES NETO, Floriano de Azevedo. *Agências reguladoras independentes*: fundamentos e seu regime jurídico. Belo Horizonte: Fórum, 2005.

MARX, Karl; ENGELS. Friedrich. *Manifesto of communist party*. Penguin Books, 1967.

MAXIMILIANO, Carlos. *Comentários a Constituição Brasileira*. Porto Alegre: Edição da Livraria do Globo, 1929.

MELODY, W. H. Designing utility regulation for twenty-first-century markets. In: MILLER, S.; SAMUELS, Warren J. (ed.). *An institutionalist approach to public utilities regulation*. Michigan: Michigan State University Press, 2002.

MESSINEO, Francesco. Contratto plurilaterale e contratto associativo. In: CALASSO, Francesco (dir. e coord.) *Enciclopedia del Diritto*. Milano: Giuffrè Editore, 1958. v. XVI.

MICONI, Silvia. *I contratti dei servizi pubblici*. Milano: CEDAM, 2010.

MILAESI, Daniela. *Franklin defende agência reguladora para a mídia. O Estado de S. Paulo*, 8 out. 2010.

MORAES SILVA, Antônio de. *Dicionário da língua portuguesa*. Lisboa: Tipografia de Joaquim Germano de Souza Neves, 1878. vol. I.

______. *Dicionário da língua portuguesa*. 7. ed. Lisboa: 1877.

MORAES, Antão de. Parecer. Serviço telefônico – Expiração do prazo da concessão – Fixação, fiscalização e revisão de tarifas – Taxa de expansão do serviço. *Revista de Direito Administrativo*, n. 49, 1956.

MOTA, Carlos Guilherme (org.). *Viagem incompleta: a experiência brasileira (1500-2000): A grande transação*. São Paulo: Senac 2000.

NASCENTES, Antenor. *Dicionário etimológico da língua portuguesa*. 1. ed. Rio de Janeiro 1942.

NOGUEIRA, Denio. Denio Nogueira: depoimento. Brasília: Banco Central do Brasil, 1993.

OLIVEIRA, Carlos Alberto de. *Do formalismo no processo civil*. São Paulo: Saraiva, 1997.

ORGEL, Stephen; BRAUNMULLER, A. R. (ed.). *William Shakespeare:* the complete Works. London: Penguin Books, 2002.

OSÓRIO, Fabio Medina. *Direito administrativo sancionador*. São Paulo: Revista dos Tribunais, 2000.

OXFORD UNIVERSITY PRESS. *The compact edition of the Oxford English dictionary*. New York: Oxford University Press, 1971.

PANUNZIO, Sergio. *Il fondamenro giuridico del fascismo*. Roma: Bonacci Editore, 1987.

PEREIRA, Lafayette Rodrigues. Pareceres e razões: contrato entre a administração pública e o particular. *Revista Forense*, v. 5, fas. 25, jan./jul. 1906.

PHILLIPS JR., Charles F. *The regulation of public utilities*. Arlington: Public Utilities Reports, 1993.

PIMENTA BUENO. *Apontamento sobre o processo criminal brasileiro*. 5. ed. Rio de Janeiro: Jacintho Ribeiro dos Santos, 1922.

PINKARD, Terry. *Hegel*: a biography. Cambridge: Cambridge University Press, 2000.

PINTO, Bilac. *Regulamentação efetiva dos serviços de utilidade pública*. Rio de Janeiro: Forense, 1941.

PONTES DE MIRANDA. *Comentários à Constituição de 1946*. 2 ed. rev. e aum. São Paulo: Max Limonad, 1953. vol. IV (Art. 141-156).

______. *Comentários ao Código de Processo Civil*. 3. ed. Rio de Janeiro: Forense, 1996. t. III.

______. *Tratado de direito privado*. São Paulo: Revista dos Tribunais, 1984. t. XLVIII.

PRADO, Chico. Governo quer licitar rodovias em 2018. *O Globo*, 8 jul. 2017.

PUPO, Fábio. Tarifas de pedágio em SP serão "descongeladas" neste ano. *Valor Econômico*. 17 abr. 2014.

RAMOS, José; FONTES, Cida. Lula quer rever papel das agências reguladoras. *O Estado de S. Paulo*. 20 fev. 2003.

REALE, Miguel. *Lições preliminares de Direito*. São Paulo: Edusp, 1973.

REIS, Nestor Goulart. *Dois séculos de projetos no estado de São Paulo: grandes obras e urbanização*. São Paulo: Imprensa Oficial do Estado S/A, 2010.

REIS FILHO, Nestor Goulart. Urbanização e modernidade: entre o passado e o futuro (1808-1945). In: MOTA, Carlos Guilherme (org.). *Viagem incompleta*: a experiência brasileira (1500-2000) – a grande transação. São Paulo: Senac São Paulo, 2000.

RIBAS, Guilherme Favaro Corvo. *Processo administrativo de investigação de cartel*. São Paulo: Singular, 2016.

RITTER, Daniel. Governo retoma BR-153 e já prepara uma nova licitação. *O Globo*, 28 jul 2017

SALOMÃO FILHO, Calixto (Coord.). *Regulação e desenvolvimento*. São Paulo: Malheiros, 2002.

SARAIVA, F. R. dos Santos. *Novíssimo Dicionário latino-português*. 5. ed. Paris: Garnier, s.d.

SCHWARTZ, Bernard. *Administrative law*. Boston: Little Brown and Company, 1991.

SHAKESPEARE, Willian. *Shakespeare traduzido por Millôr Fernandes*. Porto Alegre: L&PM Editores, 1997

SHIEBER, Benjamin M. *Abusos do poder econômico*: direito e experiência antitruste no Brasil e nos EUA. São Paulo: Revista dos Tribunais, 1966.

SILVA, Cleide. Risco político derruba ações de concessionárias de serviços públicos. *O Estado de S. Paulo*. 25 jun. 2013.

SILVESTRI, Enzo. *Concessione amministrativa*. In: CALASSO, Francesco (dir. e coord.) *Enciclopedia del Diritto*. Milano: Giuffrè, 1961. v. VIII. p. 380.

DAVID, René. Le droit Brésilen jusqu'en 1950. In: WALD, Arnold et JAUFRETT-SPINOSI, Camille. (dir.) *Le Droit Brésilien hier*: ajourd'hui et demain. Paris:Société de Législation Comparée, 2005.

SOUTO, Marcos Juruena Villela. *Direito administrativo regulatório*. Rio de Janeiro: Lumen Juris, 2002.

SUNDFELD, Carlos Ari. As agências e seu poder normativo. ln: SUNDFELD, Ari (org.), *Direito administrativo econômico*. São Paulo: Malheiros, 2000.

TÁCITO, Caio. *Direito administrativo*. São Paulo: Saraiva, 1975.

______. *Temas de direito público: estudos e pareceres*. Rio de Janeiro: Renovar, 1997.

TAYLOR, A. J. P. Introduction. *The communist manifesto*: Karl Marx, Friedrich Engels. Penguin Books

TEIXEIRA, J. H. Meirelles. Concessão de serviço público – taxas adicionais – ato administrativo – revisão. *Revista de Direito Administrativo*, n. 49, 1956.

______. *O problema das tarifas nos serviços públicos concedidos*. São Paulo: Departamento jurídico da Prefeitura Municipal de São Paulo, 1941.

______. Serviço público – Concessão – Transporte coletivo – Tarifas – Competência do poder executivo – Harmonia e independência dos poderes. Parecer. *Revista de Direito Administrativo*, n. 50, 1956.

WHELAN, Peter. *The criminalization of European cartel enforcement: theorical, legal, and practical challenges*. Oxford. 2014.

THE COMPACT OXFORD ENGLISH DICTIONARY. Oxford University Press, 2. ed. 2000.

THEODOULOU, Stella Z.; ROY, Ravi K. *public administration*: a very short introduction. New York: Oxford University Press, 2016.

TOSATO, Egidio. Teoria generale e diritto costituzionale. In: PASSARELLI, Francesco Santoro (dir.). *Enciclopedia del diritto*. Varese: Giuffrè, 1990.

VALLADÃO, Alfredo. *Regime jurídico das águas e da indústria hidro-elétrica*. São Paulo: Prefeitura Municipal de São Paulo, 1941.

VENÂNCIO FILHO, Alberto. *A intervenção do estado no domínio econômico*. Rio de Janeiro: FGV, 1968.

VENTURA, Tommaso. Concessione amministrativa. In: *Enciclopedia del Diritto*. Varese: Giuffrè Editore, 1961. Vol. VIII.

VIANNA, Oliveira. *Ensaios inéditos*. Campinas: Editora da Unicamp, 1991.

VISCONDE DE URUGUAI. *Direito administrativo*. Rio de Janeiro: Typographia Nacional, 1862. vol. II.

VITERBO. Joaquim de Santa Rosa, Fr. Elucidário. 2. ed. Lisboa: Em casa do Editor A. J. Fernando Lopes, 1856. v. 2. p. 207.

VON DER WEID, Elisabeth. *A expansão da Rio de Janeiro Tramway Light and Power ou as origens do "Polvo Canadense"*. Rio de Janeiro: Fundação Casa de Rui Barbosa. s/d. p. 15 a 17.

WALDE, Ian; ANGEL, John. (ed.) *Telecommunications law and regulation*. 2 ed. New York: Oxford, 2005.

Páginas de Internet

<http://agenciabrasil.ebc.com.br/economia/noticia/2016-09/agencias-reguladoras-nao-vao-mais-elaborar-editais-de-concessao>

<http://agenciabrasil.ebc.com.br/economia/noticia/2016-09/concessoes-serao-definidas-com-o-maximo-de-rigor-tecnico-diz-moreira-franco>

<http://www.anac.gov.br/assuntos/paginas-tematicas/concessoes/Confins/documentos-relacionados/contrato-de-concessao/contrato-confins.pdf/view>

<www.artesp.sp.gov.br>

<www.camara.gov.br/internet/sileg/integras/118450.htm>.

<http://economia.ig.com.br/2017-03- 16/aeroportos-

<http://www.istoedinheiro.com.br/patria-vence-disputa-pela- concessao-da-florinea-igarapava/>

<http://oecd.org/gov/ethics/48994520.pdf>

<http://www.oecd.org/dataoecd/21/59/35258828.pdf>

<http://www.oecd.org/gov/regulatory-policy/Recommendation%20PR%20with%20cover.pdf>

<http://www1.folha.uol.com.br/fsp/cotidian/ff2804200210.htm>.

ÍNDICE ONOMÁSTICO

ÍNDICE DE ASSUNTOS

OBRAS DO AUTOR

Técnicos

A concentração do poder econômico – Jurisprudência anotada (Editora Renovar, 1999), sobre jurisprudência do CADE.

Direito econômico interpretado pelos tribunais, jurisprudência em CD (Editora Singular, 2003).

Livre concorrência e regulação de mercados – Estudos e Pareceres (Editora Renovar, 2003).

Telefonia móvel e Juizados Especiais Cíveis, em CDRom (Editora Singular, 2004).

Conversando com o CADE (Editora Singular, 2009).

Direito e economia das telecomunicações, com Arthur Barrionuevo (Editora Singular, 2013).

Literários

Literatura jurídica do império (Editora Padma, 2004; 2ª edição, revista e ampliada).

Atualidade de San Tiago Dantas (Editora Lettera.doc, 2007, 2ª edição).

San Tiago Dantas – a razão vencida (Editora Singular, 2014).

Escritos Políticos 1929-1945, San Tiago Dantas org. (Editora Singular, 2016).

Este livro foi composto na fonte Minion Pro, corpo 11,5,
diagramado pela Microart Design Editorial,
impresso em papel off-set 75g pela Rettec Artes Gráficas
para a Editora Singular, em outubro de 2017.